일본고대 여성문학연구

신선향

UUP

일본고대여성문학 연구

- 2013년 11월 18일 **초판 인쇄**
- 2013년 11월 25일 **초판 발행**
- **지은이** 신선향
- **펴낸이** 이철
- **펴낸곳** **UUP.**(울산대학교출판부) 680-749 울산광역시 남구 대학로 93(무거동) 울산대학교 출판부
- 전화 (052)259-2488 팩스 (052)277-3011 ▪ **홈페이지** http://uup.ulsan.ac.kr
- **출판등록** 제370-1996-000001호(1996.3.13)
- **₩** 19,000

ISBN 978.89.7868.325.8 (93830)

저자 서문

필자는 신화시대에서 역사시대로 넘어가고, 일본국내에 왕권국가의 시동이 현실화되는 시기에 여성들은 무엇을 느끼고 생각했으며 어떻게 행동하고 수많은 규제를 극복하면서 자신의 의사로 인생을 어떻게 살아갔는지를 알아보기 위해, 그들이 기록으로 남긴 시가, 일기, 산문, 모노가타리(物語) 등을 집중적으로 고찰해 왔다. 그리고 일본의 고대에 여성문예전성기가 출현할 수 있었던 배경과 그 정체성을 밝히기 위해 문헌학적 방법과 문예적인 방법을 동시에 도입한 연구 작업을 30여 년간 계속해 왔다. 이 시기 여성문학의 전반적 흐름과 실상을 살펴보고, 고대 일본사회에서 여성들이 글을 쓴다는 행위의 성립과 본질을 개관함으로써 일본여성문학을 다시 재조명해 보는 계기를 모색한 결과물로 여기에 일련의 논고들을 수집, 정리하여 "일본고대여성문학연구" 라고 제명을 붙였다.

일본고전문학사에서 여성작가의 작품이 양적으로는 큰 비중을 차지하지 않으나, 질적인 면에서는 남성작가들의 작품을 넘어서서 풍요롭고 다양한 양상을 보여주는 실례를 자주 만나게 된다. 여성작가들은 자신이 처한 시대사회적 제약에서 초래된 부정적인 사고 의식을 승화시켜서 맑고 투명한 하나의 독창적인 세계를 창조했다. 한자를 이용, 발전시킨 히라가나(仮名)의 성립은 고대 일본여성에게도 자기표현 수단을 제공했으나, 동시에 유교적 신분제 사회에서 불평등한 지위에 처하게 된 여성의 문학 활동은 제약적이고 소극적일 수밖에 없었다. 남성과 동등한 사회적 위치를 인정받지 못했기 때문에 오히려 가능했을 여성작가들의 기록들을 대할 때, 우리는 필연적으로 그들이 작품과 바꾼 무료함과 인고의 무게를 느끼게 된다. 그들은 여성적인 감각으로 여성으로서 겪어야 했던 절망과 고독, 사랑의 아픔, 이별의 괴로움 등을 자신만의 언어로 표출하여 후대에 기억되는 작품들로 승화시켰던 것이다.

고대 왕권국가 성립 이후 남성 기초교육이 한학으로 획일화되어 어떤 의미에서는 일본적 독창성을 막는 것임에 반해, 한시문이라는 정통의 권위에 무조건 복종하지 않고 유연하게 타협하면서 새로운 문학적 가능성을 개척해 간 여성 특유의 논리가 나오게 되었다. 대부분의 여성들이 히라가나를 읽고 쓸 수 있게 됨에 따라, 지식과 교양을 갖춘 전문지식을 갖춘 특정 여성들이 궁중사회에까지 진출하여 활발한 문예활동을 펼치며 창작과 향수 쌍방향에서 문학의 주체로서 활동하기 시작했다.

일반적으로, 8세기 이전의 일본 고대 여성들의 삶의 방식에서는 자기존재에 관해 적극적으로 긍정하는 자세가 엿보인다고 한다면, 이에 대해 9세기 이후의 여성들은 자기존재에 대한 덧없음, 불안, 비감 등을 의식하기 시작하게 된다. 이 단절 양상에 관해서는 단지 문학 범위 내에서만 해결할 수 있지 않고, 각 시대의 사회형태의 차이, 특히 혼인제도와 관련된 생활양식의 차이가 크게 영향을 끼친 것으로 생각해 볼 수 있다. 그 같은 전반적인 시대적 변이 가운데에서 헤이안(平安)시대 특히 10세기 전후는 섭관정치 체제 아래 귀족사회가 확립되었고, 여기에서 문화와 학술의 진흥 분위기가 형성되었다. 이는 여성문학에도 큰 영향을 미쳐서 각 귀족이 관장하는 후궁을 중심으로 대표적인 여성 작가군이 대립, 갈등하면서 작품 수준을 제고시켰고, 그 결과 독창적인 문예 집단을 제각기 형성하고 활동을 전개하기에 이르렀다. 그 여성문예의 중심적 담당자들은 자신의 불여의한 환경 가운데에서 다양한 상념을 겪어보고 또 몸에 익힌 교양과 천부적인 재능을 인정받고 궁중에 출사해서 최고 권력층의 지원을 받으며 세련되고 개성을 충분히 개화시켜 간 것이다.

필자가 일본 고대 여성들의 고유한 개성이 창조한 작품과 관련사항들을 고찰함에 있어서 목표로 한 것은 먼저 작품의 구조와 주제 등을 규명하는 것이고, 나아가서는 일본문학사 전개에 있어서 여성이 참여했었던 불가분의 관련성 등에도 주목하는 것이다. 본서에서 다루는 인물들과 문학작품은『고사기』『일본서기』와 같은 일본 고대역사서가 전하는 신화시대부터 14세기 중세에 이르기까지 긴 시간에 걸쳐 있다. 문학연구의 기본은 어디까지나 문학 텍스트에 깊숙이 들어가서 작품 그 자체를 충실히 읽는 데에 있다. 작품으로부터 유리하고 작품 밖에서 환상을 펼치는 등의 논의는 의미 없다고 생각한다. 현재 한국 내에서 일본문학 연구는 이런 문맥에 대한 고찰이 절실히 필요한 시점이다. 따라서 필자는 작품의 본문 독해와 분석에 의한 주석적 작업을 중심으로 개별 작가와 그 관련사항들을 고찰해 가는 식으로 본서의 각 장을 편성하여 작품별 연구사를 축적하는 동시에 작가론으로서 총괄해 보았다.

이 책에는 일본문학 고유의 전문용어와 내용이 많고 또한 많은 인명, 지명, 도서명 등의 고유명사가 등장하는데, 각 장의 최초의 기술에서는 한자를 한글과 같이 병기했으나 이후에는 한

글로 풀었고 다만 각주에서는 일본 고유명사를 원래의 한자로 표기했다. 특히 도서명의 경우에는 역사서와 문학작품은 각각 한국식 음표기와 일본어 원음의 한글표기로 구분해 두었다.

이 책이 일본의 고대여성사와 여성문학을 새롭게 인식하는 하나의 계기가 되어, 국내의 일본여성문학 연구계에 작은 기여를 하고 일본문학에 관심을 가지는 일반 독자에게도 넓은 시야에서의 일본에 대한 이해를 돕고 비평의 대상이 되기를 바란다.

2013년 11월 저자 씀.

목차

제1장 신화에서 문학으로

I. 일본 고대 전승문학 속의 미코(巫女)

1. 머리말

『고사기(古事記)』와 『일본서기(日本書紀)』에 수록된 신화들은 일본 민족과 국가 성립의 연원을 모노가타리(物語) 형식으로 서술하고 있다. 특히 『고사기』의 112수에 달하는 고대의 구승 가요들은 점차 우타모노가타리(歌物語)로 성장해 가는데, 여기에는 많은 여신들이 고대 종교 제의를 딤딩하는 미코(巫女)의 원형으로 등장하고 있다. 다시 말해 일본 신화의 여신들은 거의 모두 미코로서의 특성을 지니고, 현재 미코이거나 혹은 전신이 미코였다는 예가 압도적으로 많다. 이미 국가창성 신화의 지모신(地母神) 이자나미노미코토(伊耶那美命)를 비롯하여, 태양여신 아마테라스오카미(天照大神), 오오쿠니누시노카미(大国主神)의 왕비 스세리비메(須世理毘売), 이세의 야마토히메노미코토(倭比売命), 야마토타케루노미코토(倭建命)의 왕비 오토타치바나히메(弟橘比売)는 전승 경위나 신분 등에서 각기 독자성을 보여 주지만, 고대 왕권을 획득하는 신화의 영웅에 못지않게 신이 내리는 무성(巫性)에 의해 중요한 활약을 보이는 점에서 공통적이다. 그런데, 이들은 스스로 정치적 표면에 나서지 않고 특정 남성을 돕는 존재로 설정되어 있는 성격 역시 공유하고 있다. 예를 들어 오쿠니누시노카미와 야마토타케루와 같은 영웅들이 각기 고난을 극복하고 고대 국가통일 사업을 수행한 이면에는 그들을 음양으로 도운 여인의 힘이 있었다. 야마토타케루의 전승담 가운데 그의 서정(西征)과 동정(東征) 이야기는 야마토히메노미코토와 오토타치바나히메의 무녀적인 영력을 받아서 비로소 영토 확대에 성공할 수 있었다고 해도 과언이 아닐 것이다.

이 같이 신화 전승에 무성이나 모성을 지닌 여신과 신녀들이 다수 등장한다는 것은 결코 우연이라고 할 수 없고, 신화 편자의 일관된 의도로서 주목할 만하다. 본고에서는 일본 고대 신화 전승에 등장하는 여신들의 무녀적 요소와 특성을 분석, 추출하기 위하여, 제2절에서 신화 전승 속의 여신과 그들이 담당했던 종교적 권능에 관해 고찰하고, 제3절에서 여신들의 무성을 검토해 보기로 한다. 논의를 전개함에 있어서 『고사기』 기사를 중심으로 인용하고 그와 관련된 『일본서기』의 기사를 참조하는 방법에 따르고자 한다.

2. 여신과 종교적 권능

1) '히메 · 히코' 제도에서 히미코(卑弥呼)까지

『고사기』의 창세신화에 등장하는 다카미무스히노카미(高御産巣日神)와 가무미무스히노카미(神山巣日神)는 태양의 에너지와 생성력을 신격화한 것으로, '히노카미(日神)'로 된다. 이 신을 제사 지내는 것이 '히코(日子, 彦)·히메(姫, 媛, 比売)' 혹은 '히루코·히루메'이다. 이들은 '히노카미'의 신탁을 받은 자로서 신의 힘을 지닌 '히토' 즉 '신인'으로 여겨지고, 소속 집단을 지도하는 가운데 점차 태양과 같은 신으로서 제사를 받게 된다.

『고사기』와 『일본서기』 가운데 유명한 예로는 우사쓰비코(宇沙都比古)와 우사쓰비메(宇沙都比売) (神武記), 도요키이리히코노미코토(豊木入日子命)와 도요스키이리히메(豊鋤入日売命) (崇神記), 사호비코(沙本毘古)와 사호비메(沙本比売) (垂仁記) 등이 있다. 이 같이 한 쌍의 호칭을 지닌 형제자매가 종교와 정치를 분장하는 방식이 '히메 · 히코' 제도이다. 이미 신대(神代)편의 이자나기노미코토와 이자나미노미코토, 아마테라스오카미와 스사노오노미코토(須佐之男命) 등도 이 형식을 취하는데, 이자나기노미코토와 이자나미노미코토의 첫아이 '히루코'는 '히노코'이며 태양의 아들로서 그와 쌍을 이루는 '히루메'와 더불어 '히코카미, 히메카미'가 된다고 생각할 수 있다.[1] 근친 남녀에 의한 공동정치 제도 아래에서 초기에는 '히메'는 미코로서 궁중 제사

1) 山中智恵子『三輪山伝承』(紀伊国屋書店, 1994)

를 전담했으나, 남성 왕권이 강화되고 통치조직과 군사력이 확대됨에 따라 무주(巫呪) 종교에서 신기제사 제도로 발전한다. 예를 들어 「스진(崇神)기」의 오모노누시노카미(大物主神)의 아들 오타타네코(大田田根子)가 담당했던 역할과 같이 남무(男巫)도 등장하게 되는 것이다.[2)]

요시에아키코(義江明子)는 오카다세이시(岡田精司)의 고대 궁중에서의 제사 분석[3)]을 비판적으로 계승하여, 고대 사회의 제사의 원초적 형태는 남녀 한 쌍에 의해 거행되었음을 인정한다. 그러나 이는 성인 남녀의 모의적 생식 의례에 의한 풍요 기원이 기층을 이루며, 남녀가 각각 생업의 성과를 신에게 바치는 점에서 필연적으로 도출된 형태라고 부연 설명한다.[4)] 이 같은 견해를 『고사기』와 『일본서기』의 기사들과 연결해서 살펴본다면, 본디 신이 내린 무녀와 이를 듣고 신의 뜻을 점치는 남성의 분담이었던 것이, 제의 형태와 조직 발전에 의해 복잡한 분담 형식을 취하게 된 것으로 추정해도 좋을 것 같다.

위와 같이, 신의 의사를 판단하고 신과 교류하는 미코의 전형적인 예를 먼저 야마타이코쿠(耶馬台国)의 지배자 히미코에서 찾아볼 수 있다. 3세기 전반에서 후반에 걸쳐 야마타이코쿠에서는 남성들의 통치가 여의치 않았고 히미코가 여왕이 된 이후에 제대로 돌아갔다고 한다. 이 경우 그 나라는 무력이 아니라, 주술적인 언어를 매개로 신의를 전하는 여성이 최고 권력자가 되어 지배한 것으로 추정할 수 있다. 『위지왜인전(魏志倭人伝)』에

2) 新編全集本『日本書紀』①p275. 이후『日本書紀』본문 인용은 이 책에 따른다.
3) 岡田精司「宮廷巫女の実態」(『日本女性史』一 東京大学出版会, 1982)
4)「古代祭祀と女性・覚書」『日本史研究』381号 1994,『日本古代の祭祀と女性』(吉川弘文館, 1996) 등 참조

따르면 히미코와 남동생 한 쌍이 제사와 정치를 분담하여 야마타이코쿠를 통치했다고 기록하는데, 히미코는 신에 봉사하는 무녀적 존재로서 신재(神裁) 정치를 수행함으로써 고대의 여자 천황 출현을 예시했다고 볼 수 있겠다.

그러나 히미코는 거의 사람 앞에 모습을 드러내지 않고 실제 정치를 담당한 것은 그녀의 남동생이었던 점을 전제로 고려한다면, 야마타이코쿠 왕권은 '히미코 - 여 - 내부 - 성(聖), 동생 - 남 - 외부 - 속(俗)'과 같은 방식으로 남녀 한 쌍의 지배자에 의해 분할된 것으로 생각된다.[5] 이처럼 고대 무녀왕이 남성 근친자에게 정치실무를 맡기고 자신은 궁중 제의를 담당했던 전통은, 『일본서기』의 기사에서도 찾아볼 수 있다. 우마야토노토요미미노미코토(厩戸豊聡耳皇子)를 황태자로 내세우고 섭정을 담당케 했던 스이코(推古)천황의 이름인 '도요미케카시키야히메노미코토(豊御食炊屋姫尊)'를 신에게 바치는 음식물을 조리하는 귀한 여성이라는 의미로 해석한다면, 이 역시 일종의 무녀적인 성격을 지닌다고 추정할 수 있다. 그러므로 고대의 여자 왕은 신에게 봉사하고 그 신탁에 의해 정치를 수행한 것이라고 보아도 좋을 것 같다.

2) 태양신 아마테라스오카미의 신성과 무성(巫性)

『고사기』에 보면, 요미노쿠니(黄泉国)에서 돌아온 이자나기노미코토는 부정한 것들을 씻기 위해, 히무카(日向)의 오도에서 목

---

5) 大林太良『耶馬台国一入墨とポンチョと卑弥呼』(中央公論社, 1977) p99

욕재계를 하고 이 의식 마지막에 아마테라스오카미, 쓰쿠요미노미코토(月読命), 스사노오노미코토 세 자녀를 낳게 된다. 특히 아마테라스오카미는 뛰어난 '히루메(日神)'로, 부신의 명령을 따라 하늘로 올라가서 수많은 천신들의 여왕이 되어 다카마가하라(高天原)를 지배하기 시작한다. 이와 관련하여 『일본서기』는 다음과 같이 서술하고 있다.

> 그래서 함께 히노카미를 낳으셨다. 이를 오호히루메노무치라고 한다. 이 아이는 밝고 아름다운 빛을 발하고, 천지사방 구석구석까지 찬란하게 비추었다.
>
> 是に共に、日の神を生みまつります。大日孁貴と号す。此の子、光華明彩しく、六合の内に照り徹る。(『日本書紀』 p35～36)

위에서 「신대기」 편자는 '大日孁貴'를 '오호히루메노무치'로 훈을 달고 태양여신 즉 아마테라스오카미를 의미하고 있다. 이 '오히루메노무치'라는 명칭 가운데 이 '孁'은 '靈'과 '巫女'를 합친 문자로, '오호' 나 '무치'는 경칭이기 때문에 '히루메'는 '히노메(태양의 여자)'이고, '히노카미(태양신)'의 여성명이라고 할 수 있다.[6] 다시 정리하면 '위대한 태양 무녀의 존귀한 분'[7]이라는 의미의 명칭을 가진 아마테라스오카미는 주술적 제사를 담당하는 미코라는 본질을 지닌 것으로 볼 수 있겠다. 대부분의 연구자가 아마테라스를 태양신 그 자체라고 주장하는 데 대해, 마쓰무라다케오(松村武雄)는 오리구치시노부(折口信夫)의 주장을 지지하여, '미루메'가 '미노메(水の女)'로서 태양신의 아내

6) 山上伊豆母『巫女の歴史ー日本宗教の母胎』(雄山閣出版, 1984) p34
7) 新潮日本古典集成『古事記』 부록 p358

즉 '日妻'라는 설을 내세웠다.[8)] 이같이 '히루메'가 실은 신을 제사 지내는 '日妻'였으며, 앞서의 무녀적 성질을 아울러 고려하면 아마테라스는 인간의 여성으로서 태양의 아내가 되었을 가능성이 있다. 그리고 이 남신과 미코 '히루메=아마테라스'의 한 쌍이라는 형태가 최초에 존재했을 것으로 추정되지만, 후대의 이쓰키노미야(斎宮) 제도 확립에 즈음하여 제사를 받는 대신으로 승격한 것이다.

『일본서기』에서는 쓰쿠요미노미코토가 우케모치(保食神)라는 식물의 여신 목을 베어버리자, 그 시체에서 오곡과 누에, 소, 말이 발생한 것을 아마노쿠마히토(天熊人)라는 신이 천상으로 가져가 아마테라스에게 바쳤다고 한다.[9)] 아마노이와야토(天の岩屋戸) 신화에서는 아마테라스가 이미하타야(忌服屋)에서 신의를 짜고 있는데, 이는 그가 천상세계의 지배자이자 동시에 그곳의 제의를 주재했음을 의미한다. 요컨대 아마테라스오카미는 니나메야(新嘗屋)에서 직물을 짜며 제사 지내는 미코의 기능적인 모습이 복합적으로 조형되어 있다. 여기에서 아마테라스가 최고신으로 형성되어 가는 과정을 잠시 검토해 보기로 한다.

전술했듯이, 아마테라스오카미가 신의를 짜고 있는 중에 스사노오노미코토가 폭거를 감행하고, 그 결과 오카미는 몸을 다친다.[10)] 『고사기』『일본서기』가 약간 상반된 내용을 기록하고 있는데, 이 기사들을 통해 아마테라스오카미가 황조신(皇祖神)으로 승격하는 단계를 짚어볼 수 있다. 신화에 스사노오노미코

---

8) 松村武雄 『日本神話의 研究』第一巻 (培風館, 1954) p33
9) 新編全集本 『日本書紀』① p58～61 본문 참조
10) 新編全集本『古事記』① p181 이후 『古事記』 본문 인용은 이 책에 따른다.

토가 다카마가하라에 반질서와 혼돈을 초래하고 오카미의 지위를 위협하는 경쟁자로 설정된 것은 역설적으로 오카미가 구현하는 성스러운 질서 창조와 완성에 불가결한 요소라고 할 수 있다. 『고사기』 『일본서기』 편찬자들은 천상의 무녀왕이자 풍요신으로서 당당한 지배자의 이미지를 부여받은 아마테라스오카미에 대항할 자로는 스사노오노미코토가 최적격으로 구상한 것 같다.

아울러 일본 고대의 집합적 의식이 아마테라스오카미를 영웅으로 만들고 여신으로 격상하는 상당히 강한 힘을 지녔던 것으로 추측된다. 아마테라스오카미는 태양여신이지만 '아마테라스히메'라고 불리지 않는다. 그 이유는 원시 태양남신에게 봉사했던 미코가 아마노이와야토 사건 이후 차츰 승격하여 어떤 과정에서 태양신에 올랐기 때문에, 남신 이름을 따른 것으로 추정해 볼 수 있다. 4세기 이후, 야마토(大和)조정이 일본 각지의 정치집단이나 그 연합 정권을 통일하기 이전에는 각 씨족이나 부족의 제사에서 해를 숭배하고 있었을 것이다. 아마테라스오카미라는 신격의 원형은 이러한 태양을 숭배하는 씨족, 부족의 종교적 여왕이었다고 추정되는데[11], 야마토정권은 각 정치 집단의 제사권을 박탈해 가는 과정에서 태양신의 제사권을 독점해 간 것 같다. 신화는 원래 왕가가 오모노누시노카미를 모셨으나, 6세기에 중앙집권화를 지향했을 때, 자신들과 같은 신을 모시는 지방호족의 상위에 오르고자 새로이 오모노누시노카미의 상위에 태양신인 아마테라스오카미로 승격시키고 왕실의 선조가 아마테라스오카미의 명령을 받고 일본을 통치하게 되었다고 설명한다.

---

11) 井上光貞「神話から歴史へ」『日本の歴史』(中央公論社, 1965) I

한편, 신화에 서술된 아마테라스오카미 변신의 전승에서 그 승격의 과정을 유추해 볼 수 있다. 먼저, 스사노오노미코토가 나카쓰쿠니(中津国)에서 추방당하고 천상으로 올라갔을 때, 그가 자신의 지위를 위협하지 않을까 두려웠던 아마테라스오카미는 일종의 샤만적인 장식과 복장을 갖추고 스사노오노미코토에게 대치했다고 한다.[12] 이처럼 무사처럼 무장하고 행동했다는 전승은 이윽고 미코가 신성한 천상 세계가 혼란스러워지자 무장에 의해 남무로 변신하고 이윽고 태양신으로 승격할 전조를 드러낸 것으로 생각된다.[13]

3. 신화 전승 속의 미코

1) 아마노이와야토(天石戸)신화와 아메노우즈메(天宇受売)의 무성

스사노오노미코토의 폭거에 아마테라스오카미가 화를 내고 아마노이와야토에 숨어 버리자, 갑자기 이 세상이 캄캄해지며 가지가지 요괴, 사신(邪神)들이 발호하는 상황이 벌어졌다. 이 곤경을 구하는 데 결정적인 역할을 한 것이 미코 출신의 여신 아메노우즈메이다. 이 신화에서, 아마테라스가 석굴에 틀어박혀 있었던 것은 원시태양신을 모셨던 신녀가 '火·日'와 결합하는 신혼(神婚)에 의해 스스로 태양여신으로 승격하는 재생의례에 다름 아니다. 따라서 여신의 분신인 아메노우즈메가 석굴 문

12) 新編全集本『古事記』①p57, 新編全集本『日本書紀』①p63 참조
13) 所功『伊勢神宮』(講談社, 1993)

앞에서 '神遊び'를 하는 모습은 황조신 승격 이전의 미코 아마테라스의 잔영이라고도 할 수 있다.[14)]

『고사기』『일본서기』에는 공통적으로 이쓰토모노오(五伴緒) 혹은 오부신(五部神)이라고 불리는 다섯 천신들이 석굴 안의 아마테라스오카미를 밖으로 끌어낼 때, 각각 중요한 역할을 다했다고 서술되어 있다. 『고사기』에 의하면, 수많은 신들이 아메노야스가와(天安川) 에 모여서 상담한 끝에 삼종 신기가 되는 야타노카가미(八咫鏡)와 야사카노마가타마(八尺勾璁)를 만들었다. 그리고 아메노우즈메는 나무통을 엎어서 두들기며 젖가슴과 음부를 그대로 내보이고 춤추어서, 다카마가하라가 울릴 정도로 모든 신들이 한꺼번에 크게 웃어젖히도록 만들었다. 이 소동에 아마테라스오카미가 살짝 문을 열어보자 아메노우즈메는 '당신보다 더 훌륭하신 신이 계셔서 기뻐 웃고 노래하고 춤추고 있습니다'(p66)라고 유인하고, 그와 동시에 다른 신들이 거울을 들이밀자 아마테라스오카미는 거울 속을 좀 더 잘 보려고 약간 문에서 나온다. 그 순간에 신들이 잽싸게 끌어내고 뒤에서 금줄(注連縄)을 둘러쳐서 석굴 안으로 되돌아가지 못하게 했다는 것이다. 이리하여 태양신인 아마테라스오카미가 재생하고 이 세상은 다시 밝아져서 풍요롭게 된다.

이 신화는 말하자면 '태양신(日の神)' 이야기인 셈인데, 오리구치시노부는 태양의 힘이 가장 약해지는 동지에 '日の神'의 혼을 불러들이기 위한 제의가 신화로 변용한 것이며, 그 제의가 후대까지 궁중의 진혼제(음력 11월 上寅日)로 전승되고 있다고 한다.[15)] 여기에서 아메노우즈메의 행위는 ①미코의 신분으로

---

14) 山上伊豆母『日本の母神信仰』(大和書房, 1998)

②엎어놓은 통 위에 올라, ③젖가슴과 음부를 노출시키고, ④통을 소리 내어 밟고 그 박자에 따라 춤추었다는 특징을 갖는다. 『일본서기』는 '사루메노키미(猨女君)'의 시조가 되는 아메노우즈메가 위와 같은 일련의 무의에 의해 '가무가카리(顕神明之憑談)'를 했다고 기록한다. (『일본서기』 p77) 이 경우 '가무가카리(神懸)'의 내용을 담은 아메노우즈메의 언어는 리듬을 띤 '가미가타리(神語)'에 가까운 것으로 생각된다.

『고사기』『일본서기』에는 누락되었으나, 『고어습유(古語拾遺)』에는 아메노우즈메가 가무를 베풀었을 때 신이 탁언한 내용을 'あはれ あなおもしろ あなたのし あなさやけ おけ'와 같은 가사나 장단거리, 주문 등으로 기록했다. 아메노우즈메가 멋들어지게 '와자오사(俳優)'를 베풀었을 때의 모습이 '아메노가구야마의 넝쿨풀을 어깨에 걸치고 머리에도 풀로 장식하고 아메노가쿠야마의 대나무 잎을 묶은 조릿대를 손에 쥐었다'(p65)라고 묘사되어 있는데, 이는 고대의 태양 부활 무제(巫祭)에서 빙의한 샤만의 형용에 다름 아니다.

『일본서기』의 천손강림 신화에서 아메노우즈메는 니니기노미코토(瓊瓊杵尊)의 강림을 가로막은 사루다히코(猨田彦) 앞에서 나신을 드러내고 이 신과 맞섰다고 전해진다. 즉 미코 아메노우즈메는 아마노이와야토 신화에서 아마테라스오카미를 유혹했던 행위와 동일한 방법에 의해 오카미의 대리자로서 천손의 대업을 무사하게 이끌었던 것이다. 이 신화에서 시루다히코는 입과 엉덩이가 붉게 빛나고 엄청난 코가 강조되고 있는데, 이는 일종의 원숭이 모습을 지닌 태양신이라고 할 수 있을 것이다.

---

15) 『折口信夫全集』 巻16 (中央公論社, 1997)

아메노우즈메는 이 신을 이세의 이스즈카와(五鈴川)까지 바래다주고 사루다히코라는 이름에서 유래하는 사루메노키미(猿女君) 일족의 시조가 된다. 이들은 후대에는 대상제(大嘗祭)나 진혼제 등에서 신사의례나 예능 등으로 봉사했다.[16] 따라서 원래 이세 지방의 지주신으로서, 원시 태양신 사루다히코에게 봉사하는 미코를 아메노우즈메라는 신으로 만든 것이라고 거꾸로 추정해 볼 수도 있다.

2) 오쿠니누시노카미(大国主神) 신화와 스세리비메(須勢理毘売)의 무성

오쿠니누시노카미 즉 오아나무지노카미(大穴牟遅神)의 신화에는 많은 여신들이 등장하고 있으나, 궁극적으로 그를 이즈모노쿠니(出雲国) 대왕의 지위에 오를 수 있도록 도운 것은 '미오야노카미(御祖神)' 즉 모신의 두 번의 재생력과 기사가이히메(蚶貝比売)와 우무가이히메(蛤貝比売)의 주력이었으며, 또 네노카타스쿠니(根堅州国)에서의 시련은 후에 정처가 된 스세리비메의 주력에 의해 극복할 수 있었다.

오아나무지노카미는 형제 신들의 질투를 받고 두 번이나 빈사의 중상을 반복했는데, 그 때마다 모신 사시쿠니와카히메(刺国若比売)의 무축에 의해 소생되었다. 그가 오아나무지노카미로 불리던 무렵에 여러 형제 신들이 산 위에서 멧돼지 형상을 한 큰 바위를 불로 구워서 오아나무지노카미에게 굴려보내어

16) 松前健「日本古代の太陽信仰と大和国家」(『古代日本人の信仰』大和書房, 1997)

불타 죽게 만든다. 이를 알고 사시쿠니와카히메가 하늘에 올라가서 간청한 즉, 기사가이히메와 우무가이히메를 파견하여 소생시켜 주었는데, 이들은 바다의 무녀신들이었다. 이 신화에서 보듯이, 고대의 모자신앙은 거의 생사의 경계에 존재하기 때문에 영웅왕을 돕는 왕비 역시 항상 모신의 모습으로 조형되어 있는 것이다.

형제 신들은 또다시 커다란 나무에 쐐기를 만들어 놓고 그 틈새에 오아나무지를 집어넣어 죽이려고 시도하지만, 이번에도 모신에 의해 구출되어 소생해서 스사노오노미코토의 네노카타스쿠니로 피해 간다. 이곳에서 그는 스사노오노미코토의 딸 스세리비메와 만나 첫눈에 반해서 결혼함으로써, 이즈모지방의 미코[17]의 무성에 의해 스사노오노미코토의 강대한 세력을 손에 넣게 된다. 그 과정에서 오쿠니누시노미코토는 수많은 잔혹한 시련을 통과해야 했다. 스사노오노미코토가 뱀이 있는 방에서 자도록 명하자 스세리비메가 아버지 몰래 뱀을 진정시키는 '히레(比礼)'를 주고 주술을 가르쳐서 난제를 해결하게 돕는다. '히레'는 원래 바다를 건너기 위한 주술에 사용된 물건으로[18] 스세리비메 역시 남편의 난제를 해결하는 데 유효하게 사용했던 것이다.

다음으로 지네와 벌이 있는 방에서 시련 당할 때에도 각각 '히

---

17) 大穴牟遅神를 도운 須世理毘売는 『風土記』의 「神門の郡」 편에는 와카스세리히메(和加須世理毘売) (*新全集『風土記』p231)로 명명되어 있는데, 이는 나메사(滑狭) 마을의 水邊의 巫女적 신앙에 근거한 토착 수호여신이라는 의미로 볼 수 있다.

18) 신라 왕자 아메노히보코(天之日矛)가 도래했을 때 지참했다가 이즈시(出石) 신사에 모신 '八種神宝' 가운데, 「振浪ヒレ、切風ヒレ、振風ヒレ」 (『古事記』「応神記」 p264)라는 명칭이 보인다.

례'에 의한 주술로 극복하고, 또 들판에서 불타서 죽을 뻔한 것을 히메가 생쥐를 부려서 구해 준다. 이 대목에서 특히 '히레'에 관해 상세하게 표현하고 있는 것은 곧 스세리비메의 미코로서의 성격을 강조하기 위함이라고 하겠다. 드디어 오쿠니누시노미코토는 스사노오노미코토가 잠든 사이에 그의 거소로 들어가서 이쿠타치(生大刀), 이쿠유미야(生弓矢)와 아메노누코토(天の沼琴)를 훔쳐낸다. 각각 군사정치 지배권과 종교의 지배권을 상징하는 이 보물들과 함께 스세리비메를 들쳐업고 아시하라노나카쓰쿠니(葦原中国)로 도주해 버린다. 잠에서 깬 스사노오노미코토는 두 남녀 뒤에 대고 '그 보물들을 가지고 지상의 오쿠니누시노카미가 되어 함께 잘 살기 바란다' (『고사기』p85)고 소리친다. 이후 오카미는 지상의 국가 건설에 전념하여 이를 완성시켰고, 그 과정에서 주도권은 항상 무축을 행사하는 스세리비메에게 있었다고 생각된다.

위의 신화에서 소개되는 오쿠니누시노카미와 스세리비메의 연애 스토리는 신이 미코에게 빙의하는 무의(巫儀)의 묘사라고 볼 수 있는데, 상세하게 서술되는 '가미가타리'는 박진감으로 넘친다. 야치호코노카미(八千矛神) 즉 오쿠니누시노카미가 고시노쿠니(高志国)의 누나카와히메(沼河比売)와 결혼하고 돌아오자, 스세리비메는 몹시 화를 내고 질투한다. 곤란해진 오카미는 결국 아내를 피해 이즈모에서 야마토지방으로 올라가려고 결심하고, 여장을 갖추어 출발하기 앞서 아내를 위로하는 노래를 부른다.[19] 야치호코노카미는 스세리비메의 아버지인 스사노

19) 「いとこやの妹の命、群鳥の我が群れ往なば引け鳥の、我が引け往なば泣かじとは汝は言ふとも、やまとの一本薄項傾し、汝が泣かさまく朝雨の霧に立たむぞ、若草の妻の

오노미키토에게 숱한 시련을 겪었고 이제는 오쿠니누시노카미 지위에 오를 수 있게 된 것이다. 그 과정에서 항상 자신을 도와준 스세리비메를 남겨두고 나그네 길에 올라야 하는 남자에 자신을 비유하는 남편의 노래에 히메는 저절로 감동하여 술잔과 함께 답가를 바친다.[20)]

이렇게 하여, 야치호코노카미는 자신의 사랑을 되찾기 위해 농밀한 성적 이미지의 노래로 유혹하는 스세리비메의 마음을 이해하게 된다. 그래서 다른 곳으로 떠나가려던 것을 그만두고 두 남녀 신은 화해하고 나란히 이즈모의 대사에 진좌했다는 것이다. 스세리비메의 질투를 둘러싼 일종의 우타모노가타리(歌物語)는 민간전승과 궁중의 종교 제의가 조화롭게 합쳐서 새로운 고대문학의 전개를 예고하고 있다. 이처럼 오쿠니누시노카미가 죽음과 부활을 거듭하면서 숱한 시련을 편력하고 결국 아시하라노나카쓰쿠니의 왕이 되는 과정에는 항상 무축의 능력을 지닌 여성들이 함께 있었던 것이다.

3) 야마토타케루노미코토(倭建命)의 전승담과 세 여신

① 야마토히메노미코토(倭比売命)의 무녀적 의의

『고사기』『일본서기』 신화 전승 가운데에서도 가장 잘 알려

命事の語言も是をば。」(『古事記』p104)

20) 「八千矛の神の命や吾が大国主、汝こそは男に坐せば打ち廻る、島の崎々かき廻る、磯の崎落ちず若草の妻持たせらめ、吾はもよ女にしあれば、汝を除て男は無し。汝を除て夫は無し。綾垣のふはやが下に蚕衾にこやかに、栲衾さやぐが下に沫雪の若やる胸を、栲綱の白き腕そだたきたたきまがり、真玉手玉手さし枕き、股長に寝をし寝せ、豊御酒奉らせ。」(『古事記』p105)

져 있는 야마토타케루노미코토 이야기는 야마토타케루가 세 여성의 비호에 의해 동쪽 지방과 서쪽 지방을 평정하는 데 성공한 영웅담이다. 특히 '아즈마(吾妻)'라는 미지의 지역에까지 진출하는 과정에서, 주인공 야마토타케루는 야마토히메노미코토의 영력과 오토타치바나히메(弟橘比売)의 투신자살이라는 희생에 의해 위난을 벗어날 수 있었다.

『고사기』에 따르면, 게이코(景行)천황은 오우스노미코토(小碓命)에게 규슈지역 정벌을 명한다. 오우스노미코토는 출발하기 앞서 이세 신궁을 참배하고 재궁(斎宮)이었던 고모 야마토히메노미코토의 의상을 받는다.[21] 뒤에 이 옷들을 입고 '동녀'로 변장해서 구마소타케루(熊曾建)의 축연에 잠입하여 그들 형제를 찔러 죽였는데, 이 때 죽어가는 구마노타케루가 오우스노미코토에게 '야마토타케루노미코(倭建御子)'라는 이름을 바쳤다고 전해진다.

규슈지역을 성공적으로 평정한 것과는 달리 후반부의 동정(東征)이야기는 주인공의 죽음으로 끝나는 비극을 전하고 있다. 야마토타케루가 무사히 규슈 정벌의 대임을 완수하고 돌아오자마자 천황은 이번에는 동국을 평정하라는 칙명을 내린다. 그래서 야마토타케루는 야마토히메노미코토를 찾아가서 부왕의 처사를 원망하는 말을 늘어놓으며 눈물짓는다. 『고사기』에서는 야마토히메가 그를 불쌍하게 여기고 삼종의 신기(神器) 가운데 영검 구사나기노쓰루기(草薙剣)와 부싯돌이 들어 있는 비상용의 주머니를 하사하여 이것들이 뒤에 그의 목숨을 구해 주었다

21) 「爾して、小碓命、其の姨の倭比売命の御衣・御裳を給はりて、剣を御懐に納れて幸行でましき」(『古事記』 p218)

고 서술하지만, 『일본서기』에서는 야마토히메의 하사품이 구사나기노쓰루기뿐이다. 즉 『고사기』는 아마테라스오카미 전래의 명검의 위력뿐만 아니라, 야마토히메노미코토의 주력을 상징하는 부싯돌의 도움을 동시에 강조하고 있으나, 『일본서기』에서는 황조신의 위력만으로 동정에서의 위난을 벗어난다고 서술하는 차이를 보인다. 여기에서 음양으로 야마토타케루의 운명을 인도했던 야마토히메노미코토의 무성을 간단히 정리해 보기로 한다.

야마토히메는 여성 신관이 되어 처녀로 일생을 신에게 봉사하는 이세 재궁, 즉 황조신 아마테라스오카미에게 봉사하는 소위 고급무녀였다고 볼 수 있다. 전술한 바와 같이, 야마토타케루노미코토는 규슈 정복에 나섰을 때에 야마토히메가 준 옷을 입고 여성으로 가장하여 구마소타케루 형제의 시녀들 속에 잠입했다. '의상'이란 민속학적으로 소유자의 영혼이 가장 빙의하기 쉬운 물건 즉 '依代'이기 때문에, 야마토타케루가 어머니처럼 따르는 고모의 영혼을 몸에 붙이고 스스로 재생 주술을 행한 것으로 해석할 수 있다.[22] 동서 지방을 평정하는 이야기가 모두 이세를 기점으로 시작되고, 또 야마토타케루노미코토의 죽음의 계기가 야마토히메에게서 받은 영검을 잊고 나섰다가 이부키야마(伊吹山)에서 악신과 만났을 때 잘못된 언행에 의한 것임을 고려하면, 아마테라스오카미 및 천황가의 권위를 선양하는 신위담(神威譚)으로서의 성격이 강하다.[23] 또한 예의 '히메·히코제'를 계승하여 '야마토히메노미코토(倭比売命)=무성'과 '야마토타

22) 三谷栄一『古事記成立の研究-後宮と神祇官の文学』(有精堂, 1980)
23) 直木孝次郎「ヤマトタケル伝承と伊勢神宮」(『日本古代の氏族と天皇』, 塙書店, 1977)

케루노미코토(倭建命)=군사'의 관계를 유지하면서 천황의 대행자로서 동서 지방 정벌에 성공한다는 전승에는 두 남녀 지도자가 양인일체가 되어 정치를 관장했던 고대적 관념이 원형으로 투시된 것이라고 할 수 있다.24)

② 오토타치바나히메노미코토(弟橘比売命)의 무성

야마토타케루노미코토는 동정 과정에서 야마토히메의 무성에 의한 영적 원조에 이어서 오토타치바나히메노미코토라는 또 한 여성의 도움을 받게 된다.

부왕의 명을 받들고 동쪽을 향해 출발한 야마토타케루는 드디어 사가미노쿠니(相模国)에 도달하는데, 이 때 그 지방 장관 구니노미야쓰코(国造)가 자신을 퇴치하러 온 야마토타케루에게 늪 속에 사는 흉포한 신과 맞서도록 유인한다. 야마토타케루가 들판 안으로 들어가자 구니노미야쓰코는 곧 주변으로부터 불을 지펴 놓아 야마토타케루와 그의 왕비 오토타치바나히메가 불타 죽도록 만든다. 그러자 야마토타케루는 구사나기 검으로 풀을 베어내고 작은 주머니 속의 부싯돌로 맞불을 붙여서 불꽃이 반대방향으로 타들어가게 함으로써 무사히 화난을 모면하고 살아난다. 오쿠니누시노카미가 모신의 '유즙'이나 스세리비메의 '히레'의 주력으로 구명된 것처럼, 야마토타케루노미코토는 규슈 원정시와 마찬가지로 모신에 비정될 수 있는 야마토히메의 소지물이 지닌 주력에 의해 목숨을 구한 것이다.

이윽고 일행이 하시리미즈(走水) 바다에 도달했을 때, 파도가 거칠게 일어나서 더 이상 항해하기 어려워진다. 『일본서기』는

24) 守屋俊彦『ヤマトタケル伝承序説』(和泉書院, 1985)

야마토타케루노미코토(日本武尊)의 교만한 언동[25]이 해신의 노여움을 불러일으켰다는 줄거리와 하시리미즈 바다의 지명 기원 설화로 다룬 데 반해, 『고사기』는 하시리미즈 바다를 건너는 장면부터 서술하기 시작해서 오토타치바나히메가 투신한 7일 이후, 히메의 머리빗이 해안에 흘러와서 야마토타케루노미코토가 그 빗을 사체 대신 무덤에 묻고 애절해 하는 모습을 서술함으로써 끝나고 있다.

신화에 따르면, 오토타치바나히메는 남편의 임무 달성을 위해 자신이 희생될 수밖에 없다고 판단하고 스스로 공양물이 되어 물에 뛰어들자 파도가 가라앉아서 야마토타케루노미코토가 무사히 바다를 건널 수 있었다.

> 제가 왕자님을 대신하여 바닷속에 빠지겠습니다. 왕자님께서는 주어진 임무를 다하시고 궁중으로 돌아가소서.
>
> 妾、御子に易りて、海中に入らむ。御子は、遣はさえし政を遂げ、覆奏し給ふべし。(p227)

위에 인용한 오토타치바나히메의 말은 단순히 남편에 대한 깊은 애정과 충절을 표현한 것이 아니라, 지모신과 동일 계열의 모성을 지닌 희생적인 사랑을 표현하고 있다. 그리고 폭풍 몰아치는 바다 앞에서 '지금 바람 불고 파도 거칠게 일어나 대왕의 배가 가라앉으려 하옵니다. 이는 필시 해신의 뜻에 의한 것일까 하옵니다.(후략)'[26]라고 '해신의 마음'을 꿰뚫어본 것은 그녀가 해양성의 무녀로서, 호오리노미코토(火遠理命)의 왕비 도요타

---

25) 「是小海のみ。立跳にも渡りつべし。」(『日本書紀』p375)
26) 「今風起り浪泌くして、王船没みなむとす。是、必ず海神の心なり。」(『日本書紀』p376)

마비메(玉豊毘売)와 유사한 본성을 지녔음을 암시하는 것이다.

『고사기』에서는 오토타치바나히메가 투신할 때, '菅畳八重·皮畳八重·絹畳八重'을 파도 위에 깔고 그 위에 올랐다고 한다. 『일본서기』에는 전혀 보이지 않는 이 기사는 일종의 주술적 성구(聖具)를 갖춘 의례를 상징한다고 생각된다. 신대 편에서 호오리노미코토가 잃어버린 바늘을 찾으러 해궁을 방문했을 때에 해신으로부터 극진한 대접을 받는 장면[27]과 동일한 표현이라는 점을 고려하면, 오토타치바나히메를 해신의 부인으로 바치는 의식의 일단이 보인다. 그리고 도요타마히메가 자식을 낳고 다시 용궁으로 귀환했다는 신화처럼, 오토타치바나히메도 바닷속으로 귀환했음을 이야기하는 것이다.

그녀가 투신한 얼마 후에 '왕후의 빗이 해변에 떠내려 왔다'(p227)라고 후일담을 전하는 것도 신화적으로 분석해 보면, '櫛=奇シ'는 구시나다히메(櫛名田比売) 이래 신성한 미코의 상징물로, '기이한(奇シ)' 현상에 의해 오토타치바나히메가 해신의 용궁에서 소생했음을 암시한다.

신화는 오토다치바나히메가 투신 장면에서, 화난을 겪으면서도 자신을 생각해 준 야마토타케루에 대한 사모의 심정을 「사가무의 들판에 타오르는 불, 그 타오르는 불꽃 속에 서서 나를 걱정해서 불러주시던 당신이여(さねさし 相模の小野に 燃ゆる火の 火中に立ちて 問ひし君はも)」(『고사기』p227)라고 읊고 있다. 적의 불에 포위되는 위기 가운데 아내의 신변을 염려해 준 야마토타케루노미코토의 애정에 대한 보답과 같이 바닷속으로 사라지는 히

---

27) 「みちの皮の畳を八重に敷き、亦、絹畳を八重に其の上に敷き、其の上に坐せて、(後略)」(『古事記』p129)

메의 헌신적 행위는 과연 해신을 달래고 야마토타케루노미코토가 무사히 하시리미즈를 건너 동쪽 지역까지 천황의 영역을 확대시킬 수 있도록 도와 준 것이다.

여기에서 오토타치바나히메의 명칭과 그것이 함축하는 의미를 잠시 검토해 보기로 한다. '그 황후께서 노래하시기를'이라는 소개로 시작되는 위의 노래에 앞서 『고사기』는 히메를 '그 황후, 이름은 오토타치바나히메노미코토'라고 호명하여 '后'라는 최고위의 호칭을 부여한다. 이에 반해 『일본서기』는 '왕자를 모시는 여자가 있었다. 오토타치바나히메라고 한다. 호즈미씨 오시야마노스쿠네의 딸이다(時に王に従いまつる妾有り。弟橘媛と曰ふ。穂積氏忍山宿禰の女なり)' (『일본서기』p376)라고 기술하고, 「景行紀」51년 8월 기사에서 야마토타케루노미코토의 왕비나 왕자의 계보를 기록하면서 그 마지막에 '그 다음 왕비 호즈미노오시노오시야마노스쿠네의 딸 오토타치바나히메는, 와카타케히코노미코를 낳았다(次妃、穂積氏忍山宿禰が女弟橘媛、稚武彦王を生む'(p389)라고 다시 한번 상기시키고 있다. 따라서 히메는 진혼 주술을 전담하는 모노베(物部)씨 혈통의 호즈미노오시야마노스쿠네(穂積忍山宿禰)의 딸로서 야마토타케루노미코토의 동정에 동행했을 것이다.28)

명칭의 기원과 관련하여, 사가미(相模) 지방이 귤을 궁중에 진상했다는 『연희식(延喜式)』의 기사에 따라서, 지명 설화로서 위와 같은 이름의 여성이 등장하는 것은 상당히 자연스러운 구상이라는 지적29)도 있다.

---

28) 山上伊豆母 『日本の母神信仰』(大和書房, 1998)

29) 西郷信綱 『古事記注釈』巻 3 (平凡社, 1988), 『常陸国風土記』의 지명 설화에 '橘の

③ 미야즈히메(美夜受比売)의 무성

야마토타케루노미코토는 동국 각지를 정복한 뒤 귀로를 서두르지만, 일단 이전에 결혼을 약속했던 미야즈히메의 집을 방문하는데, 이 일은 그의 운명을 급전시키는 계기가 되고 만다. 미야즈히메는 『아쓰다태신궁연기(熱田太神宮縁起)』에 호노아카리노미코토(火明命)의 11대손 오와리 지방장관 오토요노미코토(乎止与命)의 아들 이나타네노키미(稲種公)의 누이동생이라고 한다.[30]

야마토타케루와 미야즈히메의 성혼 장면은 그들이 주고받은 2수의 노래에 의해 서술된다. 결혼을 자축하기 위해 미야즈히메가 큰 술잔을 야마토타케루에게 바칠 때, 그녀의 옷자락이 월경피로 더럽혀져 있는 것을 발견하고 초승달이 나타난 것과 히메의 월경 두 의미를 주언처럼 노래한다.[31] 오랫동안 기다려 온 결혼을 앞두고 뜻밖의 터부에 직면하여 뜻을 이룰 수 없는 안타까움을 탄식하는 미코토의 노래에 히메도 열렬한 마음을 전한다.[32] 남자 못지않게 적극적이고 대담한 답가에 미코토는 히메가 생리중임에도 불구하고 잠자리를 함께 하게 된다.

그 뒤 야마토타케루노미코토는 이부키산의 산신을 퇴치하러 가면서, 구사나기검을 미야즈히메 집에 두고 떠나 버렸다. 게다가 금기인 '言挙げ'[33]를 한다는 이중의 과실을 범했기 때문에

皇后'라는 명칭이 보인다.(新全集本『常陸国風土記』p417)

30) 新全集本『日本書紀』① p381 頭注 참조

31) 「ひさかたの 天の香久山 鋭喧に さ渡る鵠 弱細 手弱 撓や腕を 枕かむとは 吾はすれど さ寝むとは 吾は思へど 汝が着せる 襲衣の襴に 月立ちにけり。」(『古事記』p229～230)

32) 「高光る 日の御子 やすみしし 我が大君 あらたまの 年が来経れば あらたまの 月は来経行く うべな うべな うべな 君待ち難に 我が着せる 襲衣の襴に 月立たなむよ。」(『日本書記』p231)

33) 큰 소리로 자기주장을 말하는 것으로, 언어의 주력을 발동시키기 위한 행위.

희고 거대한 멧돼지 모습으로 나타난 산신의 정체를 알아보지 못하고 그 신이 뿌린 지독한 얼음비를 맞고 정신을 잃는다. 즉 아쓰다 신궁에 봉사한 미야즈히메에게 아마테라스오카미의 상징인 신검을 맡김으로써 황조신 아마테라스오카미의 주력이 그에게 미치지 않게 되고 목숨도 다해 버린 것이다. 『고사기』에 보면, 야마토타케루노미코토는 영험한 검을 몸에서 멀리한 결과 자초한 죽음을 앞두고 '그대 곁에 두고 온 대검이여, 아아 그 대검이여(嬢子の床のべにわが置きし剣の太刀その太刀はや)' (p235)라고 애석함을 표출한다.

그러면 여기에서 왜 야마토타케루노미코토가 오와리 지방의 신을 모시는 미코 미야즈히메와의 '합방'이라는 설정에 의해 그 지방의 지배자가 되지 못하고, 끝내 비극의 영웅으로 사라지게 되었는지 잠시 살펴보기로 한다. 적어도 대화개신(大化の改新) 이전의 중앙이나 지방 수장이었던 여성은 씨신을 모시는 미코가 많았는데, 이들이 신 이외의 자와 혼인하는 것은 금기시되었다. 미야즈히메 역시 오와리 지방장관의 무녀왕으로서 봉사하고 있었기 때문에 엄격한 혼인 금기를 지켜야했음에도 불구하고 야마토의 영웅은 신녀와의 결합을 감행한 것이다. 그리하여 왕권의 상징인 구사나기검이 야마토타케루노미코토로부터 오와리와 미노(美濃) 지역의 오와리무라지(尾長連) 세력으로 이동하여 아쓰다 신사에 모셔지고, 세이무(成務)천황의 즉위로 이어지면서 왕권은 하리마(播磨) 계통에서 오와리와 미노 계통으로 이동하게 된다.34)

34) 『日本書紀』에 세무이천황의 어머니 야사카이리히메의 아버지 야사카이리비코(八坂入彦)는 스진천황과 오와리노오아마비메(尾裝大海媛)의 아들로, 오와리무라지 세력

4. 맺는말

이상으로 『고사기』와 『일본서기』의 기사를 중심으로, 신화 전승 속에 등장하는 고대 미코들에 관하여 검토, 분석해 보았다. 그 결과 그들이 무성이나 모성과 같은 공통적 특성을 발휘하며 고대 사회의 제의를 담당하는 존재로 조형되어 있음을 알 수 있었다.

아마테라스오카미에서 미야즈히메에 이르기까지 이들 영적 성녀들은 신과 인간의 중매자가 되고, 고유한 무축 능력에서 비롯되는 예지력에 의해 시대의 영웅을 도왔다. 이미 아마테라스오카미의 황조신 승격 단계에 전형적으로 나타나듯이, 남신과 신녀 즉 미코가 한 쌍을 이루는 형식으로 스스로 정치적 표면에 서지는 않고, 고대국가 성립 신화의 중심에 위치한다. 예를 들어 오쿠니누시노카미와 야마토타케루노미코토 등의 영웅들의 정치적 대업 완수에서 위와 같은 무성의 여신들의 도움이 불가결했던 사실을 확인할 수 있었다. 오쿠니누시노카미 신화가 죽음과 부활을 거듭하고 시련 끝에 결국 아시하라나카쓰쿠니(葦原中国)의 왕위에 오르는 과정에는 그의 모신이나 정비 스세리비메의 무축 능력이 절대적으로 요구되었던 것이다. 또한 야마토타케루노미코토 전승담에 있어서 이세 재궁이었던 야마토히메가 야마토타케루를 도울 수 있었던 것도 아마테라스오카미의 무녀적 계보를 잇는 영능자였기 때문이다. 오토타치바나히메의 원형 역시 그러한 특성의 무녀적 계보를 계승하는 신녀로 서술되어 있어서 그 전승은 미코의 바다 귀환 신화와 야마토 영웅담

은 오와리와 미노 지방 모두 지배하고 있었던 것 같다.

이 결합한 것으로 생각된다. 야마토타케루노미코토의 비극적 죽음의 계기는 미야즈히메와의 혼인에서 비롯되는데, 이 이야기도 역설적인 의미에서는 고대 왕권 성립 시기에 미코가 점했던 위상과 의의를 환기시키고 있는 것이다.

그러나 고대 왕권의 이동과 함께 여성이 미오야신(御祖神)으로서의 모성이 숭배되는 구조 안에 이미 여신의 몰락의 싹이 배태되기 시작하여, '히메히코' 제도의 변형 과정에 드러나듯이 여성은 서서히 정치로부터 배제되어 간다. 그리고 종교 제의에서만 그 직능을 유지해 가는 한편, 신화 전승 속의 여신들과 왕권 주변의 여성들이 지니던 위상과 의의는 문학 표현 가운데 머물고 문학 자체 속에서만 그 정체성을 확인하기 시작한다.

Ⅱ. 우네메(采女)의 제도적 역할과 문학적 전승

1. 머리말

고대의 제의(祭儀)에서 가요와 무용을 담당했었을 것으로 추정되는 우네메(采女)의 실태에 관해 역사학이나 민속학 등에서는 미코(巫女)와 유사한 성격을 지니고 발생했다는 점에 주목하고 그 본질적 의미를 탐색해 왔다. 그러나 이 같은 연구는 우네메의 직분이나 행적에 관해 단편적 사료와 민속 사례로부터의 유추에 적지 않게 의뢰했던 것이 사실이다. 다행히 『고사기』나 『일본서기』『만요슈(万葉集)』 등에 수록된 우네메 관련 전승과 가요, 와카(和歌)가 전해져서 이를 중심으로 신화시대에 발생하여 고대 왕권 성립과 함께 제도화되어 간 우네메에 관해 좀더 폭넓게 검토해 볼 수 있다.

우네메에 관해, 먼저 민속학계에서는 각 지방장관인 구니쓰미야코(国造)의 딸로 태어난 우네메가 출신 지방의 신을 모시는 무녀로서의 종교성을 지니고 고대 후궁에 들어감으로써 결과적으로는 그들이 궁중 신앙을 각 지방으로 선포시키고 종교적으로 중앙 정부에 복속하게 만드는 의미를 강조했다.[35] 우네메가 고대 신앙과 불가분의 존재였음을 '신처(神妻)'라는 본질에서 찾은 관점[36]에 따르면, 각 지역의 호족 출신 여성을 적처(嫡妻)로 삼았던 고대 천황가의 전통이 지방에서 공납한 우네메 제도

35) 折口信夫「宮廷儀礼の民俗学的考察ー采女を中心として」(『折口信夫全集』第18巻)
36) 倉塚曄子「采女論ー続古代女性史序説」(『文学』 1970, 1)

로 이어지는 것이며, 우네메가 고대문학 가운데 불륜담이나 결혼 전승 등에 다수 등장하는 사실도 바로 천황의 신처라는 본질에서 연유한다는 것이다.

한편, 역사학 쪽에서는 우네메를 야마토(大和)조정에 귀속하고 충성하는 표시로 지방호족이 바친 정치적 인질로 규정하여, 7세기 중엽 이전의 복속(服属) 의례 가운데 우네메를 자리매김한다. 즉, 민속학 방면의 종교적 입장을 인정하면서도, 고대 왕권국가 성립기의 동태에 초점을 맞추고 우네메가 천황가에 대한 정치적 복속의례 역할을 담당하는 존재였다고 파악한 것이다.[37)]

본 연구에서는 기왕의 민속학적, 역사학적 선행 연구 성과를 수용하면서도, 나라(奈良)시대 및 헤이안(平安)시대의 사료와 문학 작품에 기술된 우네메의 실태를 중심으로, 제도와 문학 전승 가운데 재생된 우네메상을 살펴보고 그 역사적 변용에 관해 총괄적인 고찰을 해보기로 한다.

2. 제도 속의 우네메

우네메의 기원에 관하여 먼저 오리구치시노부(折口信夫)는 지역 호족의 우네메가 출신 지역의 신앙을 궁중 신앙 아래에 두고 각 지방으로 선포시킴으로써, 종교적으로 중앙 정부에 복속시키켰다고 설명한다.[38)] 이에 대해 역사학계에서는 각 지역을 지배

37) 「복종을 맹세하기 위한 인신 공진」(門脇禎二『采女』中央公論社, 1965), 「大化改新 이전 시대의, 야마토조정의 대왕과 지방 호족의 인신 예속관계 속에 그것을 연결하는 역할로 성립한 제도」(北山茂夫『万葉時代』岩波書店, 1976)라고 해석하는 선행연구가 나와 있다.

해 온 호족들이 야마토조정에게 충성을 나타내기 위해 '니이나메(新嘗)'에 거행하던 의례가 점차 궁중의 복속 의례로 정비되고, 여기에서 우네메가 전면에 등장하는 것이라고 설명한다.[39] 그러나 제사적 복속에 의해 정치적 복속이 아울러 가능하다고 보는 것이 일반적인 고대의 논리라고 생각할 수 있으며, 따라서 원래는 농경의례로 니이나메를 반복해서 주재해 온 지방호족이 복속의 의미로 그 의례와 우네메를 대왕에게 바친 것이 점차 궁중 의례로 정비된 것으로 고려된다. 이하, 『고사기』, 『일본서기』 등의 기록을 중심으로 우네메의 기원과 그것이 어떻게 제도적으로 확립되고 변화해 갔는지 잠시 살펴보겠다.

우네메에 관한 기록이 처음 등장하는 『일본서기』 「仁徳紀」 40년 기사에 '우네메이와사카히메(采女磐坂媛)'라는 여성의 이름이 등장한다. 그러나 이 기사는 '玉手'라는 지명의 기원을 전하는 설화이기 때문에, 우네메의 기원을 4세기 말 내지 5세기 초로 거슬러 올라가기는 어렵다.

우네메의 기원을 좀 더 확실하게 하기 위해, 먼저 『일본서기』 「履中前紀」에 등장하는 우네메 히노히메(日之媛)에 관한 기사[40]에 주목할 필요가 있다. 이 기사에 따르면, 야마토노아타이아고코(倭直吾子籠)라는 자가 스미노에노나카쓰미코(住吉仲皇子)를 지원했던 죄로 살해될 뻔 한 것을 자신의 누이 히노메를 천황에게 헌상하여 사면됨으로써 죽음을 면했다는 것이다. 이 사건이 「其れ倭直等、采女を貢ぐこと蓋し此の時に始まる歟」라고 기록

38) 주1과 동일
39) 岡田精司 「大化前代の服属儀礼と新嘗」 (『日本史研究』61号 1967, 7)
40) 新全集本 『日本書紀』 p83

된 점에서, 『일본서기』 편찬 당시에도 야마토노아타이(倭直)씨 집안에서 우네메를 공진했다는 사실과 그 기원을 확인할 수 있다. 「雄略紀」 2년 기사를 보면 유라쿠(雄略)천황이 요시노(吉野)의 수렵에서 많은 들짐승을 잡았으나 이를 요리할 사람이 없어서 크게 노하고 사자를 목 베어 버렸다. 이를 보고 두려워하던 왕후가 야마토노쿠니노미야쓰코아고코(倭国造吾子籠)의 누이에게 술을 바치게 한 즉, 그녀의 아름답고 단아한 모습에 천황은 곧 기분이 좋아져서 잠자리를 함께 했다고 한다. 이 여성의 이름이 '야마토노우네메히노히메(倭采女日媛)'라는 점을 고려한다면, 아고코는 「履中前紀」 기사의 야마토노아타이아고코의 후손인 것으로 추정된다.[41]

궁중의 요리 담당 시시히토베(宍人部)의 기원을 기록한 위의 전승은 동시에 야마토 지역의 유력 호족이 천황에게 우네메를 공진했던 초기의 사정을 전해 준다. 천황의 격로를 진정시키고 복속의 표시로서 야마토 지역의 호족이 미모의 누이를 바쳤다는 이야기와 유사한 우네메 전승이 「雄略紀」에 많이 기재되어 있는데, 이는 여타 호족을 제압한 강력한 천황상을 조형하고자 한 야마토조정의 의도가 반영된 것으로 생각된다.

5세기 후반 이후에 천황의 적처에 대한 관념 변화와 더불어 제도로서의 우네메의 필요성이 대두되었다. 특히 「雄略紀」 원년 기사에서 천황과 가스가노와니(春日和珥)씨 출신 와라와키미(童女君)와의 혼인을 기록하면서 와라와키미가 「本、是采女なり」[42]라고, 황후나 다른 왕비와 달리 우네메의 신분에서 왕비

41) 中村生雄 「タマヨリヒメと采女ヒノヒメ一古代氏族の祖神祭祀とヤマト王権」 (山折哲雄 編 『日本における女性』, 名著刊行会, 1992) p 55

에 오른 사실이 특기되어 있다. 우네메가 천황의 자녀를 출산한 예로는 위의 와라와키미를 비롯하여, 비다쓰(敏達)천황의 우네메 이세노오카노오쿠마(伊勢大鹿小熊)의 딸이 후토히메(太姫)와 누카데히메(糠手姫)를 낳았고, 조메이(舒明)천황의 기비노쿠니(吉備国) 출신 우네메가 가야(蚊屋) 왕자를, 덴치(天智)천황의 우네메 이가노우네메야카코노이라스메(伊賀采女宅子娘)가 오토모(大友) 왕자를 낳은 예가 있다.

이 시대에는 야마토조정에 대해 반란이나 다른 문제를 일으킨 호족과 중요 지역의 호족은 특별히 우네메를 인질로 바쳐야 했기 때문에 우네메의 정치적 의미가 더욱 부각되기 시작했다. 야마토조정의 오키미(大王)들이 강력한 지배체제를 구축하기 시작하면서 중앙호족과 지방호족에게 씨성(氏姓)을 부여하고 조세와 공납을 강요했다. 그 일환으로 우네메의 공진(貢進)을 요구하여 무력과 종교 양면에서 지방 세력이 비대해지는 것을 막고 권력 집중화를 시도했다. 국가성립사상 일대 전환기라고 볼 수 있는 이 시기부터 시작된 우네메 제도는 그 후, 7세기말 덴무(天武)천황 시대에 형식적으로 대폭 변질되어 간다.

고대 천황의 궁중 생활을 돕는 특수한 신분의 우네메들은 율령제도의 정비에 수반하여 후궁 및 '메시온나(宮人)' 제도에 편입되어, 우네메 제도가 성립한다. 646년의 조칙「大化改新の詔」이 우네메 제도에 관해 처음 언급하고 있고,[43] 718년의「後宮職員令」은 구체적으로 우네메 제도를 정비했다.[44] 즉 각 '구니(国)'의 3분의

42) 新全集本『日本書紀』2 p150

43)「凡そ采女は郡少領以上の姉妹及び子女の形容端正なるものを貢げ。従丁は一人、従女は二人、一百戸を以て采女一人之糧に充てよ。庸布・庸米は、皆仕丁准ぜよ。」

44)「其れ采女を貢ぐ者は、郡の少領以上の姉妹及び女の形容端正なる者を、皆な中務省

2의 지역에서는 효에(兵衛)를, 나머지는 우네메를 공진한다고 되어 있으나, 무쓰(陸奥), 에치고(越後), 쓰쿠시(筑紫) 등의 원격지는 제외되었다. 그 뒤, 701년의 「대보령(大宝令)」 시행 이후 공진이 확대되고, 722년경에는 히무카노쿠니(日向国)나 무쓰지방까지 우네메를 바치게 되었다. 726년에 아와노쿠니(安房国)와 이즈모노쿠니(出雲国)의 몇몇 지역이 우네메 공진을 거부하기도 하지만, 궁중에서는 후궁 조직을 확충해 감에 따라 종래보다 한층 많은 여관(女官)이 필요하게 된다. 따라서 「采女は、今より以後、郡毎に一人貢進せよ」라고 모든 군(郡)에서 1명씩 바치도록 명한 것은 이러한 시대의 동향과 후궁 사정의 변화에 응한 조처였음을 알 수 있다.

율령제도가 확립된 덴무천황 시대에는 여성 가운데 재능 있는 자가 궁중에 들어가서 공식 의례 행사에서 봉사했는데, 당시 궁중 여관이었던 이들을 통해 관인들이 정치적 지위를 획득하고자 접근하는 폐해에 대해 금지령이 내려질 정도로 후궁의 세력이 컸음을 알 수 있다.[45] 이러한 후궁 세력은 각 씨족으로부터 공납된 우지메(氏女)나 지방장관인 구니노미야쓰코가 공진하는 우네메들로 이루어져 있었던 것이다.

「後宮職員令」에 따르면, 우네메는 초기에는 60명이 속해 있었으나, 후에 77명으로 증원된다. 이들은 모두 25세가 되면 서위(叙位)될 자격을 얻었다. 『속일본기』에 보면, 이세 지방 출신의 스쿠네모로타카(宿禰諸高)라는 우네메가 전시종상품(典侍従三

に申して奏聞せよ」

「凡そ兵衛に、国司・郡司の子弟の強幹オサオサシク、弓馬に便なる者を簡エラビ、郡毎に一人貢げ。若し、 采女を貢ぐ郡は兵衛を貢ぐ例にあらざれ。一国を三分し、 二分は兵衛、一分は采女とせよ。」

45) 『日本後記』天武紀 10년 5월10일 기사 참조

位)까지 출세하여 80세에 죽은 것으로 되어 있고, 그 밖에도 고위직까지 승진한 우네메가 적지 않다는 사실[46]을 통해 우네메 제도의 역사적 변용을 짐작해볼 수 있을 것 같다.

율령제의 궁중 조직 정비에 따라, 우네메의 입장은 이전에는 천황 직속이었던 신분에서 후궁의 하급 잡역으로 하강했다. 물론 우네메의 출신성분이나 공진 방식까지 변한 것은 아니고, 다만 궁중내의 취급 방식이 변한 것이다. 예를 들어 우네메의 복장과 관련하여 '다스키(手襷)'나 '히레(肩巾)' 착용을 금했다.[47] 고대부터 전래되었던 신사의 복식 '다스키'와 미코들의 영능(靈能)을 상징하는 '히레'의 폐지는 우네메의 신화적 전통이 단절되었음을 상징적으로 나타낸다. 다시 말해 우네메들의 종교적 의의가 그만큼 희박해짐으로써 고대적 우네메의 종언을 고했다고 볼 수 있다. 이처럼 고대의 미코와 같은 성격을 공유했던 우네메들은, 율령국가 체제확립 시기에 걸맞는 신기(神祇)의 국가적 체제화가 진행됨에 따라 변화하는 환경에 처하게 되는 것이었다.

---

46) 「叙牟婁采女正五位上」(『日本後記』 765년 10월 기사)
「掌膳常陸国筑波采女従五位下勲五等壬生宿称小家主」「掌膳上野国佐位采女外従五下上野佐位朝臣老刀自並為本国国造」(〃768 6월 기사)
「因幡国高草采女従五位下国造浄成女等七人賜成因幡造」(〃771년 2월 기사)
「授采女従六位上牟義都公真依」(〃781 3월 기사)
「授采女正六位上三野臣浄日女外従五位下」(〃786 10월 기사)
「授蒲生采女従七位下」「武蔵国足立郡采女掌侍兼典掃従四位下」(〃787 4월 기사)

47) 「今より已後....(中略)膳夫・采女らの手繦、肩巾は、並に莫服」天武紀 11년 683 3월 기사

3. 우네메의 직무와 신사(神事)

2절에서 다룬「履中即位前紀」의 야마토노아타이고코 이야기나『고사기』「雄略紀」에 나오는 미에(三重) 출신의 우네메 전승은 일종의 가덕(歌徳) 설화의 원형이라고 하겠다. 특히 후자의 경우는 신상제(新嘗祭)의 '도요노아카리(豊楽)'를 배경으로 서술되어 있는 점에서 다시 한 번 우네메의 시원적인 직분을 생각해 보게 된다. 고대에는 추수 끝난 행사와 함께 민간에서도 들에 임시처를 마련하여 제사를 거행했다. 이 신사를 담당하는 미코가 그곳에 은둔하여 신과 함께 지내면서 거행한 신상제가 후에 천황 즉위시의 대상제(大嘗祭)로 발전되고, 이 의례에서 우네메는 신찬(神饌)을 헌상함과 동시에 신 즉, 천황과 '니이무로(新室)'에서 동침했다고 한다.[48] 여기에서 먼저 신상제라는 종교의례에서의 신사를 담당했던 우네메가 고대의 미코와 같은 특성을 지닌 사실과 그로부터 연유하는 직능에 관해 살펴보자.

『고사기』,『일본서기』의 히노메(日之媛) 전승은 우네메 본래의 무녀적 성격을 단적으로 보여 주는데, 히노메란 '히노카미(日の神)'를 제사 지내고, 이 신의 아들이라는 천황에게 봉사했던 야마토 인근 지역 출신 여성을 일반화한 지칭이다. 이것이 확대되어 야마토조정에 예속된 각 지방 호족의 신과 함께 충성의 표시로 지역의 여성을 궁중에 공진했고, 이 우네메는 전통적인 신기 제의를 담당했다고 한다.[49] 우네메는 지방의 유서 깊은 호족 집안의 신을 모시는 미코의 역할을 담당해 왔기 때문에,

48) 岡田精司『古代王権の祭祀と神話』(輪書房, 1970) p34
49)『延喜式』巻七「践祚大嘗祭」

제사나 신앙의 적임자로서 궁중 제사나 세치에(節会) 행사에서 신찬을 바치는 직무에 임했던 것이다.

『스미요시대사신대기(住吉大社神代記)』에는 천황이 우네메에게 떡갈나무 잎을 채취하라고 명하는 기사가 보인다.50) '우네노(宇禰野)'와 '우네메산'이라는 지명 기원 전승 중에 우네메가 등장하는 것인데, 이 떡갈나무 잎 채취가 궁중 제사에서 중요한 의미를 지닌 행사였던 것 같다. 『고사기』에 보면 닌토쿠(仁德) 천황의 왕후 이와노히메(石之日売)가 도요노아카리를 준비하기 위해 미쓰나가시와(御綱柏)를 따려고 출타한 사이에 천황이 야타노이라쓰메와 관계를 갖는다. 그 소식을 들은 왕후가 크게 노하여 채취한 잎들을 모두 바닷물 속에 던져 버렸다는 질투담에서 소도구로 등장하는 미쓰나가시와가 실은 일종의 신기(神器)로 간주되어 신에게 바치는 술잔으로 사용되었던 것이다. 이 같은 전승은 곧 우네메가 조정의 제의를 주재하는 미코와 같은 신분이었다는 사실을 증명한다고 볼 수 있다.

우네메는 때로 궁중을 떠나서 다른 지역에서 미코로서 봉사하는 경우도 있었던 것 같다. 붕괴된 산릉에서 임시의 봉폐사(奉幣使)가 되어 천황가의 조신을 진혼하거나 지진과 같은 자연의 피해를 막는 제사에 임했다는 사실도 역시 우네메의 신사(神事) 봉사라는 직능을 전해 주는 것이다.51)

『일본서기』에는 흔히 우네메가 천황 이외의 사람들 손에 전혀 닿지 않은 존재였다는 식으로 묘사되고 있다. 천황 주변의 귀족들은 물론, 궁중에서 일하는 공인들이나 외국인의 경우도

50) 『住吉大社神代記』(住吉大社神代記刊行会, 1985)
51) 『続日本紀』742년 5월 10일, 13일 기사

우네메의 몸을 범했을 것이라는 의심만으로도 무서운 벌을 받았다. 예를 들어 인교(允恭)천황이 별세했을 때 신라에서 온 조문사절들이 돌아가는 도중에 뒤돌아보며 '우네메와야 미미와야'라고 했다. 조문사절을 따라가던 종자 한 명이 이를 듣고 틀림없이 정을 통한 우네메를 그리워하는 말이라고 지레짐작하고는 오핫세(大泊瀨) 왕자에게 보고했다. 왕자는 즉각 신라의 조문사절들을 잡아들여 심문한 즉, 우네비야마(畝傍山)와 미미나시야마(耳成山)의 아름다운 풍경을 감탄한다는 것이 야마토 방언을 제대로 구사하지 못했기 때문에 종자가 잘못 알아들은 것이 판명되어 놓아 주었다고 한다.[52] 「雄略紀」에 보면, 당시 건축중이던 누각 위를 나는 듯이 돌아다니는 목공의 모습을 올려다본 이세우네메(伊勢采女)는 갑자기 정신을 잃고 정원에 넘어져서 천황의 수랏상을 뒤집어엎어 버렸다. 이를 본 천황은 그 목공이 우네메를 범한 것이 아닌가 의심하고 죽이려 했다는 것이다.[53] 636년에 '우네메를 범한 자를 탄핵하여 모두 벌한다'는 조치가 취해졌을 때, 그 조사가 극히 엄해서 미와노키미(三輪君) 오사사기(小鷦鷯)라는 자는 결국 자살해 버렸다는 기록[54]도 저변의 상황을 전해 준다.

이러한 사건의 경우, 남성이 처벌되는 것이 천황의 신처로서의 의미를 갖는다고 하지만, 고향으로 퇴출된 야카미노우네메(八上采女)나 유배되었다가 대사면에 의해 고향으로 돌아간 우네메의 경우에 의해, 우네메 자신도 처벌 대상이 되었음을 확인

52) 「允恭紀」 42년 11월 기사
53) 「雄略紀」 6년 2월 기사
54) 「舒明紀」 8년 3월 기사 참조

할 수 있다.[55] 이같이 우네메가 천황 외의 남자와 접하는 것은 궁중 종교와 관련된 무녀적 존재라는 이유에서 엄격히 금지되었다. 따라서 우네메가 신처이기 때문에 밀통에 의해 더럽혀졌다고 하는 해석[56]은 궁중 종교와 관련된 무녀적 존재가 신성함을 잃은 것으로 간주한 당시의 관념을 지적한 것이다.

유라쿠천황은 오시코오치노아타이카타부(凡河内直香賜)와 우네메를 쓰쿠시(筑紫) 지방에 파견하여 무나카타노카미(胸方神)의 제사를 모시도록 명했으나, 가타부(香賜)는 신에게 제사를 올리는 우네메를 범하여 극형에 처해졌다고 한다.[57] 이처럼 무나카타(宗像)신사의 제사를 집행하기 위해 규슈 지방까지 우네메를 미코의 자격으로 파견한 사실에서, 그들 가운데에는 고향이나 도읍이 아닌 지방 신에게 봉사한 경우도 있었음을 확인할 수 있다.

그런데, 오시코오치노아타이(凡河内直)씨의 조신(祖神)인 아마쓰히코네노카미(天津彦根神)는 스사노오노미코토가 아마테라스오카미와 서약했을 때 태어난 다섯 신 가운데 하나로, 남매가 되는 세 여신은『일본서기』편찬 당시에 쓰쿠시노무나카타노키미(筑紫胸方君) 등이 제사를 모셨다고 한다.[58] 따라서 위의 기록은 7세기초의 우네메의 상황과 우네메 터부의 사고방식 아래, 오시코오치노아타이씨와 무나카타노키미씨의 전승에 무나카타노키미씨가 여신을 모셨었던 사실을 결부시켜서 재구성한 이야기라고 할 수 있다.[59]

---

55)『万葉集』권4 p534-p535,『続日本紀』708년 6월 기사 참조
56) 倉塚曄子 전게서 p245
57)「雄略紀」9년 2월28일 기사
58) 新全集本『日本書紀』1 p65 두주 참조

임신의 란(壬申の乱) 이후, 신관(神官)으로 봉직한 율령국조를 신설하고 우네메도 그 직위에 임명되었었다는 사실은 주목할 만하다. 이처럼 초기에는 미코와 같은 직능을 맡았던 우네메가 후대에는 거의 후궁의 여관으로서 천황의 식사나 세치에 행사, 제사에 봉사하는 식으로 역할이 축소된다. 이미 8세기 초부터 우네메는 궁중의례와 같은 행사에서 상을 올리는 중요한 역할을 맡았던 기록이 보인다.[60] 예를 들어 견당사 송별연회에서 우네메가 등장하여 바이젠우네메(陪膳采女)에게 술잔을 건네면 이들은 다시 천황 어전의 대사와 부사에게 그 잔을 전하기도 하고, 정월의 연회에서 대신들에게 잔을 건네고 술을 따라주는 역할도 맡았다.[61] 천황 어전에 나아가 조정대신들에게 술잔을 돌리는 역할은 이미 「雄略紀」에 기록된 미에 출신의 우네메에서도 확인할 수 있었지만, 우네메의 직무 가운데는 본래 궁중 제사나 세치에 행사 때에 신찬 봉헌도 담당했었던 것이다.

『연희식(延喜式)』에 보면, 우네메가 젠부(膳部)와 함께 후세까지 전통적인 신사의례를 담당했음을 알 수 있다.[62] 야마토조정에 복속한 지방 호족이 충성의 표시로 황실에 바친 우네메는 특정 집안의 신에게 봉사하는 미코의 전통을 계승했다. 그 같은 특성 때문에, 궁중 봉사에서 익힌 유식고실(有識故実)과 연중행사로 반복되는 궁중의 여러 제사에 익숙해 감으로써, 점차 궁중의례와 신앙에 정통하게 된 것이다. 이 과정에서 우네메가 궁중제사나 계절마다 올리는 의식에 임해서 아마테라스오미카미에

59) 門脇禎二 전게서 p137
60) 『日本後記』833년 3월 18일 기사 참조
61) 『三代実録』882년 1월 3일 기사 참조
62) 주 49)와 동일

게 바치는 신찬을 다루었던 일은 후대의 이세 재궁의 직분으로 수용되어 간 것으로 고려된다.

4. 헤이안(平安)시대 이후의 우네메

나라시대에서 헤이안시대로 들어서면, 후궁 내부에 귀족 출신 여성의 세력이 강해지고, 각 후궁 소속의 궁녀 즉 뇨보(女房)들이 서로 대립하고 경쟁하기 시작한다. 이 시기에도 우네메는 여전히 세치에와 신사 봉사라는 직무에 종사했으나, 나라시대 이전에 천황과 그에 복속한 호족 사이를 연결한다는 본래의 의의는 이미 사라지고 단순히 제도 속에 놓인 존재에 불과하게 된다.

당시에 후궁 12부처 가운데 가장 중요한 부서인 나이시노쓰카사(内侍司)의 나이시노카미(尚侍)나, 조시(蔵司)의 구라노카미(尚蔵)는 모두 후지와라(藤原)씨와 같은 유력 귀족 출신 여성이 맡았다. 우네메 출신은 가시와데노카미(尚膳)나 가니모리노카미(尚掃) 외에는 고위 여관이 될 수는 없었고 관위가 올라가도 「掌膳常陸国筑波采女従五位下勲」나 「伊勢国飯高郡采女正八位下」처럼 '우네메'라는 호칭이 덧붙여져 있는 것이다. 807년에 우네메 진상 정지령이 실시되었다가 다시 5년 후에 부활하는 과정에서 우네메는 야마토조정과 지방을 연결한 제의 봉사라는 고대의 종교적 위상을 잃어버리면서 궁중 봉사 중심의 역할만 담당하는 신분으로 개편된다.

간무(桓武)천황은 군사(郡司), 국조(国造), 효에(兵衛)와 같은 각 지방의 수령 집안과 관련된 관직을 폐지하고 우네메만 종전대로 진상하라는 명을 내리지만,[63] 머지않아 다시 우네메 공진 정지령을 내리고 우네메쓰카사(采女司)의 소속을 구나이쇼(宮內省)에서 나카쓰카사쇼(中務省)의 누이도노료(縫殿寮)로 변경시킨다. 그 결과 우네메는 봉녀(縫女)들과 같은 하급 여관으로 간주되기 시작했다. 그러나 사가(嵯峨)천황은 군사 선임에서 다시 지방의 유서 깊은 집안을 중시하는 원칙을 세우고, 우네메쓰카사도 부활시켜서 이듬해에는 이세, 오와리(尾張), 히타치(常陸), 다지마(但馬) 지방에 대해 우네메를 각각 1명씩 공진하도록 명한다.[64]

9세기 초의 우네메는 종래의 역할에 더해, 새로이 대상제 등의 궁중 신사와 세치에 행사 봉사 일이 주어졌다. 이는 잠정적으로 우네메들에게 천황의 조령 제사에 봉사하는 특정의 직무를 맡기고자 한 조처일 뿐, 결코 율령제 이전의 고대적 본질을 회복했다고는 말할 수 없다. 당시 후지와라씨를 비롯한 중앙 귀족들은 정치력 확대를 시작하고, 집안의 여성을 입궐시켜 후궁의 여관으로 만든다. 예를 들어 헤이제이(平城)천황 시대의 후지와라 구스코(藤原薬子)가 궁중에 들어가 세력을 만들고 일족의 전횡을 일삼은 사실은 유명한데, 구스코는 종전의 지방출신 우네메들을 무시하고 후궁에서 배제해 버렸다.

위와 같은 부침 과정에서 지방의 전통 있는 호족 집안이 몰락한 반면에는 47명의 우네메 정원 속에 어떻게 해서라도 집안 여성을 끼워 넣어 조정에 입지를 마련해 보려는 신흥 호족들의

63)『類聚国史』798년 3월 기사
64)『日本後記』813년 정월 기사

경쟁도 끊이지 않았던 것 같다.65) 이들이 경쟁적으로 꾸며서 궁중 의례나 세치에 행사에 내보낸 우네메가 후궁의 실력자였던 시녀(女房)들에게 일종의 흥미와 호기심을 불러일으키기도 한 것 같다.66) 세이쇼나곤(清少納言)이 우네메의 복장을 당나라풍의 정취가 그윽하다고 묘사한 말 속에는 중국적인 고풍을 지녔다든가, 자신들의 모습과 다른 특별한 흥취를 말하는 것 같다. 그러나 지방의 군령(君領) 계급 출신으로 배선(陪膳) 일을 담당하고 'もひとり, みぐしあげ' 등의 하급 여관과 나란히 기록되었던 우네메는 뇨보들에게 「えせものの所得るをり 節会の御倍膳の采女」(『枕草子』150단)라는 식으로 비판과 모멸을 받을 수밖에 없었던 것 같다.

939년부터 일본 각 지역에서 민중들이 지역장관인 고쿠시와 대립하고 투쟁하는 일이 빈번하게 일어났고 궁중에서는 후지와라씨가 '안나의 변란(安和の変)'(969)을 계기로 해서 섭관정치를 확립시켰다. 우네메들은 이 궁중에서 나름대로 최선의 지위를 차지하고 또 그 지위를 혈연의 여성에게 전하려고 했던 것 같다. 기록에 따르면, 우네메 야마토신시(大和真子)는 자신의 후임에 질녀 안시(安子)를67), 또 단바아타이쇼시(丹波直勝子)가 자신의 후임에 질녀 도쿠시(徳子)를 추천한다.68) 위와 같은 일은 율령시

65) 『類聚三代格』 寛平9년 1월 25일 太政官符

66) 「いぎのおものは、うねめどもまゐる。(中略) 夜ふくるまゝに、月のくまなきに、うねめ、もひとり、みぐしあげども、とのもり、かんもり女官、かほもしらぬをり、みかどづかさなどやうのものにやあらん、おろそかにさうぞきけさうじつゝ...」(『紫式部日記』後一条 천황 탄생 5일 기사)

「番の采女の青裾濃の裳、唐衣、裙帯、領巾などして、面いと白くて、下など取り次ぎまいるほど、これはたおほやけしう、唐めきてをかし」(『枕草子』 86단)

67) 『類聚符宣抄』七, 天暦원년 12월 28일 太政官符(黒板勝美編 新訂増補『国史大系』 27 吉川弘文館, 1986)

대의 보제주의(譜第主義)에 입각하여 후궁내의 지위를 이용해서 일가의 입지를 마련하려는 시도라고 볼 수 있겠는데, 야마토 신시와 안시는 「雄略紀」의 우네메 히노메와 야마토노아타이아고코 오누이와 관련되는 집안 출신이라고 추정해 볼 수 있다.

헤이안시대 말기부터 우네메는 전대까지 유지되었던 군령(郡領)과의 관계가 단절되면서 8세기의 신제도로 확보했었던 세치에 봉사조차 맡기 어려울 정도의 신분으로 영락하게 된다. 후궁에서는 이미 천황이나 중궁 신변의 잡무를 맡는 편이 많아졌고, '부젠이라는 우네메는 전약의 우두머리인 시게마사와 친한 사람이었다. (豊前といふ采女はくすし重雅が知る人なり)' (『枕草子』 260단)라는 기록에 보듯이, 수령계급이나 전약두(典薬頭)와 같은 중하층 귀족과 관계를 갖기도 했다. 그 후 가마쿠라(鎌倉)시대 초기로 접어들면서, 궁중 귀족 세력의 쇠퇴와 함께 우네메도 공식적으로 소멸되어 갔다.

5. 전승 문학 속의 우네메

고대의 전승과 설화들은 우네메를 외부인과의 접촉이 엄격히 금지되어 사람들 손에 전혀 닿지 않았던 존재로 묘사하고, 우네메의 애절한 사랑은 공개되었을 경우, 무서운 조처가 따랐다는 식으로 전한다. 『일본서기』 「応神紀」에서 오사자키노미코토(大鷦鷯尊)가 가미나가히메(髪長媛)와 사랑을 나누며 읊은 두 수의

68) 『朝野群載』九, 永祚2년 2월 23일(黒板勝美編 新訂増補『国史大系』 29 吉川弘文館, 1986)

노래는, 히무카노쿠니(日向国)에서 공진된 우네메로 추정되는 아가씨를 얻은 기쁨을 솔직하게 표현한 사랑의 찬가라고 하겠다.[69] 이 전승은 우네메가 천황 측근에서 조정의 공식적인 제의를 담당하고 있었던 당시에 왕세자조차 접근이 어려웠다는 사실을 시사하는 전승이며, 유사한 내용은 「雄略紀」의 하타노네노미코토(歯田根命) 기사에서도 알 수 있다. 여기에서는 미코토가 우네메 야마베노코시마코(山辺小嶋子)와 밀통한 죄를 보속 받기 위해 말 여덟 마리와 대검 여덟 자루를 바쳤다고 전한다.[70] 이때 하타노네노미코토는 큰 보속물을 바치고 면죄되면서도, 「야마베노코시마코를 위해서는 사람들이 자랑스럽게 생각하는 종마 여덟 마리쯤은 아깝지도 않아 (人の辺の小島子ゆえに人衒らふ馬の八匹は惜しけくもなし」라는 노래에 식지 않는 열정을 드러냈다. 물론 5, 7조의 정형 리듬에 의한 작법으로 미루어서 이 노래를 둘러싼 전승이 5세기 후반의 사실이라고 생각하기 어렵다. 오히려 천황의 소유물인 우네메를 범한 자는 엄히 다루어져야 한다는 사고방식, 즉 천황 신성관과 불가분의 관점에서 우네메를 등장시키려는 구상이 저변에 깔려 있다고 하겠다.

『고사기』에 등장하는 미에 우네메 전승은 신상제의 도요노아카리 행사를 배경으로 이루어진 말하자면 가덕(歌徳) 설화의 원형이라고 하겠다. 이 잔치에서 우네메가 술잔 속에 느티나무 잎이 떨어진 것을 모르고 유라쿠천황에게 바치자, 천황은 격노하여 우네메의 목을 향해 칼을 댄다. 그 때 우네메는 '실로 황공하기 그지없나이다. 하늘 높이 빛나는 태양과 같으신 대왕이시여

69) 新全集本『日本書紀』1 p480
70)「雄略紀」13년 3월 기사

(是しもあやに畏しこき高光る日の御子)'라고 즉석에서 기지 넘치는 노래를 불러 목숨을 구했다고 한다. 이 노래와, 왕후가 천황을 찬미한 노래 2수, 이에 창화한 천황의 노래는 모두 신상제에서 읊는 가요이다. 그러므로 위의 기사는 『고사기』의 작자들이 후궁 전승의 노래와 설화를 역사와 문학으로 변용시켜 간 방식을 제시하는 하나의 예로, 신상제의 축수가를 미에 우네메 사건에 가탁하여 작품화한 것이라고 할 수 있다.[71] 「雄略紀」에 등장하는 가스가노오미(春日臣)의 딸 와라와키미(童女君)는 천황에게 불려가서 잠자리를 함께 하여 임신하고 가스가노오이라쓰메(春日大郎女)를 낳지만, 천황은 하룻밤의 만남으로 임신한 것에 의구심을 품고 자신의 아이로 인정하지 않는다. 그 아이가 조금 자라서 천황의 거소 앞을 걸어가는 것을 보고 의심을 풀게 된 천황이 드디어 자신의 왕녀로 인정하고 우네메였던 어머니를 왕비로 삼았다는 이야기는 「神代紀」에 기록된 신화와 동일 계통의 전승이라고 할 수 있다. 황손 니니기노미코토(瓊々杵尊)의 아내 고노하나노사쿠야히메(木花之開耶姫)도 하룻밤에 잉태했으나 의심을 받자, 집에 불을 지르고 문 없는 방안에서 출산하여 자신의 아이가 천손의 아들임을 증명해 보였다. 우네메 와라와키미 이야기 역시 신에게 봉사하는 미코를 기반으로 하는 점에서 위와 같은 '히토요마구와이(一夜婚)' 설화의 한 유형으로, 천황과 결혼하는 우네메의 무녀성이 내재되어 있는 성혼(聖婚) 설화라고 할 수 있겠다. 그런데, 『일본서기』의 편자는 와라와키미가 '본디 우네메였다(本、是采女なり)'라는 식으로, 왕후나 다른 왕비와 달리 우네메로서 왕비가 된 이유를 특기하고 있다.

71) 三谷栄一「古事記の成立と氏女・采女の伝承」(『国学院雑誌』63巻9号)

와라와키미가 속한 가스가와니(春日和珥)씨는 야마토 지방에서 번영했던 호족으로 5세기 말에서 6세기에 걸쳐 황실과의 혼인 관계를 증대시켜 가면서 자신의 세력을 신장해 갔고, 그 일련의 동향 첫머리에 바로 우네메 와라와키미의 전승이 있는 것이다.

『만요슈』에 노래를 남긴 우네메는 도시마노우네메(豊島采女)(1026번, 1027번), 스루가노우네메(駿河采女) (507번, 1420번), 무쓰노쿠니(陸奥国)의 '前の采女' 등이며, 그 밖에도 51번, 95번, 534번, 535번, 3807번 노래의 소재가 되고 있다. 이처럼 용례로는 소수에 지나지 않으나, 작자의 경우든 소재화한 경우든 문학적 수식 속에서 오랫동안 천황 측근 여인으로 존재했던 전통을 자랑하는 모습으로 재현되고 있다. 특히 작자로 전해지는 우네메는 모두 동쪽지역 출신이라는 점에 주의하게 되는데, 이들이 여러 지방의 노래를 중앙 조정에 전파하고 축적하는 역할을 담당했고 결과적으로『만요슈』의 다양한 세계를 구현하는 데 일조했다고 말할 수 있다.

그러나 우네메 관련 와카에서 상문가(相聞歌)는 모두 남성 작자가 지어 보낸 노래이거나 남성의 회상 속에 등장하는 노래뿐으로, 우네메 자신이 답가를 보내는 경우가 없다. 좋은 예로 가키모토노히토마로(柿本人麻呂)가 기비노쿠니(吉備国) 출신 우네메의 죽음에 임하여 지은 장가와 단가 2수를 들 수 있다.[72] 여기에서 오미(近江) 조정에 봉사하다가 이룰 수 없는 사랑을 위해 젊은 목숨을 던졌다는 어느 우네메에 대한 애도의 노래는 후대의「猿沢の池」전승 속에 정착하는데, 이에 관해서는 후술하기로 한다.

---

72)「吉備の津の采女の死りし時、柿本朝臣人麿の作る歌一首並に短歌」(『万葉集』권2 217-219)

『쇼쿠고킨슈(続古今集)』『후보쿠쇼(夫木抄)』 등에도 수록되어 있는 「우네메들의 소맷자락 휘날리던 아스카의 바람, 도읍이 바뀌어 버린 지금은 무심히 불고 지나가네(采女の袖吹返す明日香風都を遠みいたずらに吹く)」(권1 51)는 덴치(天智)천황과 우네메 출신의 오치노키미이라쓰메(越智君伊羅都売) 사이에 태어난 시키(志貴) 왕자가 작자로 되어 있다. 아스카(飛鳥)에서 후지와라로 천도한 이후 사라진 오미조정의 말로를 애도하는 노래가 표면적으로는 우네메들을 밝고 화려했던 고도의 이미지로 상징하고 있으나, 오히려 쇠락한 고도와 함께 변화해 가는 우네메의 실상을 무겁게 부각시키고 있는 듯하다.

시키 왕자의 손자 아키노오키미(安貴王)가 이나바노쿠니(因幡国) 출신 우네메와 정을 통하고 처벌당했을 때 읊었다는 「자리 위에 손베개를 마련하는 일도 없이 멀리 헤어져서 시간이 흘러 버렸네, 만나보지 못하는 가운데(しきたへの手枕まかず間おきて年ぞ経にける逢はなく思へば」(권4 535)에는 시간이 흘러도 헤어진 여인을 다시 만날 수 없는 한스러운 심정을 표출되어 있다. 이 노래의 좌주(左注)에 의하면, 아키노오키미가 우네메와 정을 통한 것이 '不敬の罪'로 단죄되어 고향인 아스카도읍으로 퇴각 당했다고 한다.[73] 아키노오키미 시대에는 이미 우네메가 하급 궁녀로 지위가 내려갔을 무렵이지만, 전승의 세계에서 우네메는 여전히 신성하고 범해서는 안 되는 터부로 남아있는 것이다.

가쓰라키노오키미(葛城王)가 미치노쿠(陸奥) 지방에 파견되

73) 퇴각 당한 것이 安貴王인지 八上 采女인지 여러 해석이 있으나, 新全集本의 두주의 해석이 합리적으로 생각되어 이에 따르기로 한다.

었을 때, 그 지역 수령의 대접이 소홀함에 불만을 품고 노기를 띠자, 예전에 우네메였던 여성이 읊었다는 노래「아사카야마의 산 그림자까지 내비치는 샘물처럼 얕은 마음으로 당신을 사랑하는 것은 아니랍니다(安積山影さへ見ゆる山の井の浅き心を我が思はなくに)」(권16 3807)는 기노쓰라유키(紀貫之)도『고킨와카슈(古今和歌集)』서문에서 '와카의 원조라고 일컬어지고, 습자를 시작하는 사람이 가장 먼저 익힌 노래이다(この歌は、歌の父母のやうにてぞ、手習ふ人の始にもしける)'라고 소개하고 있다. 이 전승은 앞서 언급한『고사기』의 미에 우네메 전승과 동일한 발상을 갖는 가덕(歌德) 설화라고 할 수 있는데, 궁중 봉사를 마치고 고향에 돌아가 있던 우네메가 예전에 익힌 교양과 지혜를 발휘한 것에 대해 '風流の娘子'라고 지칭한 점에 주의하게 된다. 산그늘이 아름답게 비치는 샘물 풍경 등을 '山の井'에서 '浅き心'로 연결해가는 기교로 미루어보아, 이 여성은 와카 작법이나 행동에 있어서 궁중에서 일했던 시절의 '미야비(風流)'가 몸에 배어있었던 것 같다.

후지와라카마타리(藤原鎌足)가 작자로 전해지는「나는 우네메 야스미코를 얻었노라. 모든 이가 얻을 수 없다고 하는 야스미코를 얻었노라(吾はもや安見児得たり皆人の得がてにすとふ安見児得たり」(권1 195)도 천황으로부터 우네메를 하사받은 자부심을 명쾌하고 직선적으로 묘사하고 있다. 마치 우네메를 얻게 된 기쁨과 감사의 마음이 흘러넘치는 듯한 이 노래를 통해 그만큼 우네메와 만난다는 것이 쉽지 않았던 저간의 사정을 짐작해 볼 수 있다. 특히 이 노래에서 '야스미코'라는 이름에 주목하게 되는데, 이는 'ヤスミシシ(大君의 枕詞)'나 천황의 거소 'ヤ

スミドノ(安殿)', 왕자를 낳은 여성에 대한 호칭 'ミヤスミドコロ(御息所)' 등과 관련된 이름이다. 궁중에서 제사를 관장하고 천황의 식사나 취침시에 봉사하는 우네메를 통칭하는 것으로, 이 무렵 이미 우네메의 직능이 상당히 일상적인 성격으로 변하고 있음을 시사하고 있는 것이다.

헤이안시대는 여류문학의 최성기라고 평가되지만, 우네메 자신이 창작한 문학작품은 물론, 우네메를 소재로 된 작품도 거의 눈에 띄지 않는다. 단지 앞에서 언급한 바와 같이 후궁 내의 풍경 서술 속에서 우네메가 사소한 에피소드로 다루어지고 있는 예가 있을 뿐이다. 그러나 우네메 제도 자체의 변화에 따른 그들의 지위 하강이 문학작품 속에 일종의 부정적인 시각을 반영시키고 있음에도 불구하고 전대의 화려했던 우네메상은 전승 속에 아름답고 슬픈 모습으로 되살아나 있다. 『야마토모노가타리(大和物語)』제150단 「猿沢の池」의 비련담은 천황에게 버림받고 잊혀진 끝에 투신자살하는 우네메 이야기를 전한다.

뛰어난 미모의 이 우네메는 주위에서 접근하는 남자들의 유혹도 뿌리치고 고고하게 오직 천황의 관심을 끌게 되기만 기대했다. ('そのあはぬ心は、帝をかぎりなくめでたき物になむ思ひたけまつりける') 겨우 염원이 이루어져 천황을 모시게 되면서 더욱 사모하는 마음이 깊어진다. 그러나 천황이 다시는 관심을 보이지 않는 사실을 한탄하며 사루사와노이케(猿沢の池)에 몸을 던지고 만다. 사후 소식을 전해들은 천황의 명을 받고 가키모토노히토마로(柿本人麻呂)가 「내 사랑하는 여인이 잠자리에서 풀었던 그 검은 머릿결을, 저 못 속의 수초처럼 본다는 것이 너무나 슬프네 (わきもこのねくたれ髪を猿沢の 池の玉藻とみる

ぞかなしき)」라는 애상의 노래를 읊지만, 이미 우네메의 올곧은 사랑이 보상 받기에는 너무 늦은 것이었다. 여기에서 주인공 우네메는 죽음에 이르는 감정의 흐름도 제대로 설명되지 않은 채, 이름도 인격도 없는 인물로 전해지고 있다. 그처럼 덧없는 삶과 사랑이 섭관정치 시대 성립 이후에 모노가타리(物語) 문학 속에 짤막하게 자리 잡고 있다는 사실 자체가 당시의 우네메들의 존재 형식을 극명하게 드러내는 것 같다.

6. 맺는말

이상으로, 『고사기』『일본서기』의 우네메 기사를 비롯하여 관련 사료와 전승문학 등을 검토 분석함으로써, 우네메의 기원과 제도 성립, 그 역사적 발전과 해체 과정을 고찰해 보았다. 그와 아울러 우네메가 고대 궁중에서 담당했던 고유의 직분과 특성에 관해서도 밝혀 보았다. 우네메의 발생은 각 지방 수령인 국조 집안 출신 여성이 아마토조정에 공진되어 종교적으로 중앙의 신 아래에 지방신을 복속시키려는 의도에서 비롯되었다. 그러나 중앙집권 체제가 강화되고, 조정의 세력이 지방을 압도해 감에 따라 중앙 천황가와 지방 호족 사이를 연결하는 존재로서 정치적인 의미가 한층 중요해진 것이다. 그 후 우네메 제도는 7세기 중반부터 형식적으로 대폭 변질되면서 시대의 동향과 후궁 사정의 변화에 따라 부침을 거듭했음을 확인할 수 있었다.

헤이안시대 이후에는, 후궁 내부에 중앙귀족 출신 여성의 세력이 강해지면서 우네메는 하급 여관으로 간주되기 시작했고,

고대의 종교적 직능을 대신하여 궁중 봉사 중심의 역할만 담당하게 된다. 후지와라씨의 섭관정치에 의해, 지방 출신으로 특별한 배경 세력이 없는 우네메의 지위는 더욱 하강하고, 11세기 말 가마쿠라 막부가 성립함으로써 궁중 사회가 쇠퇴해짐에 따라 우네메는 소멸의 길을 간 것이었다.

우네메를 소재로 한 고대 전승문학을 살펴보면, 그 기사의 행간에서 떠오르는 우네메상이 기실 위와 같은 제도의 변화와 부침의 역사 속에서 필연적으로 형성된 것임을 알 수 있었다. 『고사기』, 『일본서기』의 많은 전승들은 천황 신성관과 불가분의 관점에서 우네메 관련 이야기들을 역사와 문학으로 형상화했다. 여기에 등장하는 우네메는 사람들 손에 전혀 닿지 않은 존재였고, 우네메의 애절한 사랑이 공개되었을 경우에는 무서운 조처가 따랐다는 식으로 전해진다. 이처럼 사랑의 고뇌를 둘러싼 모노가타리가 우네메 전승에 집중된 이유를 찾기 위해 우네메란 본질적으로 신에 대한 신앙을 지니고 살아간 존재라는 점을 아울러 고려해 볼 필요가 있는 것이다.

『만요슈』에 보이는 우네메는 제도화된 후궁의 최하급 여관의 모습이 아니라, 왕족이나 귀족의 동경과 회상의 대상으로 부각된다. 특히 동북지방 출신 우네메들이 여러 지방의 풍속가를 중앙에 도입하고 축적함으로써 『만요슈』에 다양다층의 세계를 구현시켰다고 할 수 있다. 동시에, 그녀들은 궁중 문화를 익히고 고향에 돌아가서 중앙과 지방을 연결하는 문화의 전파자로서의 역할을 하여 지방 전승의 미래자로서의 역할도 담당했다고 볼 수 있다.

헤이안시대에는 우네메 자신이 창작한 문학작품은 물론, 우네메를 소재로 한 작품도 거의 눈에 띄지 않는다. 귀족 계급 출신의 뇨보들이 묘사하는 후궁의 풍경 서술 가운데 잠시 등장했다가 사라지는 존재에 지나지 않았다는 사실을 확인할 수 있었다. 당시의 우네메 제도 자체의 변화에 따른 우네메의 지위 변화가 그러한 실상을 초래한 것으로 고려된다. 그럼에도 불구하고 궁중에서 활약했던 전대의 화려한 우네메상은 전승 속에 되살아나고, 그들의 비련담은 일본 문학의 여러 장르에서 재생산되어 간 것이다.

제2장 고대 여성 가인(歌人)의 계보

I. 누카타노오키미(額田王)의 가인적 활동과 작품 세계

1. 머리말

누카타노오키미(額田王)는 일본문학사상 처음으로 전문적 가인(歌人)으로 등장하여, 여성문학의 출발점을 이룬 인물이라고 할 수 있다. 『만요슈(万葉集)』에 수록된 총 12수의 노래는 장가3수, 반가1수, 단가8수로 분류할 수 있는데, 이 작품 자체가 누카타노오키미의 생애나 신분, 궁중에서의 직능 등을 고려하는 근거가 된다. 그러나 이 가운데 몇몇은 작자 이전(異伝)을 가지고 있어서, 누카타노오키미의 작품 활동을 둘러싸고 종래의 해석이 크게 대립되고 있다. 먼저 『만요슈』 20번과 21번의 증답가를 통해, 덴치(天智) 덴무(天武) 두 천황 형제 사이에서 비극의 사랑을 나누었던 여인으로 바라보는 시각이 성립되었다. 이케다야자부로(池田弥三郎)가 위의 두 수의 와카(和歌)는 수렵 행사시의 연회자리에서 흥을 돋우는 노래라고 주장[1])한 이래, 삼각관계의 주인공으로 보는 속설적인 견해는 급속히 부정되기 시작하고, 종래의 연구 성과에 입각하여 새로이 작품 그 자체를 분석하고 이해하려는 시도가 두드러진다.

누카타노오키미의 작품들을 『만요슈』 수록 순서에 따라 살펴보면 먼저 권1의 7번 노래에는 오미(近江) 행행 시기에 관한 좌주(左注)가 있고, 8번 노래와 9번 역시 사이메이(斉明)천황의 여행에 따라갔을 때의 작품으로 천황을 대신하여 지은 노래들이다. 누카타노오키미가 가인으로 가장 재능을 발휘한 덴치천황 시대에 남긴 16번, 17, 18번, 20번, 151번, 155번, 488번의 7수에서는 점차 어떤 변모를 보이기 시작한다. 즉, 오미로 천도한 이후 조정이 안정되고 문화적 기운이 일어나기 시작한 시대에 나온 이 작품들은, 40여 년이라는 긴 시기에 걸쳐 궁중에서 중심적 작가인 동시에 신사(神事)와 관련된 활동을 계속해 온 작가에서, 누카타노오키미라는 한 개인의 독자적인 문학 세계를 만들어 내며 이를 시공으로 확장시켜가는 움직임을 내재하고 있는 것이다.

본 논문은 선행의 연구 성과에 바탕을 두고, 누카타노오키미의 인간관계나 환경, 인생체험 등을 통하여 정리된 연구 성과에 따라서 와카가 구송가요에서 개인적 서정시로 이동한 시대에 작가 활동을 한 누카타노오키미의 문학세계를 서술해 가기로 한다.

---

1) 『池田弥三郎著作集』 六巻 (角川書店, 1979) p149

2. 누카타노오키미의 출생과 신분

누카타노오키미의 생애에 관한 자료는 극히 적으나, 이즈모(出雲) 계통의 호족이었던 누카타베무라지(額田部連) 집안에서 태어나고 성장해서는 우네메의 신분으로 궁중에 들어가서 신사 관계의 옛 사장(詞章)과 와카를 담당했던 인물로 알려졌다.

『만요슈』에는 이름이 '누카타노오키미'로 표기되어 있으나, 『일본서기(日本書紀)』「天武紀」에 '天皇初め鏡女の額田姫王を娶して、十一皇女を生しませり'라는 기사가 보인다. 이에 따르면 누카타노오키미는 후에 덴무천황이 된 오아마(大海人)왕자와 결혼하여 도치(十市)공주를 낳았는데, 이 공주는 임신의 란(壬申の乱) 당시 25세였던 오토모왕자와 결혼하여 가도노오키미(葛野王)를 낳은 것으로 된다. 여기에서 『일본서기』의 '누카타노히메키미(額田姫王)'와 『만요슈』의 '누카타노오키미'의 관련성에 관해 알아보자. 『고사기(古事記)』에 보면, '女王'의 경우, '女'라는 글자를 생략하여 단지 '王'로 기재한 예[2]도 있기 때문에, 「天武紀」의 '額田姫王'와 『만요슈』의 '누카타노오키미'가 동일인물라고 해도 좋을 것이다. 이를 더 보완하는 견해에 따르면, 7세기의 표기는 『일본서기』와 같이 '額田姫王'로 표기되었을 것이며, 『만요슈』의 제사(題詞)에 나타난 '누카타노오키미'는 8세기적인 표기로 보아야 한다는 것이다.[3]

아버지인 가가미노오키미(鏡王)에 관하여는 미상이지만, 그 명칭으로 보아 『일본기(日本紀)』가 전하듯이 오미 지역의 가가

2) 飯豊王(いいとよのみこ) 宝王(たからのみこ) 糠代比売王(ぬかしろひめみこ) 間人穴大部王(はしひとのあなほべのみこ) 등의 경우가 보인다.

3) 梶川信行「額田王の胎動一八世紀の初期万葉から七世紀の初期万葉へ」(『美夫君志』 1999, 11)

미야마(鏡山)에서 신경(神鏡)을 만들던 신라계의 귀화집단이었을 것으로 추정된다. 소가(蘇我)씨의 피를 이은 가가미노오키미는 조메이(舒明)천황의 아들로 고려되며, 나카노오에노미코(中大兄皇子), 오아마노미코(大海人皇子)와는 이복형제에 해당한다고 볼 수 있기 때문에 누카타노오키미는 두 왕자와는 숙질사이가 된다.[4)]

누카타노오키미의 출생연도는 『가이후소(懐風藻)』에 기재된 가도노오키미(葛野王)의 전기[5)]를 근거로 한다면, 630년경으로 추정할 수 있다.[6)] 또한 누카타노오키미의 생존 시기에 관하여는 그의 작가 활동시기와 관련하여 고려해 볼 수도 있다. 누카타노오키미의 작품 가운데, 16번은 대체로 155번과 같은 해인 668년경으로 추정되며, 488번은 제사로 미루어 덴치천황 시대임을 알 수 있고, 112번과 113번은 표제에 의해 지토(持統)천황 시대라고 할 수 있다. 488번 노래의 제사와 20번 노래의 제사는 덴치천황 7년의 일로 추정되며, 21번 노래를 읊은 왕세자란 오아마왕자 즉 덴무천황이다. 155번의 제사는 별세한 덴치천황을 모신 야마시나(山科) 산릉에서 여러 신하들이 물러나갈 때에 누카타노오키미가 궁중의 명에 따라 노래를 읊은 경위를 전하고 있다. 112번 노래는 덴무천황의 아들 유게(弓削)왕자의 노래에 화답한 것

---

4) 尾畑喜一郎「額田王ー公的地位説を疑う」(犬養孝編『万葉歌人論ーその問題をさぐる』明治書院, 1987)

5)「王子者淡海帝之孫、大友太子之長子也。母浄御原帝之長女十市内親王…(中略) 特閲授正四位、排式部卿。時年三十七。」

6) 懐風藻의 기사 가운데 37세라는 왕자의 연령으로는 어머니인 토치 공주나 누카타노오키미의 연령에도 몇 년의 차이가 생긴다. 그러나, 여러 설이 누카타노오키미가 죠메이천황 시대에 태어나서, 666년에는 30세를 넘었을 것이라는 데 일치하고 있는데, 여기서는 일단 谷馨의 설에 따르기로 한다.

으로, 이 왕자는 113번의 화답가에서 지토천황 시대의 요시노 행행을 소재로 하고 있기 때문에 누카타노오키미는 적어도 덴치천황 시대에서 지토천황 시대까지 생존했다고 볼 수 있다. 그런데 덴무천황 시대의 노래가 없는 것은 그녀가 당시 궁중을 떠나 있었기 때문일 것이고, 이상의 사실로 미루어 누카타노오키미는 덴치천황 시대에 전성기를 살았던 인물이라고 하겠다.

3. 대작 활동

먼저, 대작이라는 개념에 관해 간단히 정리해 보기로 하자. 어떤 노래에 작자가 두 사람으로 기재되어 있을 경우, 이는 우연히 발생한 현상이 아니라, 어떤 일정한 형식에 의한 것이다. 첫째는 그렇게 된 상황을 자연스럽게 파악할 수 있는데, '歌の共有'[7]라는 말로 이해하면 좋을 것 같다. 한편, 두 명의 작자가 전해진다는 사실에는 어떤 의도적인 창작 계기가 있다고 생각되는데, 구승문학에서 기재문학으로 이행하는 과도기, 나아가서는 서정시 탄생까지 연결시킬 수 있는 누카타노오키미의 작품 성격에서 그러한 점을 발견하게 된다.

누카타노오키미의 창작활동은 고교쿠(皇極)천황 시대의 제1기, 사이메이(斉明)천황 시대의 제2기, 덴치천황 시대의 제3기, 지토(持統)천황 시대의 제4기로 나누어 생각할 수 있다. 처음 고교쿠천황 시대(642-645)에 누카타노오키미는 천황의 심정을 대

---

7) 神野志隆光「中皇命と宇智野の歌」(伊藤博・稲岡耕二編『万葉集を学ぶ 第一集』, 有斐閣, 1977)

신하여 정형의 단가 17번 노래를 지음으로써 대작 가인으로서 출발한다. 그 후 다시 덴치천황의 궁중시인으로 들어가서 그 자신의 재능을 십분 발휘할 수 있는 계기를 만나 대작 작가를 넘어서 자신의 독창적인 세계를 전개하는 것이다. 이 제3기에서의 누카타노오키미의 작품 활동은 먼저 전통적인 주가(呪歌)로 시작하는데, 이는 작가 사정의 배경 등을 고려해 보면, 당연한 재출발이라 하겠다. 그러나 그녀가 받아들인 외래적 영향은 오미조정의 적극적인 당풍 문화 풍조[8] 가운데에서 문예적인 자각으로 결실을 맺게 된 것이다.

이렇게 천황의 측근으로서 심정을 대변하는 대작 가인이었다고 보더라도, 예를 들어 20번 노래와 같이 누카타노오키미의 작품에는 작가 사정이나 작자명이 구체적으로 기술된 제사도 보이지만, 그녀의 존재를 시사하는 제사와 작자를 천황으로 설명하는 『루이쥬카린(類聚歌林)』의 좌주가 함께 붙어 있어서, 게이츄(契沖) 이래 여러 논의를 낳고 있다. 현재는 대작설이 거의 정설화되어 있어서 누카타노오키미의 작가 활동은 어떤 식으로든 반드시 천황이라는 존재와 밀착되어 언급되지만, 이러한 그녀의 대작설 등을 조금 다른 측면에서도 확인해 볼 필요가 있다. 즉 후궁의 한 전문가인이라는 지위 외에, 신사에 봉사하는 입장도 논의되고 밝혀져야 할 것이다. 특히 9번가를 비롯하여 누카타노오키미가 사이메이천황과 덴치천황 시대에 남긴 8수의 노래는 모두 종교적인 성격을 지닌 것이기 때문에, 그녀의 노래

8) 天智朝는 大化改新 이래 중국적 관제에 따라서 학제도 거의 정비되어 처음으로 학교가 세워져서 학술 진흥이 크게 진척되고, 천황이 주재하는 遊宴에 많은 문인들이 초대되어 시문을 짓기도 한다.(日本古典文学大系『懐風藻 文華秀麗集 本朝文粋』 서문)

대부분이 궁중 관계의 공적인 것이며, 국가의 중대사에 임하여 신사와 유연(遊宴)을 다루고 있다는 다니가오루(谷馨)의 지적[9]에 주목할 필요가 있는 것이다.

여기에서 누카타노오키미의 후궁에서의 공적 지위나 역할에 관하여 종래의 견해들을 잠시 정리해 보기로 하자. 먼저, 나카니시스스무(中西進)는 중국의 후궁 직제 가운데 세부(世婦)와 그 다음 지위인 뇨고(女御)가 관장하는 「祭祀賓客喪紀之事」에 착목하여 누카타노오키미의 공적 역할을 '詞人(しじん)'이라는 직능인으로 고찰하였다.[10] 사이메이천황 시대에 6년간 공백을 거쳐 다시 덴치천황의 측근으로서 활동한 사실을 확인시켜 주는 17,18번의 노래에서 누카타노오키미가 제사 직능과 동시에 '詞人'의 성격을 지닌 신분이었다고 인정할 수 있는 것이다. 이토하쿠(伊藤博)는 누카타노오키미가 문학적 재능으로 천황을 대신하여 노래를 지었다는 이 대작설을 계통적으로 분석한 후, 종교적 측면을 중시하여 누카타노오키미를 '御言持ち(みこともち)歌人'이라고 규정짓고, 대작가인의 역할과 입장을 강조하고 있다.[11]

또「額田王歌」라는 제사 아래에는 여러 원본이 '미상'이라는 주를 달고 있어서 이를 후지타니미쓰에(富士谷御杖)가『만뇨슈토모시비(万葉集灯)』에서 'これは、伝を詳にせずといふにや'라고 풀이한 이후, 다케다유키치(武田祐吉)나 야마다요시오(山田孝雄) 등에 의해 누카타노오키미를 '미상'의 인물로 보는 입

9) 谷馨『額田王』(紀伊国屋書店, 1972) p40
10)『万葉史の研究』(桜楓社, 1968) p214
11)『万葉集の歌人と作品上』(塙書房, 1975)

장이 제시되었다.[12] 이에 대해 작가 연대가 미상이라는 의미로 보는 설[13]도 나왔는데, 양자를 보완하는 입장에서 천황의 노래로 보는 『루이쥬카린』 기사에 어느 정도 신뢰성을 인정하고 제사 작자를 실작자, 『루이쥬카린』 작자를 형식작자로 하여, 누카타노오키미가 천황의 의도를 대변해서 노래를 지었다고 하는 이토와 나카니시의 견해에 찬성하게 된다. 여기에서 자기 고유언어로 자신만의 심정을 읊는 것이 아닌 고대의 노래 형식은 타자와의 무조건적인 신뢰 내지 연결 안에서 성립되었으므로, 이같이 노래 제작의 주체가 복수일 수 있다는 '歌の共有'라는 개념이 유효하게 되는 것이다. 근대적인 작자 개념과는 달리, 노래가 공동체 가운데에서 함께 향수되었던 고대에는 공식의 노래는 모두 천황 이름으로 발표되었다고 할 수 있겠다.

대작이든 타인의 작품을 '口号'했을 뿐이든, 초기 『만요슈』에서는 읊은 사람이야말로 그 노래 표현의 주체 즉 작자였던 것이다. 그러나 문자로 정착한 8세기 초의 『만요슈』의 와카에서는 작자는 실제로 노래를 창작한 한 사람만을 의미하게 된다. 예를 들어 7번 노래는 「明日香川原宮御宇天皇代」라는 제사에 따라 사이메이천황 시대의 작품으로 볼 수 있다. 이 노래의 경우, 노나카카와라노후히토미쓰이나 하타노오쿠라노미얏코마리의 대작과 거의 공통적 입장의 것도 보이지만, 아무래도 누카타노오키미의

12) 武田祐吉(『増訂万葉集全註釈三』 (角川書店, 1956), 山田孝雄(『万葉集講義巻第一』 (宝文館出版, 1928), 土屋文明(『万葉集私注一』 (筑摩書房, 1978) 외에도, 窪田空穂 (『万葉集評釈 第一巻』東京堂出版, 1984), 沢瀉久孝 (『万葉集注釈 巻第一』 中央公論社, 1957), 小島憲之(新編日本古典文学全集 『万葉集』1), 伊藤博 (『万葉集釈注一』集英社, 1995) 등이 동일한 입장을 지지한다.

13) 吉井巌「額田王覚書」(『万葉』53号 1964, 10)

원류는 기본적으로 여류가인이었던 나카쓰스메라미코토(中皇命)에서 찾아볼 수 있다고 생각된다. 다시 말해 주가(呪歌) 헌정이라는 직능을 담당하던 나카쓰스메라미코토의 본래적인 사명과 천황의 대작자라는 양면을 계승한 것이 누카타노오키미인 것이다. 여기에서 전형적인 대작으로 알려진 8번가를 중심으로 그 대작의 성격을 살펴보기로 하자.

額田王の歌

熟田津に舟乗りせむと月待てば潮もかなひぬ今は漕ぎ出でな (권1 8)

右、山上億良大夫の類聚歌林を検すに、曰く、「(中略)後岡本宮に天の下治めたまふ天皇の七年辛酉の春正月、丁酉の朔の壬寅、御船西つかたに征き、始めて海路に就く。庚戌、御船、伊予の熟田津の石湯の行宮に泊つ。天皇、昔日の猶し存れる物を御覧して、当時に忽ちに感愛の情を起こしたまふ。所以に因りて歌詠を製りて哀傷びたまふ」といふ。即ち、この歌は天皇の御成なり。ただし、額田王の歌は、別に四首あり。[14)]

사이메이천황은 백제를 지원하고 신라를 정벌하기 위해, 661년에 규슈지역 정벌에 나선다. 이 때, 누카타노오키미도 함께 배에 타고 있었다. 이요(伊予)의 니키타쓰(熟田津)에 정박한 후 출항하려 할 즈음에 누카타노오키미가 천황을 대신하여 읊은 것으로 보이지만, 좌주에 의하면 이 노래는 사이메이천황이 니키타쓰 행궁에서 남편인 조메이천황 생존시에 동행했던 일을 그리워하며 읊은 노래가 된다. 이에 관해 오모다카히사다카(沢瀉久孝)는 『루이쥬카린』의 설에 따라서 이 노래 역시 10번, 11번 2수의 작자인 나카쓰스메라미코토 즉 사이메이천황이라고 주장한다.

14) 이하, 본문 인용은 新編日本古典文学全集本『万葉集』권1에 따른다.

그런데, 다니가오루는 전체적인 표현과 어법이 지닌 높은 격조, 마지막 구절「今者許芸乞菜」에서 보이는 웅혼한 기백 등을 인정하여, 니키타쓰에서 군선이 출발했을 때 누카타노오키미가 읊은 노래로 보고, 좌주에 인용한『루이쥬카린』이 천황의 작품으로 전할 만큼, 이 노래의 주동적 성격이 강하다고 설명한다. 노래가 보여 주는 제왕다운 기상에서 사이메이천황을 작자로 보는 오모다카씨 등의 견해도 수긍되지만, 항해의 안전을 기원하고, 선단의 사기를 고무하려는 주가이기 때문에 자연히 누카타노오키미가 스케일 크고 박력감 있는 노래를 읊게 된 것이라고 할 수 있다. 여기에서 누카타노오키미가 이 같은 풍격을 노래에 표현할 수 있었던 것은 무엇보다도 그녀가 사이메이천황의 측근으로서 천황의 입장에서 언동하는 '御言持ち'였기 때문이라고 설명하는 이토하쿠의 논증에 동의하게 된다. 이 노래 이후, 사이메이천황이 후쿠오카(福岡)의 아사쿠라(朝倉) 대본영에서 별세하자 그 아들인 덴치천황이 667년 오미 오쓰(大津)로 천도하여 이듬해에 즉위하였고 누카타노오키미는 이 궁중에 봉직한 것으로 된다.

다음으로 위의 주가의 내용을 살펴보면, 왕의 의사(神意)를 포함하여 집단적 전체의 염원을 대신하면서도 주관적인 감동을 형상화시키고 있음을 알 수 있다. 즉 신에게 바친 위의 주가는 구송시대의 형식적 표현을 넘어서 작자 개인적 감동을 표출하는 서정시의 싹을 보여 주는 것이다. 이 같은 8번 노래의 새로운 움직임은 고대 신앙적 공동체를 대신한 다이카(大化)개신 이후의 신체제 아래에서, 선진 문화의 영향 아래 개적 자각에 의한 새로운 사고와 정서가 촉진되면서 서정시의 발생을 보게 되는 것이다.

그러한 또 하나의 예를 17,18번 노래에서 찾아볼 수 있다.

近江国に下る時に作る歌、井戸王の即ち和ふる歌

味酒 三輪の山 あをによし 奈良の山の 山のまに い隠るまで 道の隈い積もるまでに
つばらにも見つつ行かむをしばしばも見放けむ山を心なく雲の隠さふべしや

(권1 17)

反歌

三輪山を 然かも隠すか 雲だにも 心あらなも 隠さふべしや(권1 18)
右二首の歌は、山上憶良大夫の類聚歌林に曰く、「都を近江国に遷す時に、三輪山を御覧す御歌なり」といふ。日本書紀に曰く、「六年丙寅の春三月、辛酉の朔の己卯、都を近江に遷す」といふ。

위의 장가와 반가는 야마토(大和)의 미와산(三輪山)을 떠나서 오미지방으로 내려갈 때 지은 것이다. 먼 길을 떠나기 전에 미와산신에게 공식 제사를 올리면서 함께 바친 이 노래는 일견 석별의 정을 표출한 것처럼 보이지만, 동시에 그 산을 보고 싶으나 볼 수 없는 원망을 너무 강조하여서 오히려 갈등하는 인간의 개인적 심정을 분출하고 있다. 특히 '마음껏 바라보며 가고 싶은데, 저멀리 바라보고 싶은 산인데(つばらにも見つつ行かむをしばしばも見放けむ山を)'라는 구절에서는 본다는 행위를 강조하고, 마지막에 '무정하게도 구름이 가리다니(心なく雲の 隠さふべしや)'의 구절에서 복잡한 내면의 심정을 폭발하듯이 힘차게 표현하고 있다. 그러면 이 '본다'는 행위는 무엇을 의미하는 것일까?

좌주에도 '보시다(御覧す)'라고 되어 있지만, 이는 미와산을 바라봄으로써 산에 깃든 넋을 덴치천황의 몸에 부착시키기 위한 '다마후리'의 주술 행위로 받아들여진다. 이렇게 긴박감과 박력이 넘치는 가운데 '본다'는 행위의 '다마후리'로서의 의미를 표현한 17번, 18번 노래는 다른 우미하고 풍류적인 작품들과 성격이 다르게 받아들여진다. 그 이유를, 나카니시는 무녀적인 입장에서 읊은 때문이라는 오리구치시노부(折口信夫)의 무녀론을 일축하면서, 신사가(神事歌)가 아니라 천황을 대신하여 읊은 때문이며, 선행의 예를 『일본서기』「孝徳紀」의 노나카카와라노후히토미쓰나 「斎明紀」의 하타노오쿠라노미얏코마리, 『만요슈』의 나카쓰스메라미코토 등이 담당한 '詞人'에서 찾아볼 수 있다고 한다.[15] 그러나, 18번 노래의 '御覧三輪山御歌焉'라는 인용은 여전히 많은 문제점을 낳고 있어서, 오모다카히사타카(沢瀉久孝)는 17, 18번은 덴치천황의 노래이고, 19, 20번이 누카타노오키미의 작품이라고 추정한다.[16] 이 견해는 『만요슈』의 본류가 되는 구본보다 야마노우에노오쿠라(山上憶良)의 『루이쥬카린』 쪽이 더 확실한 것으로 볼 경우 타당하다고 하겠지만, 17번이 주술적 성격뿐 아니라 미와산에 대한 애석의 정도 포함하는 점에서 누카타노오키미라는 작자의 감정 표현으로 생각하고 싶다.

다음으로 작가 방법을 살펴보면, 17번은 그 시형에 어울리게 보다 공적, 의례적인 장소에서 지어진 것으로 고려된다. 그런데, 겨우 15구라는 짧은 장가 형식 가운데 세 쌍의 대우(対偶)적인 구절이 배치되면서도 내용면에서는 불균형을 이루는 점에 관해

15) 中西進『万葉集の比較文学的研究』137)
16) 沢瀉久孝「天智天皇御製攷」(『国語国文』제18권 제3호)

종래에는 주로 구송가의 원형적 특색으로 해석되어 왔다. 형식적으로는 어느 정도 주술적인 전통을 따르는 가운데도 표현 형식에 있어서는 점차 구송의 주술가의 차원을 벗어남으로써, 새로운 서정시로 이동하는 움직임을 보이는 것이다. 즉 애타게 보고 싶어 하는 개인적 심정 표현과 주술적 목적이 공존하는 17번 노래에서 궁중 의례가가 서정시적, 문예적인 노래로 나아가는 양상을 볼 수 있다는 것이다. 예를 들어, 작중 주체는 '登りたち国見をすれば'라고 자기 행동 그 자체를 대상화하여 읊는 식이며 마지막 부분에서 'うまし国ぞ'를 주술 언어로 마무리하는 점도 상당히 주정적이다. 이와 같이 구름에게 호소하고, 원망하는 포즈에는 무언가 미태를 띤 원망의 정 같은 여인의 정취가 드러나고, 그러한 서정성은 일종의 초현실적인 감동 표현에 의한 새로운 '온나우타(女歌)'의 성립과 와카문학사의 신국면을 예고하고 있다.17)

4. 한시문의 영향과 '미야비(雅び)'의 자각

누카타노오키미의 작품세계에 관하여는 이미 많은 해석이나 비평, 감상 등 다방면에 걸쳐 연구되어 왔는데, 여기서는 와카문학사 입장에서 누카타노오키미의 노래가 전하는 메시지에 관해 잠시 살펴보고자 한다. 원래 뛰어난 작품이라는 것은 단지 표현, 수사, 기교가 훌륭하다는 것뿐만 아니라, 여기에는 다른 사람과는 다른 어떤 내면의 감동이 있음을 기대하는 것이다.

17) 清水克彦「長歌」(『万葉集講座』四, 有精堂出版, 1973)

天皇、 内大臣藤原朝臣に詔して春山の万花の艶と秋山の千葉の彩とを競ひて憐れびしめたまふ時に、額田王の歌を以ちて判る歌

冬こもり 春さり来れば 鳴かざりし 鳥も来鳴きぬ 咲かざりし 花も咲けれど 山を茂み 入りても取らず 草深み 取りても見ず 秋山の 木の葉を見ては 黄葉をば取りてそ偲ふ 青きをば 置きそ 嘆く そこし恨めし 秋山吾は。(권1 16)

통설에 따르면 이 작품은 천도 후의 노래라고 하는데, 「歌を以ちて」라는 제사로 미루어 천황이 후지와라가마타리(藤原鎌足)에게 명하여 봄 산과 가을 산의 아름다움의 우열을 묻는 한시 경쟁에서 누카타노오키미가 와카로 판정한 것임을 알 수 있다. 「봄산에 흐드러지게 핀 꽃들의 고운 자태와 가을 산을 물들이는 나무들의 고운 단풍 어느 쪽에 더 깊은 흥취가 있는지 물어보셨다 (春山の万花の艶と秋山の千葉の彩とを競ひて憐れびしめたまふ」라는 출제를 내건 풍류적인 시연(詩宴)은 천도 단행과 즉위를 계기로 인심을 일신하고 문예를 진흥시킨 오미조정에 어울리는 행사라고 하겠다. 이와 같이 문아함을 추구하는 이 시대 상황 가운데 누카타노오키미가 한시가 아닌 와카로 참가하여 '나는 가을이 좋다'고 자신 있게 응한 것은 덴치천황의 조정에서 중요한 위치에 있었음을 충분히 전해 주지만, 또한 여기에는 와카가 문아한 점도 지닐 수 있다는 자각이 있었던 것이다. 그리고 누카타노오키미가 한시에 대하여 와카로 대응하였다는 것은 와카문학사상 특필할 만한 의욕적이고 도전적인 시도였다. 여기에서 한시를 의식하고, 그것과 동일한 시공 가운데 긴장 관계를 지속하면서 발전해 온 와카의 역사가 비롯된 것이다.

그런데, 화조를 한 쌍으로 묶어서 읊는다는 구상은 『만요슈』

시대의 창조가 아니라, 중국 육조시(六朝詩)에서 배운 것이라고 할 수 있다. 오카자키요시에(岡崎義恵)가 『고사기』의 춘추 양신의 설화나 『풍토기』의 춘추 대비의 기사까지 포함하여 춘추를 한 쌍으로 묶는 것은 중국 문예에 등장하는 계절관념의 영향이라고 지적한[18] 이후, 봄보다 가을을 찬양하는 사고방식 역시 육조시대 중국인의 문학사상이며 누카타노오키미의 춘추 우열 판정에도 역시 중국적인 배경이 있다는 주석이 뒤따랐다.[19] 『만요슈』에서 이미 권8과 권10에서 사계 분류가 이루어지고 있지만, 일본의 전통적 계절 인식과 중국의 사계절관이 겹쳐서 비로소 계절감(관)이 싹트고 이를 깨달을 때 비로소 '춘추우열'이라는 주제도 의식화되게 된 것이다. 이후, 일본의 기후풍토에서 특히 선호되는 봄과 가을의 경물이 와카 소재의 대부분을 차지하게 된다. 그러한 의미에서 오미조정의 문아한 연회에서 한시에 대응한 16번 노래가 일본의 토착적인 것과 외래적인 요소가 융합한 새로운 미의식을 탄생시킨 것은 상징적인 의미를 지닌다고 하겠다.

'봄의 장점 6구, 단점 4구, 가을 장점 4구, 단점 3구가 순차적으로 속도를 더하면서 주장이 어지럽게 변화하는' (『古典集成』 해설편) 이 노래에서 'しのふ·嘆く· 恨めし' 등 감정을 나타내는 말이 봄 쪽에는 전혀 표현되지 않고 가을 쪽에만 있는 것은 이 노래의 본연의 모습, 또한 누카타노오키미의 노래에 임하는 자세를 이해하는 데 중요하다. 가을의 경우, 가을 산 나뭇잎을 보

18) 岡崎義恵 『古代日本の文芸』(弘文堂書房, 1943)
19) 中西進「春花秋葉」(『万葉集論集 第一巻』講談社, 1995), 小島憲之「万葉集と中国文学との交流ーその概観」(『上代日本文学と中国文学 中』, 塙書房, 1964)

고는 곧장 말을 꺼내고 마음을 주면서 'しのふ'라고 차분하게 긍정하며 그것을 받아들이는 점을 주목해야 한다. 이 표현에 이어서 '青きをば 置きてそ嘆く'라고 하는데, 이 '嘆く'가 부정이 아니라 집착하기 때문에 미련을 두기 때문이라고 이해해야 한다. 한시문의 영향에 기초를 둔 정연한 표현양식과 이지적 내용을 지닌 새로운 문예형식을 제시한 이 노래에서 복잡한 것이 단순화되어 감으로써 자연히 발생하는 청징하고 상쾌한 기분을 충분히 감상할 수 있는 것이다.

다음으로 노래의 구성을 보면, 이 작품은 전 18구의 반가를 갖지 않는 짧은 장가이고, 한시의 정연한 대구법을 사용하여 봄산에 대해 가을산이 낫다고 논리적으로 전개해 가는 독특한 표현 구조와 그 해석을 둘러싸고 여러 논의가 제기되어 왔다. 먼저 상대의 표현사라는 입장에서 16번가의 작가 방법상의 문제로 대구를 지적한 것은 오하타유키에(大畑幸恵)인데, 그에 의하면, 『만요슈』 장가에서 대구적, 대우적 표현의 전개과정은 토착의 노래가 본래 지니던 반복이나 말바꾸기의 구성원리와 대륙에서 수용한 한시문 문예에서 배운 완성된 대구 표현이 만나서 이루어진 형태로 나타난다고 한다.[20]

고노시타카미쓰(神野志隆光)도 구송가의 원초적 대구와 한시문적 대구가 공존하는 16번 노래가 제3구부터 제10구까지 직선적으로 진행하는 것이 아니고, 문자에 의해 선조(線条)처럼 전개되는 것과는 다른 문맥 전개, 즉 어긋남 가운데에 이루어지는 구송의 표현성이 있다고 한다.[21] 이러한 대구법은 미와산의 노

20) 「<対句>論序説ー歌謡及び初期万葉長歌の<対句>」(『国語と国文学』 1978, 4)
21) 神野志隆光「額田王作歌(3)ー春秋競憐歌」(『上代の日本文学ー初期万葉歌を読む』

래에서도 이미 시도된 바 있으나, 고대적 소재와 내용, 새로운 제작 의식, 방법과 신형식의 구성에서 과도적인 모습을 보인다. 이렇게 하여 16번 노래는 전체적으로 고풍을 벗고 새로운 시문학을 예고하는 노래가 되었다. 다시 말해, 이를 경계로 하여 누카타노오키미는 궁중 살롱의 중심적 존재로서의 위치를 획득할 수 있었다. 지금까지 누카타노오키미의 작가 활동의 커다란 부분을 차지했던 나카쓰스메라미코토의 모호한 원시성을 떨쳐버리고 주술적 노래 흐름에서 벗어나서 와카문학사상에서 새로운 독자적 위상을 지닐 수 있게 된 것이다.

다음으로 표현 방법을 본다면, 누카타노오키미가 먼저 봄꽃에 관해 '取る'라는 행위를 강조하는 점에 주목할 필요가 있다. 전체 18구로 이루어진 노래 가운데 8구나 대구 수법을 취하여 '산에 나무 무성하여 들어가 꺾지도 못하고, 풀덤 깊어서 손에 잡아보지도 못한다(山を茂み 入りても取らず 草深み 取りても 見ず)'라는 구송 레벨의 대구양식을 단순 반복하면서, 꽃이나 단풍의 아름다움 자체보다 그 꽃이나 단풍을 직접 손에 올려놓고 충분히 즐길 수 있는가를 판정의 가름으로 하고 있는 것이다. 이토하쿠가 사랑스러운 나뭇가지를 손에 꺾어 들거나 장식하거나 함으로써 상찬하는 행위나 풍류 행위를 완결한다고 지적한 이래[22], 위와 같은 표현 수법을 둘러싸고 많은 논의가 이루어져왔다. 그 견해들을 요약하면, 길지 않은 이 장가 안에 'しのふ'라는 심정을 포함하여 '取る' '取らず' 등이 반복되는 점에서도 꽃이나 단풍잎을 실제 손에 쥐고 상미할 수 있는지를 그 기준으로

放送大学教育振興会, 1996)

22)『万葉集の表現と方法 下』(塙書房, 1976)

하고 있음을 알 수 있다는 것이다. 이처럼 산에 나무가 무성하고 풀이 많아서 봄꽃은 손으로 만져 볼 수 없다는 것은, 뒤에 가을산의 나뭇잎들이 동시에 물들지 않는 것을 원망하고, 이어서 가을산 전체가 똑같이 단풍이 물드는 것을 찬탄하는 '秋山我は'라는 결론을 내리기 위한 의식적인 전제 표현이었다고 볼 수 있다. 이러한 서술 방법에서 가을산을 사랑의 대상으로 하여 그에 대한 연모의 정을 표출한 연가로서의 성격을 지닌 이 노래에서 누카타노오키미의 문학세계가 앞으로 지향해 갈 방향을 미리 읽어 볼 수 있지 않을까? 다시 말해, '偲ふ' '嘆く' '恨めし'라는 감정 표현이 '入る' '取る' '置く' 같은 행위와 상호보완 작용함으로써, 공식(晴れ) 석상에서 제3자(청중)의 마음을 매료시키는 효과를 십분 의식한 여성적인 사랑의 분위기를 묘사하는 것이다.

한편, 다른 이들의 마음을 교묘하게 조종하면서 여성적인 마음의 흔들림과 갈등이 고조되어 가는 가운데 결론을 도출해 가는 전개에는 논리적 모순이 있음도 부정할 수 없다. 그럼에도 불구하고 이 노래에서 흔들리는 심정 표현 뒤에 듣는 사람들을 의식한 어떤 창작의식이 움직이고 있음을 간과하면 안 된다. 사교적 유희에서 추구되는 긍정과 부정이 동시에 '그때, 그곳'이라는 즉경성(即景性)의 판정 기준에 따르고 있기 때문에, 바로 지금의 계절이 가을임을 깨달은 연회의 참석자들에게서 공감의 웃음을 이끌어 낼 수 있었을 것이다.[23]

23) 土橋寛『万葉開眼 上』(NHKブックス, 1978)

5. '온나우타(女歌)'의 발생과 전개

『만요슈』 가운데 발견할 수 있는 '온나우타(女歌)'라고 해도 그 표현 방법과 성격에서 넓은 범위에 걸쳐 있는 만큼 한마디로 말하기 어렵다. 다시 말해, 상류계급에서 서민계급까지 모두 포함하는 폭넓은 여성들이 읊은 와카의 세계를 일률적으로 규정할 수는 없다. 그러나 상문가(相聞歌)에 의한 남녀관계가 점차 뚜렷해지는 흐름 속에서 '온나우타'는 다양한 모습으로 전개되어 갈 수 밖에 없었을 것이다. 여기에서 '온나우타'에 관해 '여류 와카란 사랑이나 그 정감을 표현하려 하는, 그 발상 근원에 부정적인 계기가 내재되어 있는 노래가 된다. 그것이 대인성에 집착하는 경우에 상대를 이기려는 되받아치기(切り返し)와 같은 요소가 강해지고, 역으로 자신에게 집착하는 경우에는 고독한 내용이나 비애의 심상풍경 색채가 강해지는 것'이라는 스즈키히데오(鈴木日出男)의 설명[24]에 입각하여, 누카타노오키미의 20번 노래를 검토하여 보기로 한다.

　　天皇、蒲生野に遊猟する時に、額田王の作る歌
あかねさす 紫野行き 標野行き 野守は 見ずや 君が袖振る (권1 20)
　　皇太子の答ふる御歌
紫の にほへる妹を 憎くあらば 人妻ゆゑに 我恋ひめやも (권1 21)
　　紀に曰く、「天皇七年丁卯の夏五月五日、蒲生野に縦猟す。時に、大皇弟·諸王·内臣また群臣、皆悉従ふ」といふ。

---

24) 「女歌の本性」(『古代和歌史論』 東京大学出版会, 1990) p55

위의 증답가는 『만요슈』 초기에 보이는 우타가키(歌垣)[25]의 영향을 받고 나타난 남녀의 맞대응 노래 즉 '社交情歌'의 성격을 보이는 것이다.[26] 사랑노래(恋歌)가 성립하는 우타가키의 초기 단계에서는 구애의 상대가 확정된 것이 아니라, 도발하는 측은 그 자리의 모든 사람들을 대상으로 하는데, 위의 2수에서도 그러한 점을 확인할 수 있다. 제사와 좌주에 인용된 『일본서기』에 따르면, 이 유렵행사는 668년 5월 5일 즉 단오절에 오미의 오쓰로 천도한 것을 축복하고 과시하기 위해 거행된 것이다. 백제계의 망명자들의 도래로 인해 오미조정에 한문학적 풍조가 유입되고 문아한 행사가 많아졌다는 것은 이미 언급한 바와 같다. 이 유렵도 대륙의 관습을 모방하여, 지금의 비와호수(琵琶湖) 동쪽의 가모노(蒲生野)에서 남자는 불로장수약이라는 녹용을 구하고, 여자는 약초를 캐는 약렵(薬猟)으로 거행된 것이었다. 이 무렵 누카타노오키미는 덴치천황 후궁에 형식적으로는 부인의 한 사람으로 들어간 듯한데, 유렵이 있던 해에 천황은 43세, 오아마왕자는 38세이고, 누카타노오키미는 도치공주를 출산한 해에 17,8세였던 연령으로 추측하여 33세 정도였을 것이다.[27] 이 작품에 관한 논의는 먼저 화답 당사자인 누카타노오키미와 오아마왕자, 그리고 유렵의 주재자인 덴치천황 사이의 인간관계를 둘러싼 것이 가장 많았다. 종래에는 약렵이라는 공적인 자리에서 어떻게 금기의 사랑을 노래하고 어떻게 전승되었을지, 또 왜 대체로 궁중의 공적 작품이 많은 권1에 수록된 것인지 등등

---

25) 고대에 남녀가 모여 춤과 노래를 즐기면서 성적 해방감을 누렸던 의식. 농경 축제인 이 행사는 동시에 구혼의 자리가 되었으나, 점차 의식적인 유희 행사로 되어갔다.

26) 辰巳正明「社交情歌ー万葉集恋歌の再分類と夏元の試み」(『美夫君志』 1999, 11)

27) 阿蘇瑞枝「額田王ー天賦の歌才」(『解釈と鑑賞』 2000, 8)

의 의문이 제기되어 각양각색의 해석이 나왔다. 그러다가 점차 그다지 심각한 연애관계의 기미를 노래한 것은 아니라는 방향으로 가고 있으며, 위의 2수가 약렵의 해방적인 밝은 분위기 가운데에서 상류귀족들의 눈앞에서 피로된 것이기 때문에 권1에 공식적인 잡가로서 수록된 것이라고 풀이되고 있다. 이하, 위의 2수의 표현 논리를 통해, 이 증답가를 둘러싼 몇 가지 문제점을 검토해 보기로 한다.

이 노래는 원숙기의 누카타노오키미의 작가 수법 및 그것을 가능케 한 상황을 전형적으로 보여 주는 점에서 분석해 볼 필요가 있을 것이다. 특히 주의할 것은 '野守は見ずや君が袖ふる'라는 구절에서, 소매 흔든다는 동작은 절실한 감정이 자연적으로 흘러넘치는 자태로 받아들여지는 것으로, 외골수 사랑을 직접 진솔하게 표현하여 이 노래를 밝고 아름답게 만들고 있다. 이 소매를 흔드는 동작은 『만요슈』 가운데에서 주술적 행위로서 특별한 의미를 지니며, 그에 관해서는 오리구치시노부의 논증이 상세히 밝히고 있다.[28] 『만요슈』에서 '소매 자락 흔들다(袖振る)'라는 용어가 어떤 의미로 사용되었는지 분류해 보면, 1) 376번 노래와 같이 춤동작이나 다른 일반적 동작을 가리키거나, 2) 3376번, 1525번, 2609번, 4125번 노래와 같이 그리워하는 마음을 가리키는 것으로 크게 나누어 볼 수 있다. 따라서 누카타노오키미 이전에는 20번가가 의도하는 의미에서 소매 흔든다는 표현을 시도한 예가 보이지 않는다. 이후 가키모토노히토마로(柿本人麿)가 아내와 헤어지고 이와미지방(石見国)에서 상경할 때에 지은 「石見のや 高角山の 木の間より 我が振る袖を 妹が見つらむか」(132)에 이르러

28) 折口信夫「万葉集の恋歌」(『折口信夫全集 第9巻』, 中公出版社, 1985)

겨우 나타난 것이다.

그런데, 오아마왕자와 주고받는 노래의 내용이 주위의 시선을 꺼리면서도 그에 반발하려는 '남몰래 하는 사랑(忍ぶ恋)'으로 생각되는 점에서 '비밀 사랑(秘められた恋)'의 주인공 누카타노오키미의 인물상을 자연스럽게 부각시키나, 작품 속의 가어 등을 다시 검토해 볼 경우에 또 다른 해석이 가능하다. 금줄('標野')을 쳐 놓은 풀밭('紫野')을 여기저기 돌아다니며('紫野行き 標野行き') 누카타노오키미에게 소매를 흔들어 보이는 상대방에게 마음 끌리는 사실은 'あかねさす'라는 아름다운 마쿠라코토바(枕詞)를 구사하는 점으로 짐작할 수 있다. 그러면 '君が袖振る'의 '君'는 이 경우 과연 누구일까? '紫野行き標野行き' 구절이 '野守は見ずや'와 '君が袖振る' 어느 쪽에 걸리는가라는 문제를 둘러싸고, ①오락가락하는 동작 주체를 '野守'로 본다(『新説』『全註釈』『註釈』『全集』)와 ②동작의 주체를 '君'로 본다(『万葉秀歌』『集成』『釈注』)로 설이 나뉜다. 이에 비해, 역시 다른 사람의 이목을 염려하는 노래 표현을 고려할 때 두 구의 주어는 '野守', '君', '작자' 등을 포함한 그 자리에 있던 모든 사람이라는 견해(『校注古典叢書 万葉集 一』)가 더욱 타당한 것으로 생각된다.

누카타노오키미 자신도 상대방의 행동에 끌리지만 다른 사람이 보면 어쩌나 하는 불안감을 미묘하게 교차하는 심정 표현에는 16번 노래에서도 보였던 여인의 미태가 넘친다. 궁중에서의 자신의 입장에 대한 자신감을 배경으로 적절한 도발조차 엿보이는 이 노래에 대해 오아마왕자는 증답가의 일반적 형식인 동어반복을 피하고 있다. 그 대신에 보랏빛 풀밭을 수식하는 동시에 지금은 천황 측근 여인이자 오토모왕자의 장모인 누카타노

오키미를 찬미하는 ‘지치꽃처럼 고운 그대(紫のにほへる妹)’로 ‘풀밭을 돌아다니며(紫野行き)’에 대응한다. 그리고 ‘밉다고 생각한다면 어찌 남의 아내인줄 알면서도 그리울 리 있겠습니까(憎くあらば人妻故にわれ恋ひめやも)’라고 적극적인 태도로 ‘野守は見ずや君が袖振る’에 답하여, 이미 다른 사람의 아내이지만 아름다운 당신을 여전히 사랑할 수밖에 없다는 호방하고 당당한 전형적인 남성 노래로 답한다. 이 노래(21번)에서 ‘人妻’란 다른 사람들의 흥을 돋우기 위해 부른 공적 사랑노래 가운데 누카타노오키미를 유부녀로 꾸민 것에 지나지 않는다.

『만요슈』에서 ‘人妻’를 소재로 한 노래는 14수[29]인데, 일반적으로 윤리감이나 죄악감은 거의 보이지 않는다. 권10의 2297번, 권11의 2365번, 권13의 3251번, 권15의 3727번 등에도 공통적인 표현이 보이지만, 517번 노래「神樹にも手は触るといふをうつたへに人妻といへば触れぬものかも」(권4 517)에서 보면, ‘人妻’에게 ‘触る’라는 행위에 노골적인 흥미를 보이고, 유부녀에 대한 흥미를 연회석의 좌흥을 위한 소재로 사용하고 있다. 이 노래의 내용처럼 신목(神木)을 만지는 것과 다른 사람의 아내를 건드리는 것을 대비한다는 자체가 원래는 불경스러운 일이겠지만, 이를 감히 표현한 점에서 심각함보다도 오히려 우스꽝스러운 분위기를 자아냈을 것이다.

20번과 21번의 노래도 약렵이라는 공적 장소에서 주고받은 것인 만큼, 위에서 살펴본 ‘人妻’ 노래의 경향을 농후하게 지녔

29) 작자가 분명한 노래는 겨우 3수이고 대부분은 巻10, 11, 12, 14 등의 작자 미상 노래들이다. 작자가 알려진 노래는 517, 1759, 1999번으로, 연대적으로는 21번이 가장 오랜 것이다.

다고 하겠다. 다시 말해 오아마의 '人妻'라는 말도 우타가키 같은 표현 방법을 따라서 과장된 느낌이 짙다. 누카타노오키미의 노래와 서로 보완하며 이루어낸 금단의 사랑이 좌홍을 고려한 픽션임을 밝히고 동시에 홍소를 불러일으킨다는 효과를 노린 것이 아닐까? '恋'가 아니라, '雑歌' 장르에 수록된 점으로도 이 노래는 현재 통설로 비추어 연석상의 유사 연정가일 것이다. '人妻ゆえにわれ恋ひめやも'라는 구절은 '애타게 그리워하고 괴로워한다'는 '恋ふ'를 오히려 반어 표현으로 사용하여 다른 사람의 아내이기 때문에 괴로워한다고 하소연한 것이다.

덴치천황과 오아마왕자 형제간의 오랜 대립을 생각할 때 노래의 내용처럼 사랑을 서로 확인하는 일은 어렵고, 유렵지에서의 저녁 술자리에서 노래가 지어졌다는 점으로 여러 견해들이 이 화답의 허구성을 인정하고 있다. 군신들 가운데는 오아마왕자도 끼어 있었으나, 누카타노오키미의 노래는 처음부터 왕세자를 향한 것은 아니었다. 남성측 전체에 대한 도발적 연가이며 아직 이 단계에서는 누가 사랑의 대상이 될지는 정해져 있지 않았고, 누카타노오키미의 도발에 누구라도 화답의 노래를 읊을 수 있다. 노래가 읊어지는 '경우(場)'를 고려한 표현논리에 주목한다면, 이 창화가를 누카타노오키미가 먼저 도전하자 이에 대해 오아마왕자가 스스로 '君' 역할을 자청한 즉석의 연출로 볼 수도 있는 것이다. 여인의 '標野' '野守'(여인을 독점하는 남편에 비유)에 맞추어, '人妻ゆえに'라는 어려움에도 불구하고 상대방의 주저나 불안감을 부정하는 힘찬 애정을 보여 주는데, 이를 거꾸로 생각하면 그러한 멋진 남성의 노래를 유발한 것이 누카타노오키미의 의도적인 '온나우타'인 셈이다. 그러므로 이 화답은 고대의 가게아이(掛合)에서 빛을 발하는 즉석의 순간적인 기지의 단계를 지나서 좌홍을 위한 조롱이나 보복으로만 볼 것이 아니라, 어떤 계산된 '사랑' 유희나 우아한 연기를 수반하는 의식을 그 저변에서 찾아보아야 할 것 같다. 가모마부치(賀茂真淵)가 누카타노오키미가 '風流(ミヤビ)'를 잘 알고 있는 사람이기 때문에 그같이 노래를 지었다고 간파한 것도 바로 위와 같은 작가 사정을 고려한 때문일 것이다.

그런데 여기에서 '실상'으로서의 가인 누카타노오키미와 '설화적 존재'로서의 누카타노오키미를 나누어 볼 필요가 있을 것 같다. 권1의 13번 노래부터 21번까지의 배열을 보았을 때, 『만요슈』 편찬 초기부터 누카타노오키미의 노래 가운데에서도 20번과 21번의 증답과 권4와 권9에 중복되는 488번과 1606번, 그리고 권1의 13번에서 15번까지를 더하여, 누카타노오키미를 둘러싼 덴치천황과 덴무천황 형제 사이에서의 삼각관계를 의도적으로 배치했기 때문에 당해 노래가 실제로 세 사람의 작품인지 명확하지 않다. 이에 대해 요시이이와오(吉井巖)는 구승되어 온 사랑의 증답가가 누카타노오키미의 노래로 알려진 것을 후대 사람이 제사와 좌주에 시간과 장소를 덧붙여서 『만요슈』 원본에 수록한 것이라는 의견을 내놓고 있다.[30)]

위에서 언급한 삼각관계 전승은 근세에 들어와서 반노부토모(伴信友)의 『長良の山風』나 후지타니미쓰에의 『만요슈토모시비(万葉集灯)』에서 구체화되기 시작했고, 이것이 임신의 난(壬申の乱)의 한 원인이었다고도 풀이되어 왔으나, 고대의 남녀관계가 상당히 자유로웠던 점으로 미루어 그다지 심각한 영향을

30) 吉井巖「額田王覚書」(『万葉』53号 1964, 10)

초래했다고 생각되지 않는다.

덴치천황 시대 이후, 누카타노오키미는 가키모토노히토마로의 선구가 되는 새로운 공적 만가(155번)를 지었으나 덴무천황 14년간은 전혀 작품을 남기지 않고, 지토천황 시대로 넘어가서 112, 113번의 2수를 짓고 있다. 궁중을 떠난 만년에 요시노 행행 때에 유게(弓削)왕자와 주고받은 증답가(112-113)에 역시 공적인 궁중의 '고아함(みやび)'이 드러나 있는데, 이 작품들은 다른 공적 작품과 성격이 달라서 개인적인 상문가의 세계를 보여주고 있다. 그녀가 궁중에서 주동적인 위치의 가인으로 활약했던 시기의 작품과 달리 옛날의 영광을 지닌 누카타노오키미 만년의 모습을 엿볼 수 있는 것이다.

6. 맺는말

이상으로 선행의 연구성과를 기반으로 하여 누카타노오키미의 작가 활동과 작품세계에 관하여 고찰해 보았다. 논의를 전개하기 위하여, 대표적인 장가와 단가 3수를 중심으로, 주로 천황의 대작이라는 초기 활동에서 어떻게 개인적 문예성 높은 작품세계로 발전해 갔는지 그 궤적을 밝혀 보았다. 그 결과, 와카가 고대의 집단적 공간에서 구성원들의 공유물로 제작되던 시대에서, 특정 장소에서 특정 개인의 감동을 표현한 작품으로서 제작되고 향수되기 시작한 단계로 이동하는 양상을 그녀의 작품세계에서 확인할 수 있었다.

부정형의 구송 가요 시대를 지나 초기 『만요슈』의 노래가 탄

생하면서 새로이 획득한 와카 표현의 충실성은 바로 누카타노오키미의 노래가 보여주는 시공의 확장 속에서 발견할 수 있는 것이다. 그러한 기미는 사이메이천황 시대에 지은 8번 노래에서도 이미 드러나기 시작하지만, 그 무렵부터 덴무천황 시대에 이르기까지 누카타노오키미의 작품 세계가 변모하는 가장 기본적 원인은 한시문의 적극적인 섭취와 소화에 있었다고 하겠다. 덴치천황 시대에 선진 당풍을 구가하는 사조 아래, 신사와 관련된 주가 대작의 필요성이 없어지자, 누카타노오키미는 전통적인 실용 세계의 와카를 문예로서 자각하고 형식과 내용 양면에서 모두 대륙풍의 'みやび'의 세계를 형성해 간 것이다. 그 산물이 다름 아닌 춘추의 아름다움을 판정 짓는 16번 노래라고 할 수 있겠다.

누카타노오키미의 작품은 각각 제작될 때마다 새로운 표현 방법과 기교를 제시하였던 바와 같이, 20번 노래에서도 형식과 내용 양면에서 고대적인 성격을 떨치고 왕조적 우미함을 지닌 연가의 출현을 예고하고 있다. 이리하여 그의 노래는 한 시대 전의 주가가 아닌, 또한『만요슈』후기의 개인적 서정가와도 다른 독특한 성격을 지니게 된다. 다시 말해, 누카타노오키미의 노래 표현에는 일본의 전통적 '우타가키'와 '온나우타'의 본질이 내재하는 한편으로, 대륙의 문화와 한시문의 표현을 체득한 세련됨이 공존한다는 것이다. 이와 같이 누카타노오키미는 오미조정의 궁중문화의 현장에서 서정시인으로 비상함으로써 '온나우타'를 꽃피우고 그 흐름은 이후에 지속적으로 커다란 영향력을 지니면서 일본문학사상 여류작가의 선구를 이루었다고 하겠다. 예를 들어,『만요슈』후기의 사카노우에노이라쓰메(坂上

郎女) 등을 거쳐서 다시 헤이안시대의 여류문학으로 흘러 들어 간다고 할 수 있는데, 여기에서 왕조의 여류가인들이나 후궁문화를 선도했던 작자들의 원류로서 누카타노오키미의 모습을 떠올릴 수 있다고 해도 지나친 비약은 아닐 것이다.

Ⅱ. '온나우타(女歌)'의 세계

1. 일본 고전문학과 연애지상주의적 성격

905년에 편찬된 『고킨와카슈(古今和歌集)』는 국왕의 명에 의해 편집된 최초의 칙찬집이다. 이는 당시의 통치자인 왕의 시각에서 당대 이전의 가장 모범이 된다는 와카(和歌) 1100여수를 집대성한 사화집(詞華集)이라고 할 수 있다. 그 구성을 살펴보면 와카의 내용에 따라 장르별로 나눈 부다테(部立)에서 특히 사계절 노래(四季歌)와 사랑노래(恋の歌) 편이 가장 주요한 위치를 차지하여, 먼저 춘하추동 노래에 의해 계절의 올바른 순환을 예축(予祝)하고, 다음으로 사랑노래에 의해 인간의 정서를 부드럽게 해준다는 의도 아래 편집되었음을 알 수 있다. 이와 같이 일본문학사에서 가인들은 우선 사랑노래에 의해 평가 받았고, 현대에도 민속놀이인 우타가루타에서 애송되는 중세의 『오구라햐쿠닝잇슈(小倉百人一首)』[31] 가운데 적어도 38수는 사랑노래이고, 해석에 따라서는 더 늘어날 수도 있다. 이 전통은 이후에도 여전히 계승되어 근세의 하이카이(俳諧)에서도 마츠오바쇼(松尾芭蕉)의 명작 대부분이 사랑노래를 읊는 모임에서 지어진 작품들이다. 그러면, 이와 같이 일본문학이 연애를 긍정하게 된 원인은 무엇인가? 그 첫째 이유로 남녀관계에 주술성을 부여한 고대인들의 의식을 생각해 볼 수 있다. 고대 일본인들은 특히

31) 100명의 가인들의 와카를 한 수씩 모은 노래집. 藤原定家가 京都 小倉 산장에서 편찬한 것이 가장 널리 애송되어, 근세 이후 우타가루타(歌カルタ)로 보급되기도 했다.

풍년을 기원하는 데 전력을 다하여, 신에게 바치는 제의에서도 남녀의 교합을 중요시하였고 여기에서 남녀 간의 사랑의 감정을 아름답게 표현하는 노래가 발생한 것이다. 이는 모든 원시 농경사회의 고대사에서 공통적으로 나타난 과정이지만, 그 해의 농사를 처음 시작하는 시간과 맞추어 열리는 제의에서 제사장과 그의 배우자가 최초로 교합함으로써 한해의 풍요를 기원한다는 형식은 왕권 국가가 완성됨에 따라 궁중 안에서 발전되어 간다. 이러한 일본문학 발생이론을 일본 내에서 확립한 사람이 오리구치시노부(折口信夫)인데, 그에 의하면 와카의 문답 발생을 신과 정령(사람)의 교섭으로 보고, 그 관계를 다시 남(신) 녀(무녀)의 연애 문답가로 부연해 설명할 수 있다. 남자가 먼저 노래를 부르고 여자가 되받아친다는 응답 형식은 '우타가키(歌垣)'[32]에서 기원하는 것으로, 오리구치는 그러한 교섭을 설명하는 개념을 '이로고노미(色好み)'[33]라는 용어로 설명하여 일본문학을 이해하는 중요한 단서로 만들었다.

다음으로, 일본 시가 문학에서 특히 사랑이 소재로 다루어진 이유로는 문학의 여성성을 들 수 있을 것이다. 여성적 취향의 시가문학이 발달한 일본 특유의 현상의 원인은 아마 모계 가족적인 생활양식이 내내 지속되었기 때문이었을 것 같다. 예를 들

32) 고대에 남녀가 모여 춤과 노래를 즐기면서 성적 해방감을 누렸던 의식. 농경 축제인 이 행사는 동시에 구혼의 자리가 되었으나, 점차 의식적인 유희 행사로 되어 갔다.

33) 이는 단순한 호색이라는 의미와 달리, 고대의 남녀관계에서 필수적으로 추구되어야 할 미덕이며 이상으로 풀이할 수 있다. 다시 말해, 여성을 성적 관점에서 대하는 것이 아니라, 가능한 다수 여성들과 접합으로써 여성들이 지닌 주술적 힘을 자신의 것으로 만들 수 있고, 따라서 군주로서의 지배력을 확보할 수 있다는 것이다. 고대 모계사회가 해체되고 왕권 국가가 부상하는 과정을 남녀의 역학관계로 설명하는 관점이겠는데, 일부다처의 결혼생활을 가장 원만하게 유지할 수 있도록 지원하는 장치였다고 생각된다.

어 '通い婚'34)과 같은 결혼 형태가 지속되었으므로, 상대방을 그리워하고 찾는 사랑 노래가 빈번하게 지어졌다고 생각할 수 있다.

그리고 일반적으로 일본 고대 사회에서는 엄격한 도덕률을 요구하는 유학의 구속력이 약했던 점 역시 사랑을 소재로 한 와카들을 가능케 했다고 할 수 있다. 공적 사회생활이 제한되어 개인생활이 전부였던 여성들에게는 남녀관계('世の中')가 바로 세상살이('世の中') 전체를 가리키는 것이었다. 여기에서, 와카라는 시가 중심으로 발달한 문학은 공적인 즉 정통적인 것이라기보다 사적인 것에 치우치는 성격을 지니게 되고, 따라서 자연스럽게 개인의 인간관계 특히 남녀관계를 소재로 다루는 방향으로 발전한 것이었다. 물론, 왕의 지시에 따라 성립된 칙찬집에는 축가(賀歌)의 장이 마련되어 있었다. 그러나 헤이안(平安) 왕조의 귀족들은 31음절의 시 형식 속에 한시와 같은 공적인 내용을 담지 못했다.

위와 같은 측면에서 일본문학을 체계적으로 연구한 사람이 18세기의 국학자인 모토오리노리나가(本居宣長)이다. 그는 헤이안왕조의 여성문학이 사랑이라는 주제에 치우친 점을 후대인들이 비난하고 있는 것에 반론을 펴고, 감정을 감추지 않고 진실하고 우미하게 표현하는 일본문학 정신을 'もののあはれ'라는 용어로 집약하여, 전통의 시문학 즉 와카가 지니는 내면의 감동이나 예술적 표현을 아울러 설명하였다. 그리고 중세 사회의 불교적 분위기에서 씌어진 평론들이 왕조의 여류작자들이 연애지

34) 부부관계를 유지하면서도 별거하여, 남자쪽에서 여자의 집을 찾아다니는 결혼형태. '妻問い婚'이라고도 한다. 高群逸枝『招婿婚の研究一』(理論社, 1966) 참조

상주의로 사람들을 현혹시킨다고 맹비난한 것에 대해, 인간의 감정 가운데 색욕 이상 절실한 것은 없으며 따라서 예부터 사랑 노래가 가장 많이 불리는 것은 너무나 자연스러운 것이라고 주장한다. 그러므로 인간의 내면세계를 드러내는 문학을 문학 이외의 가치관 예를 들어 불교나 유교와 같은 외래 종교의 관점으로부터 해방시키고 그리움('思ひ')이나 사랑('恋')과 같은 인간의 감정을 조화롭게 표현하는 와카야말로 가장 일본인의 정서를 잘 표현할 수 있는 방법이라는 것이다.[35)]

이하, 일본의 와카문학사에 등장하는 작품들 가운데 특히 '恋の歌'를 고찰 대상으로 하여 그 성립과 특성, 문학사적 의의 등을 살펴보기로 한다.

2. 『만요슈(万葉集)』의 연가(相聞歌)에 나타난 사랑의 모습

1) 이와노히메(磐姫) 왕비의 노래

이와노히메는 생애가 정확하게 밝혀져 있지 않으나, 대략 4세기 전반의 인물로 추정된다. 이미 『고사기』에 이와노히메노미코토(石之日売命), 『일본서기』에는 이와노히메노미코토(磐之媛命)라는 이름으로 등장하여, 각각 2수와 4수의 와카를 남기고 있다. 닌토쿠(仁德)천황의 정비로 기록되어 있으나, 예를 들어 '무

35) 『あしわけをぶね(蘆分け小船)』(1757)

척 질투가 심하다'[36]고 전해지듯이, 일부다처의 결혼생활에 적응하기 어려운 강한 성격으로 전해진다. 난토쿠천황이 궁중으로 불러들인 처녀를 질투하여 쫓아낸 사건이나 왕비 부재중에 천황이 이전부터 마음에 두었던 처녀를 맞아들였다는 소식에 왕비는 궁으로 돌아가지 않고 야마시로(山城)에서 머물면서 천황이 돌아와 주기를 간청해도 응하지 않고 끝내 고독하게 세상을 하직하고 말았다. 그러나 『고사기』와 『일본서기』의 기사와는 달리 『만요슈』 권두에 실려 있는 단가 4수는 질투하는 여성상 대신 연인을 뜨겁게 사랑하는 여인의 모습을 더 부각시키고 있다. 사실 이 노래들 모두 후대의 가작(仮作)이라고 생각되는 점이 많지만, 일본인들은 고대의 제왕과 그의 사랑하는 여인 사이를 이어 주는 아름다운 사랑의 노래로서 문학사 첫머리에 자리매김하고 있는 것이다.

> 당신의 여행길 여러날이 지났네 산 넘어 배웅 나갈거나 그저 이대로 기다릴거나
> (君が行き日長くなりぬ山尋ね迎へか行かむ待ちにか待たむ) (권1 85)
>
> 이다지도 그리울 줄이야 높은 산 바위 베개 삼아 죽어버리는 편이 나을 것을
> (かくばかり恋ひつつあらずは高山の岩根しまきて死なましものを) (권1 86)
>
> 이대로 당신 기다리겠어요, 흩날리는 내 검은 머리에 서리 내릴 때까지
> (ありつつも君をば待たむうつなびくわが黒髪に霜の置くまでに) (권1 87)
>
> 가을 논 벼이삭에 걸려 있는 아침 안개처럼 언제나 되어야 이 내 사랑 걷히려나
> (秋の田の穂の上に霧らふ朝霞いつへの方に我が恋やまむ) (권1 88)

36) 『고사기』와 『일본서기』의 「仁德紀」

위의 와카 4수는 확신할 수 없는 사랑에 마음이 흔들리고 그러면서도 여전히 님에 대한 그리움을 억누를 수 없는 내적 동요를 표현하고 있다. 먼저 85번 노래에서는 그리운 님이 오시는지 마중하러 나갈 것인지 그저 기다리고만 있을 것인지 갈피 못 잡는 젊은 여성의 심정이 꾸밈없이 그려져 있다. 이렇게 망설임과 자문자답 등이 복잡하게 교차하며 사랑의 감정이 점점 고조되는 노래를 읊어 보지만, 86번 노래에서는 너무나 괴로운 마음을 잊기 위해 차라리 죽음까지도 떠올리는 것이다. 그러나 죽음이 결코 솟구치는 사모의 정을 없애 주지 않을 것임을 깨닫고 젊음이 다 지나가고 백발이 될 때까지 그대를 내내 기다리겠노라는 결심을 87번 노래에 읊고 있다. 노래를 읊는 행위에 의해 사랑을 긍정하고 신뢰하는 단계로 나아가는 과정이 하나의 서술적 이야기를 엮어내듯이 전개되는 것이다. 질투가 애정의 또 다른 표출이라고 할 수 있다면, 질투심 많은 여성상으로 역사에 남는 것은 그만큼 가장 순수한 사랑을 할 수 있었다는 것을 의미하는 것이 아닐까? 이와노히메의 강하고 기개 높으면서도 꾸밈없는 열정이 고대 여성들의 사랑을 대변하고 후대 여류들의 수많은 사랑노래에 영향을 미치게 될 것을 예감할 수 있다.

2) 누카타노오키미(額田王)와 오아마(大海人) 왕자의 증답가

누카타노오키미는 일본문학사상 처음으로 가인의 이름으로 불리는 여성이지만, 그 구체적인 전기에 관하여는 거의 밝혀진 바가 없다. 단지 『일본서기』의 기사[37]와 『만요슈』에 수록된 장가 3수, 반가 1수, 단가 8수만이 그 생애를 알 수 있는 중요한 열쇠가 된다.

『일본서기』에 보면, 덴치(天智)천황 7년 5월 5일에 가마우노(蒲生野)에서 사냥이 있었을 때[38], 천황의 동생인 오아마(大海人) 왕자와 여러 왕족 및 군신이 모두 동행했다고 한다.[39] 이는 667년 오미(近江) 지방의 오쓰(大津) 왕궁으로 천도한 것을 축복하고 과시하는 의미에서 베풀어진 행사였다고 한다. 그 가운데 『만요슈』20번과 21번에 수록된 노래는 각각 「임금께서 가마우노에서 사냥하실 때, 누카타노오키미가 지은 노래」「이에 왕세자가 답하신 노래」라는 제목과 「688年陰暦5月5日作」이라는 좌주(左註)에 의해 누카타노오키미와 오아마왕자가 이 때 지은 노래임을 알 수 있다.

> 고운 지치밭 사이로 걸어 다니는 저 파수꾼이 보지 않겠어요? 당신 소매자락 흔드는 모습을
> (茜さす紫野行き標野行き野守は見ずや君が袖振る) (권1 20)
>
> 향기 고운 지치처럼 아름다운 그대가 밉다면 이제는 남의 아내인 줄 알면서 어찌 그리워하리까?
> (紫草のにほへる妹をにくくあらば人妻故に吾恋ひめやも) (권1 21)

위 증답가의 의미를 이해하기 위해서는 일본 고대의 대표적인 전승담을 기억해야 한다. 노래가 지어진 비슷한 시기에 누카타노오키미는 궁녀의 신분으로 덴치천황의 후궁에 들어가 있었

37) 「天皇初め鏡王の女額田姫王を娶して、十一皇女を生しませり)」(天武紀)

38) 5월 5일에 거행되는 유렵은 액을 물리치는 목적의 薬狩り로, 대륙에서 도래한 의식적 요소가 큰 행행이었다.

39) 「紀に曰く、天皇(天智)七年丁卯、夏五月五日、蒲生野に縦猟したまふ。時に大皇弟・諸王・内臣、及び群臣、悉皆に従ひきといへり」

으나, 실은 그 이전에 이미 왕의 동생인 오아마왕자와 연인 사이였다고 한다. 이러한 미묘한 관계를 배경으로 해서 비로소 위의 증답가를 제대로 감상할 수 있는 것이다. 사랑하던 사람들이 정치적 상황으로 인해 헤어지게 되었다가 다시 만났을 때, 그것도 자신들을 갈라놓은 당사자 앞에서 무심함을 가장해야 하는 그런 경우, 옛날의 연인들이 나눌 수 있는 감정의 교류란 어떤 모습을 할 것인가? 일본문학사는 그 답을 위의 20번, 21번의 노래에서 찾는 것 같다.

누카타노오키미의 20번 노래는 감미로운 미태를 이면에 감추고 파동적인 힘을 입체적으로 구성하는 가풍을 보인다. 이에 응하는 오아마왕자의 21번 노래는 힘차게 마음의 동요와 순수함을 표현하는 동시에, 그 저변에는 감미롭고 여유 있는 유희 감정을 지니고 있다. 이같이 여유롭고 무구한 성격의 노래를 주고받을 수 있었던 이유를 2수의 노래를 둘러싼 허구성과 연결하여 볼 수도 있다. 덴치천황과 오아마왕자 형제의 오랜 대립을 고려할 때, 서로 사랑을 확인하는 것 같은 수작이 당당하게 나누어졌다고 보기 어렵다는 것이 최근 많은 연구자들의 일치된 의견이다.[40] 즉, 왕이 유렵을 떠난 곳에서 베푼 저녁 잔치에서 두 사람이 연출한, 혹은 누카타노오키미가 2수 모두 지어서 연기한 것을 가장 잘 어울리는 상대로서 오아마왕자를 설정하여 후대인들이 『만요슈』에 수록한 것으로 생각해 볼 수 있다는 것이다.

고대의 사랑노래(相聞歌)가 순수하게 내면에서 우러나오는

40) 이토 하쿠가 전체적으로 허구성을 많이 인정하게 되는 이 화답이 「紫の恋の物語」의 한 유형이 아닐까라고 설명(「額田王ー紫の発想」 解釈と鑑賞 1966. 6)한 이후, 대부분의 누카타노오키미의 노래가 그렇듯이 20번 노래 역시 공적 연회 석상에서 요청받고 지은 노래라는 시각이 우세하다.

감동을 상대방에게 전달하는 범위를 넘어서서 누카타노오키미의 시대에는 이미 어떤 의도 아래 허구적 세계를 창출할 수 있는 가능성을 찾게 된 것이다.

3. 헤이안시대의 '사랑노래(恋の歌)'

1) 금기와 열정의 엇갈림 -『이세모노가타리(伊勢物語)』의 경우

『이세모노가타리』 3, 4, 5, 6단은 소위 니조노키사키다카이코(二条后高子)와 관련된 장단들이다. 여기에서는 젊은 남자 주인공 나리히라(業平)가 만나서는 안 되는 여성 다카이코를 열렬히 사랑하고, 그같이 파멸적인 사랑으로 말미암아 도읍인 교토를 멀리 떠나 동쪽지방에서 방랑하게 되는 이야기가 줄거리를 이룬다. 이는 이어지는 26, 29, 65, 76단과 함께 이야기의 가장 중심이 되는 '금기의 사랑'이라는 주제를 부각시키고 있다.

三　ひじき藻

옛날에 한 남자가 있었다. 사모하는 여인에게 녹미채라는 것을 보내면서 이런 노래를 지어 함께 보냈다.

나를 사랑하신다면 잡초 무성한 집이리도 좋다오. 우리 둘이 소매자락 겹쳐 깔고 함께 잡시다.

니조 왕후께서 아직 입궐하기 전 여느 아기씨셨을 때의 일이다.

むかし、男ありけり。懸想じける女のもとに、ひじき藻といふものをやるとて、

思ひあらばむぐらの宿に寝もしなむひじきものには袖をしつつも

二条の后の、まだ帝にも仕うまつりたまはで、ただ人にておはしましける時のことなり。(p134-p135)[41]

위의 인용문은『이세모노가타리』3단의 전문이다. 그 말미의 '二条の后の…'라는 설명에 따르면, 여기에서 '昔男' 즉 나리히라의 여인이란 뒤에 세이와(清和)천황의 후궁 뇨고(女御)가 되어 요제이(陽成) 천황을 낳은 다카이코임을 알 수 있다. 그녀가 아직 입궐하기 이전의 신분일 때, 두 사람이 맺은 사랑은 다시 4, 5, 6단으로 이어지면서 점점 갈등이 증폭되어 간다. 그 뒤 65단에 이르면 다카이코가 입궐한 후에도 밀회를 계속하다가 결국 발각되어 남자가 유배에 처해진다는 전개를 보인다.

이 다카이코 이야기나 7단 이하의「동쪽지방 유랑(東下り)」에서 시작된 젊은 남자주인공의 불같은 사랑과 좌절, 방랑은 일단 이 부분에서 하나의 결말을 짓는 구성을 보인다. 여기에서 전승의 이야기와 합쳐진『이세모노가타리』의 내용을 그대로 나리히라의 실제 이야기라고 믿을 수는 없다. 그러나 사실이 아니라[42] 전설적인 인물로서의 나리히라를 허구화한 것이므로「東下り」나 유배는 모두 다카이코에 대한 사랑 때문이라고 해석할 수도 있겠다.

옛날에 주상께서 마음을 두시고 찾으시는 여인으로 금색을 허락 받은 이가 있었다. 오미야스도코로라고 하는 분의 사촌이었다. 궁중에 근무

---

41) 日本古典文学全集 8 福井貞助校注『伊勢物語』(小学館, 1965) 이하『伊勢物語』본문 인용은 이에 따른다.

42)「業平中将流罪の事国史に見えず。御門いささか御けしきあしかりけるをことごとしくいひなしたり。惑説に東山に籠り居けるをかくいふといへり。」(『愚見抄』)

하던 아리와라씨로 아직 무척 젊은 남자와 서로 친하게 되고 말았다. 남자가 시녀들의 처소에 출입을 허락 받아서 이 여자가 있는 곳에 찾아와서 꼼짝 하지 않자 여자가 '만나뵙기 어렵습니다. 당신과 나 모두 벌받게 되고 말 것입니다. 이러시면 안됩니다'고 말해도, 남자가 '이 마음을 감출 수 없게 되었소, 그대를 만날 수만 있다면 아무래도 좋소.' 라고 사모의 정을 노래로 읊고, 여자가 자기 방에 들어가면 다른 사람이 보는 줄도 모르고 그 방에 따라 들어가서 여자는 괴로워하며 친정으로 돌아간다.

むかし、おほやけ思してつかうたまふ女の、色ゆるされたるありけり。大御息所とていますがりけいとこなりけり。殿上にさぶらひける在原なりける男の、まだいと若かりけるを、この女あひしりたりけり。男、女がたゆるされたりければ、女のある所に来てむかひをりければ、女、「いとかたはなり。身も亡びなむ。かくさせそ」といひければ、思ふにはしのぶることぞまけにけるあふにしかへばさもあらばあれ

といひて、曹司にとりたまへれば、例の、このみ曹司には、人のみるをもしらでのぼりゐければ、この女、思ひわびて里へゆく。(p186)

위의 인용문은 65단 전반으로, 나리히라의 열정적인 사랑을 『고킨와카슈』에 수록된 옛 노래들과 연결시켜 허구화함으로써, 남자의 짝사랑과 좌절, 사랑의 회상이라는 이야기를 전하고 있다. 그 내용을 보면 주인공 남자가 궁중에서 봉사하는 여인을 사랑했으나, 여자 쪽은 남자가 자신의 옆을 맴돌며 떠나지 않자 파멸을 예감하며 두려워한다. 여자의 그러한 불안감에 아랑곳하지 않고 계속 구애하던 남자는 결국 유배를 당하고 여자는 감금당하고 만다. 일상적인 것을 전혀 고려치 않고 이루어질 수 없는 사랑을 얻고자 하는 남자와, 그 남자의 정열에 어쩔 수 없이 휩쓸리고 마는 여자의 절망적인 비극에는 가장 순수한 사랑을 추구하는 『이세모노가타리』의 지평이 보인다.

이어서 69단은 이세에 내려간 '昔男'가 그곳의 재궁(斎宮)과 사랑을 나누게 되는 이야기를 전함으로써 이 작품의 이름을 결정짓고 있다.

옛날에 한 남자가 있었다. 그 남자가 이세 지방으로 사냥 사신으로 내려갔을 때에 그곳의 재궁 이였던 사람의 어머니가 '여느 때의 칙사보다 이 사람을 잘 대접해 드려라'는 전갈을 보내어서, 재궁은 어머니의 말씀인 만큼 무척 마음을 써서 접대하였다.(중략)
다음날 아침 걱정이 되었지만, 이쪽에서 사람을 보낼 수도 없어서 꽤 기다리다 지쳐 있는데, 날이 밝고 얼마 후 여자 쪽에서 노래만 보내 왔다.
그대가 오셨는가, 내가 찾아간 것인가, 꿈인지 생시인지 잘 모르겠어요
남자는 무척 슬피 울며 노래를 읊었다.
슬픔으로 어두워진 내 가슴 갈피 못 잡고 꿈인지 생시인지 이 밤에 구별해 보시구려
むかし、男ありけり。その男、伊勢の国に狩の使いにいきけるに、かの伊勢の斎宮なりける人親「つねの使いよりは、 この人よくいたはれ」といひやれりければ、親の言なりければ、いとねむごろにいたはりけり。
(中略)
つとめて、いぶかしけれど、わが人をやるべきにしあらねば、いと心もとなくて待ちをれば、けはなれてしばしあるに、女のもとより、詞はなくて、
君や来しわれやゆきけむおもほえず夢かうつつか寝てかさめてか
男、いといたう泣きてよめる、
かきくらす心のやみにまどひねき夢うつつとは今宵さだめよ (p191 - p192)

위의 인용문에서 보면, 궁중의 연회에 쓸 새를 사냥하러 이세에 내려온 '昔男' 나리히라가 재궁 지위에 있던 여자에게 구애

를 하자 여자 쪽에서 남자의 거처로 몰래 찾아와 하룻밤을 함께 지낸다. 꿈같은 만남이 허무하게 지나가고 두 남녀는 헤어지는 노래(後朝歌)를 나누고 재회를 기약한다. 그러나 결국 두 번 다시 만날 수 없게 되자, 안타까운 마음을 담은 노래 한 수를 주고받으며 헤어진다는 이야기가 후속으로 전해진다.

위의 인용문에서 여자가 보낸 노래「君や来しわれやゆきけむおもほえず夢かうつつか寝てかさめてか」가 『고킨와카슈』에서 '伊勢斎宮恬子'를 모델로 한 여자가 나리히라에게 보냈다는 사연이 붙은 노래로 수록되어 있다. 이는 당시에는 니조노키사키다카이코 사건과 함께 이 이야기가 나리히라의 밀애로 수용되고 전승되었음을 보여준다. 신에게 봉사하는 재궁과 관계를 맺는다는 것은 다카이코의 경우처럼 아직 입궐하지 않은 처녀를 유혹하는 것과는 비교도 안 되는 대역죄로, 예를 들어 천황의 부인과 관계를 맺는 것과 마찬가지로 무거운 죄에 해당하는 것이었다. 따라서 신의 성역을 넘어서서 만나는 연인 즉 금기의 사랑을 표현한 노래들이라는 의미에서 65단 이상으로 '色好み'의 세계를 형상화한『이세모노가타리』에 좋은 소재로 수용되었을 것이다.

2) 미움과 집착의 서사 -『가게로일기(蜻蛉日記)』의 경우

10세기 중엽 성립된『가게로일기』는 자존심 강한 젊은 여성이 한 남성을 만나 결혼하면서 겪게 되는 사랑과 미움, 갈등, 집착, 미련 등을 만년에 회상 형식으로 기록한 작품이다. 다시 말해 일기의 작자인 후지와라미치쓰나(藤原道綱) 어머니가 여의

치 않은 결혼생활을 경험하는 가운데 한 여류가인으로 변신해 가는 이야기로 읽을 수 있는데, 여기에는 작자의 단가 119수, 장가 2수, 연가(連歌) 2수가 수록되어 있다. 이런 점에서 『오카가미(大鏡)』는 『가게로일기』의 작자를 '뛰어난 와카 작가(きはめたる和哥の上手)'라고 평가하고 있다.43) 각종 노래 경합(歌合) 등에 참가하여 재능을 자랑하고 칙찬집에 총37수가 수록되어 있다는 사실은 그녀의 시적 재능이 이미 생전에 높게 평가 받았음을 의미한다. 또한, 일본 역사상 삼대 미인 가운데 한사람으로 꼽힌다는 미모는 당시 최고위층의 자제 후지와라가네이에(藤原兼家)를 비롯하여 많은 상류 귀족들의 구애를 받았던 사실이 일기의 행간에 엿보인다. 이처럼 재색을 겸비한 여성이 말년에 자신의 생애를 회고하는 일기를 기록했다는 사실은 당시 사회에서는 희귀한 능력을 지닌 경우라고도 할 수 있다.

일기에는 남편 가네이에가 일기의 작자에게 처음 구애하면서 지어 보낸 노래와 그에 대한 답가가 기술되어 있다.

> 그런데, 사랑노래를 주고받는 것도 정신없이 끝나버린 것은 고사하고, 세도가 집안의 효에노스케(兵衛佐)님으로부터 구혼 의사를 전달 받은 적이 있다. (중략) 어느분에게서 온 것인가 물어보라고 할 여유도 없이 떠들썩해서 당황하여 편지를 받고는 또 소란스럽다. 읽어보니, 편지지도 이런 경우의 것이 아니고 곳곳에 마음을 써서 뛰어나다고 늘 들었던 필적도 마치 구혼 편지답지 않게 아무렇게나 씌어 있어서 정말 그 분 편지일까 생각될 만큼 서툴러서 무척 이상했다. 씌어 있는 노래는,

43) 「この母君、きはめたる和哥の上手におはしければ、この殿のかよはせたまひけるほどのこと、哥などかきあつめて、『かげろふの日記』なづけて、よにひろめたまへり」(日本古典文学大系21 松村博司校注『大鏡』p174)

소문만 듣고 있으니 안타깝다오, 직접 만나서 정답게 이야기 나누고 싶소라고만 있을 뿐이다. '어찌 된 일일까? 답을 올려야 하는 걸까?' 등등, 여럿이 의논하고 있자 옛날 식의 어머니가 '역시 답을 올려야지'라고 황송해하면서 권해서

상대해 드릴만한 사람도 이 주변에는 없사오니, 아무리 거듭 말씀해주셔도 소용없사옵니다

さて、あへなかりしすきどものそれはそれとして、柏木の木高にわたりより、かく言はせむと思ふことありけり。(中略)

誰など言はするには、おぼつかなからず騒いだれば、もてわづらひ、取り入れてもて騒ぐ。見れば、紙なども例のやうにもあらず、いたらぬところなしと聞きふるしたる手も、 あらじとおぼゆるまで悪しければ、いとぞあやしき。ありける言は、

音にのみ聞けばかなしなほととぎすことかたらはむと思ふこころあり

とばかりぞある。「いかに。返りごとはすべくやある」など、さだむるほどに、古代なる人ありて、「なほ」とかしこまりて書かすれば、

かたらはむ人なき里にほととぎすかひなかるべき声なふるしそ44) (p90 - 91)

위의 노래를 주고받았을 때, 남자는 26세, 여자는 19세경으로 추정된다. 먼저 가네이에의 노래를 보면, 계절에 어울리는 '소쩍새(ほととぎす)'를 소재로 하여, 상식적이고 판에 박은 구혼가를 보내고 있다. 부드러운 분위기 없이 상대방을 소쩍새로 지칭하며 사랑의 감정을 강요하는 듯한 구혼가에 대하여 일기 작자의 답가는 '이야기 나누고 싶다(かたはらむ)'는 남자의 가어를 공유하면서도 그가 자신을 소쩍새에 비유한 것을 거꾸로 남자측의 비유로 사용하고 있다. 이렇게 남자의 구혼에 대해 여자가

---

44) 日本古典文学全集 13 木村正中校注『蜻蛉日記』(小学館, 2000) 이하『蜻蛉日記』본문 인용은 이에 따른다.

처음에는 반발하고 구애를 물리친다는 전통적인 연애문답가의 형식을 취한다. 그러나 이런 대답은 남자 입장에서는 오히려 여성의 미태로 작용하고 여기에서 거부함과 동시에 유혹한다는 고대 우타카키(歌垣) 행사가 성립되면서 '온나우타(女歌)'45)의 양의성이 발생하는 것이다. 이는 상대방을 전면적으로 거절한 것이 아니라, 그와 교류하고자 하는 심정에서 가능한 또 다른 표현에 다름 아니다. 남자의 일방적인 와카 4수가 소개된 후에 계절이 어느덧 가을로 바뀌고 난 뒤에도 서로 밀고 당기는 감정의 줄다리기를 거듭하다가, 결국 두 사람의 결혼이 성립하고 이튿날 아침 이별노래(後朝の歌)를 주고받는다.

당신 만날 저녁 무렵 기다리는 동안 어느덧 눈물이 하염없이 흘러내리네
夕ぐれのながれくらまを待つほどに涙おほゐの川とこそなれ

저야말로 상념에 빠져드는 저녁무렵이면 절로 눈물 짓는답니다
思ふことおほゐの川の夕ぐれは心にもあらずなかれこそすれ(p93)

남자는 잠시라도 떨어져 있는 시간이 안타까워 눈물짓는다고 사랑을 하소연하지만, 그와 대조적으로 신혼의 달콤한 감정 고백 대신에 이미 어지러운 상념들로 번민하기 시작한 자신의 괴로움을 나타내는 여자의 답가에 주목하게 된다. 즉 두 사람이 동등한 차원에서 이 결혼을 받아들일 수 없음을 이들의 노래 표현에서 발견할 수 있는 것이다.

남자가 사흘 동안 계속 여자의 거처를 찾아다니다가 여자의 가족들과 인사를 나눔으로써 드디어 혼인을 공식적으로 인정받

45) 鈴木日出男「女歌の本性」(『古代和歌史研究』東京大学出版会, 1990) p45

는 날 아침 두 사람은 첫 언약의 노래를 주고받는다.

또 사흘째 날 아침에,
날 밝기 전 일찍 일어날 때 마음 어지러우니 새벽이슬처럼 이 내 몸도 사라져 버릴 것 같다오
답가
덧없이 사라져 버리는 이슬처럼 미덥지 못한 당신을 의지하는 나는 무엇이란 말인가요
三日ばかりの朝に、
しののめにおきける空はおもほえであやしく露と消えかへりつる
返し、
さだめなく消えかへりつる露よりもそらだのめするわれはなになり(p94)

위의 2수에서 보면, 일기 작자는 처녀시절에 가네이에를 거부하여 안달하게 만들던 강한 자세와 달라졌음을 발견할 수 있다. 상대방이 미더운 말을 해주어도 기대할 수 없는 감정을 나타내는 'そらだのめ'라는 가어에서는 이제는 남자가 혹시 찾아오지 않게 되는 것이 아닐까 염려하는 여인의 약한 입장이 여실히 엿보인다. 그리고 아들 미치쓰나를 출산한 후부터 일기 작자는 점차 남편의 애정에 불신을 갖기 시작하면서 눈물어린 노래를 적극적으로 먼저 지어 보내어 남편이 답가를 보내 주면 다시 그것에 답을 이어간다는 교류 패턴으로 바뀌어 간다. 그러니 여자 쪽에서 먼저 노래를 지어 보내는 것은 그만큼 와카에 의해 부부관계를 확인할 수밖에 없는 절망감에 빠져 있다는 증거일 것이다. 결혼하기까지 두 사람의 표면적인 관계가 강조되고 여기에 와카가 결합되어 연애 진행을 표현해 가는 과정에서 노래

를 읊는 행위를 반복함으로써 사랑을 확신하고 거기에 모든 것을 걸 수밖에 없었던 헤이안시대 여성의 슬픔이 『가게로일기』를 일관하고 있는 것이다.

3) 사랑의 역학 - 『겐지모노가타리(源氏物語)』의 경우

『겐지모노가타리』의 증답가는 일반언어가 지닌, 상대방에게 전하고 상대방의 행동과 생활을 좌우하는 기능을 가지며 와카가 산문언어를 대신하는 회화적 기능과 증답의 사교성을 지닌다고 한다.[46] 여기에서는 와카가 『겐지모노가타리』의 주인공 히카루겐지(光源氏)와 여주인공들이 나누었던 사랑을 어떻게 표현하고 전달하고 있는지, 아카시노키미(明石の君)와 다마카즈라(玉鬘)의 이야기를 중심으로 살펴보기로 한다.

아카시노키미가 최초로 작품 속에 등장하는 것은 「와카무라사키(若紫)권」에서이다. 히카루겐지가 열병을 치료하러 기타야마(北山)에 가서 기도를 올리고 있었을 때, 시종인 요시키요가 아름다운 아카시 해변을 설명하다가 아카시노뉴도(明石入道)라는 인물 이야기도 꺼내게 된다.

요시키요에 의하면, 이상할 만큼 자부심 강한 아카시노뉴도가 '용왕님 왕비가 될 귀한 딸'(若紫1 - 278)이라고 기대를 걸고 자신이 죽은 뒤에라도 이상적인 운명으로 풀리지 않거든 바닷물 속에 빠져 죽으라고 딸에게 일러주고 있다는 것이다. 위에서 'いつき'라 함은 마음을 깨끗이 하고 신성한 제사에서 신에게 봉사하

46) 時枝誠記 『国語学原論続篇』(岩波書店, 1955) p108

는 것을 의미한다. 이처럼 고대 신화에 나타나는 우미사치야마사치(海幸山幸) 전승의 세계와 연결되어서 등장한 아카시노키미가 「스마(須磨)권」 이후부터 본격적으로 「光源氏物語」 속에 편입된다.

「스마권」 마지막 부분부터 「아카시(明石)권」 첫머리에 걸쳐 큰 폭풍우가 일어나고 천변지이를 당해 지친 겐지의 꿈에 작고한 기리쓰보천황(桐壷帝)이 나타나서 스마를 떠나도록 지시한다. 한편, 아카시노뉴도의 꿈에서도 비바람이 그치거든 해변에 배를 대라고 지시해서, 그 지시를 따라서 배를 내고 겐지를 맞이한다. 뉴도는 정중히 겐지를 대접하면서 자신의 딸을 위해 스미요시(住吉)신에게 기원을 올렸었던 사정을 말한다. 이를 듣고 겐지는 뉴도의 권유를 받아들여 아카시노키미에게 「어느쪽인지도 구별 못하는 나그네길 하늘 쳐다보며 상념에 젖어서는 어렴풋 풍문에 들었던 그 집을 안개 넘어로 찾아갑니다(をちこちもしらぬ雲ゐにながめわびかすめし宿の梢をぞとふ)」(明石 2-248)라는 노래를 지어 보내고 구애한다. 그러나 항상 자부심 높게 살아야 한다고 생각하고 있던 아카시노키미는 쉽사리 응답하지 않는다. 그 이유는 본인이 직접 노래를 지어 보내기보다 '처음에는 부모나 시녀가 대작, 대필하고 남성 측 성의를 보아가면서 얼마 후 본인이 응답함으로써 비로소 의사소통이 성립한다'[47]는 헤이안시대의 구혼가가 갖는 속성에도 기인한다. 그러니 겐지의 노래 속의 'かすめし宿の梢をぞとふ'라는 구절과 이어지는 인용가 「그리움에 지지 않겠다는 마음이 지고 말았네, 그리운 생각이 표정 밖으로 나오지 않으려 했던 것을(思ふには忍ぶること

47) 小町谷照彦「源氏物語の求婚歌」(『古筆と源氏物語』八木書店, 1991) p108

ぞ負けにける色には出でじと思しものを)」(古今集·503)를 함께 연결시켜 생각하면 오만한 느낌이 들어 대답하고 싶지 않았는지 모른다. 최초에는 거부했으나, 결국은 겐지의 구혼에 응하는 아카시노키미 내면의 기미는 동경이 강하면 강할수록 상대방과의 엄청난 신분차가 통감되고 언젠가는 버림받게 될 결혼은 할 수 없다는 현실 인식 아래 엄격히 자신을 통제하려는 자세로 나타난다.

다음날, 「대필 편지는 지금까지 본 적이 없소」 라며,

답답한 마음으로 괴로워하고 있소. 왜 그러느냐 라고 묻는 사람도 없으니

그립다고도 할 수 없어서」 라고, 이번에는 정말 부드러운 엷은 종이에 실로 아름다운 솜씨로 써놓으셨다. 아카시노키미는 멋지다고 생각은 하지만, 비교도 되지 않는 자신의 처지가 전혀 어쩔 도리가 없는 것 같아 오히려 자신을 찾아주신 데 대해 저절로 눈물이 흘러서 역시 여느 때처럼 움직이려 하지 않자, 주위에서 억지로 권하여 향이 깊이 스며든 자주빛 종이에 먹을 짙고 옅게 써서

사랑하신다는 생각이 과연 어떤 정도일까요, 아직 저를 만나보지도 않은 분이 소문만 듣고 괴로워하시나요.

またの日、「宣旨書きは見知らずなん」とて、

いぶせくも心にものを悩むかなやよいかにと問ふ人もなみ

言ひがたみ」と、この度は、いといたうなよびたる薄様に、いとうつくしげに書きたまへり。若き人のめでざらむも、いとあまり埋もれいたからむ。めでたしとは見れど、なずらひならぬ身のほどのいみじうかひなければ、　なかなか世にあるものと尋ねしりたまふにつけて、涙ぐまれて、さらに、例の、動なきを、せめて言はれて、浅からずしめたる紫の紙に、墨つき濃く紛らはして、

思ふらん心のほどややよいかにまだ見ぬ人の聞きかなや (明石2 - 239)

위의 두 수는 겐지와 아카시노키미가 처음 나눈 증답가인데, 겐지는 헤이안시대에는 이미 조금 낡은 표현이 된 'いぶせし'나 'やよいかに'와 같은 산문적 질문에 의해 친해지고 싶다는 마음을 전하려 한다. 한편, 아카시노키미의 노래는 증가의 요구를 되받아치는 구혼의 증답 형식을 따라서 윗 구절에서는 겐지의 'やよいかに'를 이어받으면서 상대방 애정을 거절한다. 그리고 아랫 구절에서는 그의 가어를 이용하여 그를 'まだ見ぬ人'로 비유한 뛰어난 표현성으로 노래를 형성하고 있다. 여기서 '대체로 제4구에 정감이 집중되어 상대방에게 강한 인상의 구조'[48]를 보이는 그녀의 와카의 특징을 다시 한번 확인할 수 있다.

위 노래를 받은 겐지는 여인의 사려 깊고 기품 있는 모습에 꼭 직접 만나보고 싶어한다. 드디어 달 밝은 어느 날 밤, 독수공방 외로움을 하소연하는 그를 뉴도가 딸의 방으로 안내한다.

> 가까운 장막 매듭에 거문고가 걸려 울리는 것도 무척 친근한 어느 때 그대로이고 거문고를 켜는 여자의 모습이 짐작되어 흥미롭게 느껴져서 「늘 아버님 이야기로 잘 알고 있는 거문고까지」 라는 등 성의를 다하여 말씀하신다.
>
> 다정한 말을 나눌 사람이 그립소. 우울한 현세의 괴로운 꿈에서 반이나마 깨어날까 하고
>
> 밝아 오지 않는 밤 어둠 속에서 헤매는 제 가슴으로는 무엇이 꿈인지 분별하고 이야기 나눌 수 있을까요
>
> 어렴풋이 느껴지는 아가씨의 모습이 이세의 미야스도코로와 너무나 닮았다.

---

48) 藤井貞和「歌の挫折ー明石の君試論」(古代文学論叢第七輯『源氏物語及び以後の物語 研究と資料』武蔵野書院, 1979) p70

近き几帳の紐に、箏の琴のひき鳴されたるも、けはひしどけなく、うちとけながら掻きまさぐりけるほど見えてをかしければ、「この聞きならしたる琴をさへや」など、よろづにのたまふ。

むつごとを語りあはせむ人もがなうき世の夢もなかばさむやと

明けぬ夜にやがてまどへる心にはいづれを夢とわきて語らむ

ほのかなるけはひ、伊勢の御息所にいとようおぼえたり。(明石2 - 246~7)

첫 대면에서 겐지는 먼저 '憂き世'의 꿈을 깨듯이 사랑의 대화를 나누고 싶다고 말을 건다. 이에 대해 아카시노키미는 어둔 밤 속에서 헤매는 자신으로서는 꿈과 현실을 구별할 수 없고 말할 기운도 없다고 대꾸한다. 각기 '夢'와 '語る'라는 공통의 가어에 의해 화답하듯이 나란히 씌어져 있는 위의 두 수에서, 아카시노키미가 이미 사랑을 필연적인 것으로 받아들이고 그 가운데 놓인 자신의 모습을 예상하고 있는 것 같다.

위와 같은 경위를 거쳐 아카시노키미는 히카루겐지와 결합하게 되는데, 결혼 이후 오히려 내내 불안감을 느끼고 양자의 신분차를 괴로워하지 않으면 안 되게 된다. 그러한 번민은 겐지가 두 사람의 신분차이를 고려하여 점점 발길을 멀리 하게 된 이후 시작되는데, 이는 겐지의 무라사키노우에에 대한 배려가 무엇보다도 큰 원인이었다고 하겠다. 아카시노키미를 만나러 가는 도중에 그가 혼자 읊은「가을밤 달빛 같이 빛나는 말이여, 내가 그리워하는 하늘을 달려가 다오, 잠시라도 사랑하는 님의 모습 보려네(秋の夜のつきげの駒よわが恋ふる雲ゐをかけれ時のまも見ん)」(明石2 - 255)나 아카시노키미와 잠자리를 함께 한 직후, 무라사키노우에에게 그 일을 알려준 점 등을 생각하면, 무라사키노우에라는 존재가 이 아카시노키미 이야기에 필연적으로 개입해 온다는

작품의 구상을 확인할 수 있다. 다시말해, 아카시노키미가 겐지와 관계를 맺어가는 가운데 무라사키노우에와 겐지의 지속적인 교류가 묘사되는 것은 아카시노키미라는 인물의 근본적인 입장을 나타내는 중요한 구상이라고 할 수 있을 것이다.

히카루겐지가 젊은 날에 잠시 사랑했던 여인 유가오(夕顔)의 딸을 다시 만나게 되는 것은 「다마카즈라(玉鬘)권」 이후의 일이다. 겐지의 시녀 우콘이 하세데라(長谷寺)에 기도를 드리러 갔다가, 수양부모들과 함께 상경하는 죽은 유가오의 딸을 우연히 만나게 된 것이다. 우콘은 서둘러 도읍으로 돌아와 이 소식을 겐지에게 보고하고 비명에 보낸 유가오에게 속죄하기 위해서도 그 딸인 다마카즈라를 돕지 않으면 안 된다고 간언하자, 겐지는 자신의 저택 로쿠조인(六条院)으로 데려 오도록 지시한다. 그리고 영락한 환경에서 자랐다는 다마카즈라가 과연 어떤 교양이나 성격을 지녔는지 헤아려 보려고 「지금은 잘 모르겠지만 머지않아 알게 되리라. 미시마강가의 미쿠리 줄기처럼 그대와 나는 깊은 인연이 있으니(知らずとも尋ねてしらむ三島江に生ふる三稜のすぢは絶えじを)」(玉鬘 3-123)라는 노래를 편지에 써서 보낸다. 이 와카 직전의 서술에서는 겐지가 무척 착실하고 어버이다운 편지를 썼다고 했으나, 이는 지금 단계로서는 어디까지나 실제 부모처럼 행동해야 한다고 판단했기 때문이리라. 따라서 와카에서도 자신들이 인연 없는 관계가 아님을 강조하고 있다. 두 사람의 노래에서도 가장 중요한 가어 'すぢ(人縁)'를 끌어내고 미시마강(三島江)에 자생하는 줄기가 무성한 미쿠리풀(三稜草)에 빗대어서, 겐지와 다마카즈라의 친아버지 우치노오토토가 의형제인 만큼 다마카즈라는 자신의 딸이기도 하다는 주장

이다. 그러나 다마카즈라는 편지를 받은 채 탄식만 하고 있을 뿐, 주위 사람들이 증가에 대한 답가가 늦어질수록 상대방에 대해 실례되기 때문에 서둘러 보내도록 권한다.

> 미쿠리가 늪에 뿌리 내리 듯 보잘 것 없는 이 몸은 어째서 이 어지러운 세상에 태어났을까요

라고만, 겨우 써 있을 뿐이다. 글씨는 뛰어난 점이 없이 듬성듬성 하지만, 기품 있고 보기에 나쁘지 않아서 대감께서는 안도하셨던 것이다.

> 数ならぬみくりやなにのすぢなればうきにしもかく根をとどめけむ

とのみほのかなり。手は、はかなだちて、よろぼはしけれど、あてはかにて口惜しからねば、御心おちゐにけり。(玉鬘3-119)

내키지 않는 마음으로 읊은 위의 노래가 겐지가 구사한 '三稜'나 '筋' 등의 가어를 수용하는 점에서는 전형적인 답가라고 하겠는데, 증가의 주장과는 다르게 가어 모두가 이중 의미를 지니고 괴로운 신세를 탄식하는 표현으로 되어 있다. 여기서 이중 의미라고 함은 미쿠리 풀이 늪에 뿌리를 내리듯이 하찮은 내가 어떤 인연으로 이 같은 슬픈 운명으로 태어난 것일까 하는 가의가 겐지의 집요함 따위는 고려하지 않고 단지 다마카즈라 자신의 존재에 대한 깊은 회의를 나타내고 있는 듯이 생각되기 때문이다. 요컨대 이 노래는 답가라기보다는 그녀의 내면이 독영가(独詠歌)처럼 표출된 느낌이다.

드디어 시월에 다마카즈라가 로쿠조인 저택으로 들어오는데, 생면부지의 인물 겐지의 도움을 받는다는 사실에 괴로워하는 그녀로서는 저택에서 지내는 생활이란 새로운 유리의 시작을

의미하는 데 지나지 않는다. 그러나 다마카즈라의 그러한 정신적 갈등을 알 리 없는 겐지가 서둘러 찾아와서 대면하게 된 기쁨을 늘어놓자 그녀는 히루노코(蛭の子)의 고사를 빌리어 응한다.(玉鬘3-125) 이처럼 『日本紀竟宴和歌』의 「어버이는 불쌍하게 보시지 않을까, 히루노코는 세 살이 되어도 제대로 서지도 못했으니(父母はあはれと見ずや蛭の子は三年になりぬ足立たずして)」(大江朝綱)라는 노래를 빌리어서, 어렸을 때 규슈 지역을 떠돌아다녔던 자신의 신세를 표현하는 그녀의 재기나 교양에 겐지는 새삼 감탄한다. 우콘의 말대로 다마카즈라의 미모가 지금도 잊을 수 없는 유가오와 흡사함을 확인하고 그는 자신의 의도가 성공한 것에 만족한다.

겐지가 다마카즈라를 친아버지에게 넘겨주지 않고 자신이 맡은 이유는 우선 유가오의 넋을 위무한다는 진혼[49]의 의미와 아울러 그녀를 로쿠조인의 '고아함(みやび)'을 담당하는 수단으로 삼기 위함이었다. 다시 말해 유가오에 대한 죄를 씻기 위해 소중하게 양육하려는 마음과 아울러 다마카즈라를 수많은 호사가들의 마음을 뺏는 수단으로 삼아서 귀족 사회에서 로쿠조인의 중심성을 보증하는 존재로 만들려는 의도인 것이다.

이처럼 겐지가 불가해한 부모자식 관계를 요구하자 다마카즈라는 여전히 불안감을 느끼고 자기의 처지를 회의하게 된다. 그러나 궁핍한 자신의 입장을 고려하면 단호히 거부할 수 만도 없어서 남모르는 고뇌를 거듭한다. 그래서 다만 와카 표현을 빌리어 겐지를 힐난하고 자각하도록 시도해 볼 뿐이었다.

---

49) 日向一雅「流離する姫君・玉鬘」(森一郎編『源氏物語作中人物論集』勉誠社, 1993) p374

옆에 아무도 없고, 실로 정답게 작은 목소리로 말을 걸고 계시는데, 왠일인지 어르신은 갑자기 얼굴 붉히며 일어서신다.

아가씨,

마구 부는 바람에 마타리꽃은 당장이라도 시들어 죽어 버릴 것만 같아요

어르신의 답가

나무 그늘 이슬로 숨어들면 마타리꽃은 거친 바람에도 시들지 않을 터인데

나긋나긋한 대나무를 보세요」라고, 잘못 들은 것일까.

御前に人も出で来ず、いとこまやかにうちささめき語らひきこえたまふに、いかがあらむ、まめだちてぞ立ちたまふ。

女君、

吹きみだる風のけしきに女郎花しをれしぬべき心地こそすれ

御返り、

「した露になびかましかば女郎花あらき風にはしをれざらまし

なよ竹を見たまへかし」など、ひが耳にやありけむ。(野分 3 - 272)

위의 노래에서도 다마카즈라는 또다시 겐지의 줄기찬 구애에 당혹스럽기만 한 자신의 입장을 거세게 부는 바람에 시들어 버리는 마타리(女郎花)에 비유하고 당신의 거친 태도로 죽어 버릴 것만 같다고 호소한다. 마타리가 쉽게 바람에 흔들리는 모습을 'しをれしぬべき'라고 자신의 경우로 끌어서 표현하고, 가을 들녘에 불어치는 바람(野分)처럼 함부로 행동하는 겐지를 책망하는 것이다. '女郎花'라는 정감 어린 소재를 장소에 맞게 잘 응용하여 자연스럽게 읊은 노래에서 다마카즈라의 기지와 노래 재질이 엿보이는데 여기서도 역시 상대방의 구애를 물리치는 동시에 스러져가는 존재로서의 자기 인식이라는 구조로 되어 있다. 이에 대한 겐지의 답가는 나무 그늘 아래로 숨어들면 거친

바람은 피할 수 있을 것이다, 즉 내게 숨어들면 좋을 텐데라는 속셈을 노골적으로 표현하고 있다.

그 밖에도 뒤에 다마카즈라가 히게쿠로(鬚黒)대장과 결혼하기 전까지 겐지는 내심으로는 그녀를 자신의 연애 대상으로 얻고 싶어하면서도 외면으로는 적당한 신분의 남성과 맺어 주어야 한다는 명분을 내세워 많은 귀공자들을 주위에 불러들인다. 모노가타리에는 다마카즈라가 뭇남성들의 구애의 편지를 무시하려 하자 겐지가 친아버지처럼 그 연문을 일일이 읽고는 답장을 권한다거나 결혼을 권하는 장면들이 묘사되어 있다. 이같이 다마카즈라 구혼담 전후에도 역시 전통적인 사랑노래(恋の歌)의 유형이나 제명에 맞춘 다양한 구혼 장면에서 편지가 효과적으로 도입되어 작품의 전개를 원활하게 만들어주는 방법을 확인해 볼 수 있다.

4) 이즈미시키부(和泉式部)의 사랑노래

이즈미시키부는 일본문학사상 여류가인으로서는 칙찬집에 가장 많이 수록된 인물이다. 헤이안왕조의 '恋の歌' 장르를 대표하는 그의 900여 수는 중세 이후 많은 가인들에게 하나의 규범으로 받아들여지고 사랑이란 무엇인가를 추구하는 기제가 되었다. 그 이유로는 무엇보다도 먼저 내면의 동요를 풍부한 서정적 표현과 비유 방법 등으로 묘사하였다는 점을 들 수 있는데, 당시로서는 지나치게 파격적으로 받아들여졌던 착상도 위와 같은 성격에 의해 상당히 완화되었다고 볼 수 있을 것이다.

이즈미시키부의 생년월일은 미상이나, 대략 978년 출생으로 추정된다. 아버지 오에마사무네(大江雅致)는 지방관리를 지냈으며, '이즈미시키부(和泉式部)'란 이름은 아버지의 직위와 남편의 임지에 연유하는 것으로 보인다.[50] 19세 무렵, 몰락한 명문 출신의 다치바나미치사다(橘道貞)와 결혼하여 이듬해 딸을 출산한다. 2년 뒤 미치사다는 지방관에 임명되어 4년간 봉직하는 동안 다른 여인과 만나면서 이즈미를 돌보지 않게 되어 결혼생활이 끝나게 된다. 이 무렵 이즈미도 소치노미야아쓰미치(帥宮敦道)왕자와 연애를 시작했다고는 하나, 남편이 1004년 3월에 무츠노구니(陸奥) 지방 수령으로 부임해 갔을 때 읊은 아래의 노래로 미루어 보아 그녀 쪽에서 먼저 절연을 표시하지는 않은 것 같다.

> 서로 떨어져 살아도 같은 도읍 안일 때는 이다지 괴롭지 않았는데 이번에는 너무나 괴로워
>
> わかれてもおなじ都にありしかばいとこのたびのここちやはせし
>
> (『和泉式部集』140)

이처럼 남편과의 인연에 애착을 보이면서도 한편 내면에서 솟구치는 정염은 다른 방향으로 분출되는 것이었다. 즉, 당대의 스캔들로 유명한 두 왕자와의 연애사건들이 그것이다. 먼저 레이제이(冷泉)천황의 3남 다메다카(為尊)왕자와의 사랑은 이즈미시키부가 24세 되던 해에 시작되어 1년 간 계속되다가 이듬해 왕자가 26세로 병사함으로써 끝난다. 잠시 실의에 빠져 있던 이즈미시키부는 채 1년이 되지도 않아서 죽은 왕자의 동생 아쓰미치왕자와 연인 사이가 된다. 세 살 연하의 아쓰미치 왕자는 이즈

50) 『御門関白記』1018년 1월 21일 기사, 『小右記』999년 9월 1일 기사 참조

미를 자택에 불러들임으로써 가정불화를 일으키고 두 사람의 사랑은 궁중사회에서 일대 사건으로 떠오른다.

몹시 무리한 일들을 약속하시고 새벽이 되자 왕자께서는 돌아가셨다. 그리고는 곧, '지금 어떻게 지내십니까? 스스로도 이해할 수 없도록 그리운 마음입니다'라고 쓰시고,

사랑이라 하면 그러려니 생각하시겠지만, 오늘아침 내 가슴의 사랑은
비할 데 없이 세찬 것이라오

여자는 답 올리기를,

평범한 사랑이라고는 전혀 생각하지 않습니다. 오늘 아침 비로소 깊은 생각에 빠져 있으니까요.

라고 말씀드리면, '알 수 없게 되어버린 내 신세요, 돌아가신 왕자께서 그렇게나 소중히 대해 주셨는데'라고 슬프고 어지러운 마음인데, 어제처럼 시종이 찾아왔다.

ひどくご無理なことの数々を約束なさって、夜が開けると宮はお帰りになった。すなはち、「今のほどもいかが。あやしうこそ」とて、

恋と言へば世のつねのとや思ふらむ今朝の心はたぐひだになし

御返り、

世のつねのことともさらに思ほえずはじめてものを思ふ朝は

と聞こえても、「あやしかりける身の有様かな、故宮のさばかりのたまはせしものを」とかなしくて、思ひ乱るるほどに、例の童来たり。

(『和泉式部日記』p22)

아쓰미치와의 만남은 사랑하던 사람을 떠나보낸 이즈미의 고독한 영혼을 다시 한 번 밝은 세계로 이끌어 낸 것 같다. 위의 증답가는 남녀 모두 죽은 다메다카왕자에 대한 배려보다는 새로 얻은 사랑을 확인하는 연인들의 노래 가운데 하나이다. 그런데, 이즈미는 상대방의 열렬한 애정 호소를 받으면서도 형제간

의 남성들과 연이어 만나게 된 자신의 운명이 '얄궂게(あやし)' 생각되기도 하지만, 이미 시작된 새로운 사랑의 열병을 피할 수 없음을 절감하고 아쓰미치왕자를 받아들인다.

『오카가미(大鏡)』는 이 왕자가 조금 경박하다고 평하고 있는데, 일반적인 상식이나 습관에 구애 받지 않는 그의 성격은 이즈미시키부가 남긴 『이즈미시키부일기(和泉式部日記)』에도 많이 언급되어 있다. 두 사람의 사랑의 행각은 신분차이 등 사회적으로 용납될 수 없는 것이었지만, 어쨌든 이즈미는 다메다카왕자의 죽음에서 받은 충격에서 조금씩 벗어날 수 있었던 것 같다. 이듬해 두 사람 사이에는 왕자가 태어나지만, 동시에 아쓰미치왕자가 27세로 요절함으로써 4년 반의 연애생활이 끝나게 된다. 왕자와의 연애 과정에서 주고받은 145수의 노래를 중심으로 기록한 『이즈미시키부일기』 속에는 직접적으로 다메다카왕자에게 바치는 만가를 찾아볼 수 없다는 점에서 이즈미와 왕자의 연애사건은 일기가 꾸민 허구라는 고찰도 가능하다.[51] 그러나 일본인들은 여전히 타인의 이목에 구애받지 않았던 사랑의 열정을 두 사람의 연애사건에서 발견하고 싶어 하는 것이다.

51) 이 문제는 『和泉式部日記』의 작자를 밝히는 문제이기도 하다. 이토 히로시(伊藤博)가 일기의 수법이나 인물묘사의 결여 등을 들어 이즈미시키부의 자작이 아니라, 헤이안시대 후기 성립을 주장(「和泉式部日記の成立時期をめぐって」 『言語と文芸』1960, 5)한 이래, 자작과 타인의 기록이라는 두 시각으로 나뉘어 논의되어 왔으나, 와카 발상의 유형과 일기 발상의 유형 사이에 유사성을 지적한 후지오카 다타미(藤岡忠美(日本古典文学全集26 『和泉式部日記』해설 1994)와 함께 최근에는 자작설이 대세이다.

검은머리 헝클어진 채 눈물 젖어 누워 있노라면 머릿결 쓰다듬어 주시던 그 님 그리워라
黒髪のみだれも知らず打ち伏せばまづかきやりし人ぞ恋しき

(『後拾遺和歌集 755』)

위의 노래 앞 구절은 처절할 만큼 자기 발견, 자기 묘사에 초점을 맞추고 아래구절에서 자신의 몸을 휩싸고 있는 검은 머릿결을 애무해 주던 남자의 손길을 회상하면서, 믿고 사랑했던 임에 대한 그리움을 순수하고 솔직한 영탄으로 마무리하고 있다. 이처럼 남자의 부드러운 손길을 회상 속에서 떠올리며 현재의 자신의 모습을 응시하고 있는 복합적인 시선과 표현력이 뛰어나서, 현장감이 약하다는 헤이안시대의 사랑 노래 가운데에서 높게 평가되는 작품이다. 그런데 노래의 '머리카락(髪)'은 연인들을 상징하는 가어 가운데 하나이다. '흐트러진'이라는 서술표현에 의해, '髪'는 남성에 대한 여성의 연정을 상징하고 이후의 많은 가인들이 이 발상을 이어받았다. 예를 들어 중세의 후지와라사다이에(藤原定家)가 읊은 「그녀 생각에 잠겨 누워 있노라면 쓰다듬어 주었던 검은 머릿결 한가닥 한가닥 눈에 선하네(掻きやりしその黒髪の筋ごとにうち臥すほどは面影ぞたつ)」(『新古今和歌集』1389)도 역시 이즈미의 여러 노래를 바탕으로 하여 지은 일련의 작품 가운데 하나이며, 근대 문학사의 첫머리를 장식하는 요사노아키코(与謝野晶子) 단가의 백미를 모아 놓은 『흐트러진 머리카락(みだれ髪)』(1901)은 제명부터 이즈미의 노래를 그대로 따르고 있는 것이다. 이처럼 중세 이후 전개되어 가는 사랑 노래의 원점으로서 이즈미시키부가 의식되게 된 것도 그 내향적인 자문의 자세와

함께 상대방에 대한 사랑을 심화하고 있기 때문일 것이다.

4. 맺는말

이상으로 일본 와카 문학사에 남겨진 몇몇 '사랑노래(恋の歌)'를 대상으로 하여 그 성립과 특성, 문학사적 의의 등을 고찰하여 보았다. 남녀간의 사랑이란 주제는 시공을 넘어서 일본문학사의 중심에 자리 잡고 있었고, 시가 문학 발생 초기부터 장르를 불문하고 가장 빈번히 다루어져 왔다. '色好み'라는 고대적 개념에서 다시 'もののあはれ'라는 일본문학의 전형적인 미의식을 키워 온 것도 바로 사랑을 소재로 하여 이루어진 많은 '恋の歌'였다. 본고에서는 먼저 이와노히메왕비의 정열적인 노래가 형상하는 외골수의 사랑을 통하여 『만요슈』 시대인들의 직선적이고 가식 없는 감정의 표출을 확인할 수 있었다. 강하고 기개 높은 표현성은 고대 시가문학의 전통으로 확립되어 누카타노오키미와 오아마왕자의 증답가에도 이어진다. 이 두 수의 노래가 보여 주는 허구의 미학은 이후의 문학 특히 헤이안시대의 이지적 시가문학의 단초를 던져주었다. 그리하여 『이세모노가타리』에 등장하는 전승의 사랑노래들이 아리와라나리히라의 연애담으로 재구성되어 '色好み'의 완성을 구현하고 있는 것이다. 이 시대에 새로운 장르인 일기문학에 나타난 사랑노래는 예를 들어 『가게로일기』에서 전형적으로 찾아볼 수 있었다. 『가게로일기』의 '온나우타(女歌)', 즉 여성성을 드러내는 노래들을 통해 남녀간의 사랑이 작자의 삶을 바꾸어 가고 있는 궤적을 살펴

볼 수 있었다. 그리고 모노가타리 문학과 와카의 교류라는 측면에서 생각해 볼 경우, 『겐지모노가타리』의 사랑노래는 이미 하나의 방법으로 완성된 것이라고 할 수 있다. 주인공 히카루겐지와 그가 사랑했던 여인들 사이에 주고받은 수많은 노래들은 일상어로는 대신할 수 없는 내면의 세계를 와카의 상징성에 의해 표현해 주는 것이다. 다시 말해 산문으로 완전히 표현할 수 없는 정서를 운문의 서정성에 기대하는 모노가타리의 방법을 아카시노키미 이야기나 다마카즈라 이야기에서도 예외 없이 확인할 수 있었다. 그리고 이즈미시키부의 와카는 시대를 앞서 달려간 고독한 영혼의 열정을 거리낌 없이 분출해 놓고 있다. 개인적 감성을 객관화시켜 표현한 그의 사랑노래는 헤이안시대뿐만 아니라, 이후 그를 일본 시가문학사의 대표적 여류 가인으로 자리매김하기에 충분한 문학성을 지니는 것이라고 하겠다.

제3장 헤이안(平安)시대 후궁문예의 발전

I. 모노가타리(物語) 문학의 성립과 향수 양상

1. 머리말

『겐지모노가타리(源氏物語)』의 「에아와세(絵合)」권은, 모노가타리의 주인공 히카루겐지(光源氏)가 궁중 귀족사회에서 정권을 확보해 나가는 중요한 과정이 그 내용으로 되어 있다. 즉, 스마(須磨) 유배라는 하나의 통과의례를 거친 겐지가 도읍 교토(京都)에 돌아와 점차로 그 지위를 되찾고, 마침내는 태정대신(太政大臣)이 되어 로쿠조인(六条院)의 영화를 실현하는 과정이 「에아와세」에서 시작되는 것이다. 이 같은 영화를 약속하는 결정적 요소는 '전임 재궁의 입궐을 후지쓰보 중궁이 열심히 재촉하신다(前斎宮の御参りのこと、中宮の御心に入れてもよほしき

こえたまふ)'(2 - 369)[1]라고 권두에 보이는 바와 같이 전재궁(前斎宮)이 레이제이(冷泉)천황의 후궁에 들어가는 것이었다고 할 수 있다. 후지쓰보와 히카루겐지는 정치 실권을 장악하기 위한 수단으로, 작고한 로쿠조미야스도코로(六条御息所)의 딸인 전재궁을 자신들의 아들 레이제이천황의 후궁으로 맞아들임으로써 섭정에의 길을 준비한다. 이 일을 계기로 해서 지금까지 권중납언(権中納言)의 딸 고키덴뇨고(弘徽殿女御)를 총애하던 레이제이천황의 관심이 새로 입궐한 전재궁에게 기울게 되면서, 후궁내의 역학관계에 변화가 일어나기 시작한다. 즉, 전임 재궁이 우메쓰보뇨고(梅壷女御)가 되어 천황의 총애를 얻기 위해 두 후궁 사이에서 치열한 경쟁이 일어나게 되는데, 이는 단지 두 당사자들만의 문제가 아니라 바로 그들의 후견인인 히카루겐지와 권중납언의 권력다툼인 것이며, 헤이안시대 섭관정치의 한 행태를 드러내고 있다. 그 같은 과정에서 모노가타리는 우메쓰보뇨고의 덕목의 하나로 그림의 조예를 꼽고, 왕비 자리를 둘러싸고 일어난 건조한 권력 다툼에서 '그림경합(絵合)'이라는 높은 수준의 문화행사가 창시되는 전말을 서술한다. 그런데, 이 행사가 사상 최초로 행해졌던 것은 1050년의 「세이시나이신노케에아와세(正子内親王家絵合)」로, 『겐지모노가타리』의 작자 무라사키시키부(紫式部)는 당시 궁중을 중심으로 개최되었던 남성 귀족들의 풍류적인 '시경합(詩合)'이나 궁중시녀들의 '노래경합(歌合)' 등을 참고로 해서 그만의 독창적인 '그림경합(絵合)' 행사를 고안해 내어 작품 구성에 이용한 것으로 생각된다.

---

1) 阿部秋生 외 교주 日本古典文学全集『源氏物語』2(小学館, 1970) p359. 이하『源氏物語』본문 인용은 이 책에 따르며, 수자는 권수와 쪽수를 나타낸다.

헤이안시대의 섭관정치가 일본문화사에 긍정적으로 끼친 영향 가운데 하나라 할 수 있는 이 그림경합 행사는 그 명칭만으로는 회화예술에 국한되는 것 같지만, 실제로는 문예 작품이 중심이 되는 것이다. 즉 그 시대에 널리 보급되었던 작품, 특히 모노가타리의 내용을 그림으로 나타낸 것을 가지고 두 편으로 나눠어 비교 경쟁하는 방식이었기 때문에 자연히 보다 뛰어난 문학작품에 대한 요구가 일어나게 되었다.

위에서 그림경합을 무라사키시키부의 창의라고 했으나, 문학작품 수용자측의 입장, 다시말해 독자층이 어떠한 작품에 관심을 가지고 그것을 어떻게 받아들이느냐는 향수의 분위기는 이미 『겐지모노가타리』 이전에 구체적으로 드러나 있었으며, 무라사키시키부 역시 그 당시의 일반적인 향수 양상을 「에아와세」 권이나 그밖의 권들 곳곳에 반영시킨 데 지나지 않은 것이라고도 볼 수 있다. 그림경합에 등장하는 『다케토리모노가타리(竹取物語)』 『우쓰호모노가타리(宇津保物語)』 『이세모노가타리(伊勢物語)』 『조삼미(正三位)』 모두가 신분이나 출신성분을 중시하던 궁중사회의 질서와 헤이안 귀족시대의 미의식을 무엇보다도 강조한 작품들이다. 이는 바로 문학작품에 대한 그 시대인들의 평가기준을 드러낸 것으로, 그들은 이에 준해서 모노가타리를 읽고 즐기었다고 볼 수 있다. 이러한 사실을 파악한 후 작품의 시대적 환경과 작품 향수 사이의 영향관계가 모노가타리 연구의 한 테마로 제기될 수 있는 것이다.

일반적으로 모노가타리 향수에 관한 고찰은 작품이 어떤 식으로 읽혀졌으며, 어떠한 모습으로 그림이나 줄거리의 연희(演戱)와 연결되었는가를 실제의 작품들을 역사적인 실태에 따라 알아봄으로써 가능할 것이다. 그와 같은 작업을 통해 모노가타리 문학이 문학사에 있어서 차지하는 위상을 파악하는 데 본 연구의 의의를 두고, 헤이안시대의 모노가타리 문학이 어떠한 발전과정을 통해 어떠한 작자에 의해 창작되고 후궁을 중심으로 하는 궁중사회에서 향수, 전파되어 갔는지 그 구체적인 사정을 고찰해 보고자한다.

2. 모노가타리의 발생

1) 모노가타리와 모노가타리 문학

먼저, '모노가타리'라는 일본어에 관해 간단히 살펴본다면, 이는 무척 광범위한 의미를 지닌다는 특성을 들 수 있다. 예를 들어 어린 아기의 무의미한 옹알이를 비유적으로 일컫기도 하고, 일상생활의 언어나 담화 혹은 남녀 간의 정담 등을 가리키므로, 여기에서 일반적인 대화를 의미하는 '物語す'라는 말까지 낳는다. 이것을 실제의 용례로서 최초로 확인할 수 있는 것이 『만요슈(万葉集)』권7의 「요사미노하라에서 누군가 알아봐 주지 않을 것인가, 오미 땅에서의 이야기를 하고 싶으니(青みづら依網の原に人も逢ぬかも石走る近江県の物語りせむ」(1287), 권12의 「잊을 수 있겠지 하고 다른 사람들과 이야기하며 기분 풀고 시름 달래려 해도 잊지 못해 여전히 그립네(忘るやと物語して心遣り過ぐせど過ぎずなほ恋ひにけり」(2845) 두 수이다. 전자는 '요사미노하라(よさみの原)'라는 지명에 얽힌 과거 이야기(物語)를 다른 사람과 서로 나누고 싶어 하는 원망의 표출이 모노가타리의 근원을 이루고 있으며, 후자의 경우는 사랑의 보상행위로서의 잡담을 나타내는 '物語して'라는 어구에서 모노가타리에 대한 고대인들의 의식을 엿볼 수 있다.2)

8세기 중엽『만요슈』가 완성되었던 시대는 고대국가가 성립되었던 하나의 전환기로, 정통에 대한 이단의 이야기가 모노가타리 즉 'モノガタリ'로 의식되었다. 이러한 의미는 이후 헤이안시대에 들어서도 변함이 없으나, 잡담이나 사랑의 속삭임, 아기의 옹알거림 같은 짧고 한시적인 용례로부터 정식으로 기록된 문학작품까지 포함하는 광범위한 어의로 발전해 갔다. 그러면 이같은 어의의 모노가타리문학이 어떻게 발생하고 전개되어 갔는지, '物語論'으로 유명한『겐지모노가타리』의「호타루(蛍)」권을 통해 생각해 보기로 한다.

> 骨なくも聞えおとしてけるかな。神代より世にある事を記しおきけるななり。日本紀などはただかたそばぞかし。これらにこそ道々しく詳しきことはあらめ。(3-212)

위의 인용문은 주인공 히카루겐지의 입을 빌려 '모노가타리라는 것은 신화시대부터 지금까지 세상에서 일어난 일을 써놓은 것이라고 합니다. 일본기 같은 것은 실로 한 면에 지나지 않지요. 이 모노가타리들이야말로 도리에 맞고, 모든 것을 밝힌 일들이 써 있는 것이지요.' 라고, 작자가 평소에 지녔었던 모노가타리 문학관을 피력한 것이라 할 수 있다. 여기에서 모노가타

---

2) 高橋亨「物語会議ー語りと物語辞典」(国文学, 1990, 1)

리란 '신화시대(神代) 이래로 이 세상에 있었던 일들을 써놓은 것'이라고 정의하는 이유는, 단적으로 모노가타리가 '신대'에 발생했다고 생각하기 때문일 것이다. 이와 동일한 시각은 「에아와세」권에서도 밝혀져 있다.

> まづ、物語の出で来はじめの親なる竹取の翁に宇津保の俊蔭を合はせてあらそふ。「なよ竹の世々に古りにける事をかしきふしもなけれど、かぐや姫のこの世の濁りにも穢れず、はるかに思ひのぼれる契りたかく、神世のことなめれば、浅はかなる女、目及ばぬならむかし。」(2 - 380)

작자 무라사키시키부는 '대나무 마디마디를 겹쳐서 예부터 전해지는 이야기이자 홍미로운 단락은 없지만, 가쿠야아가씨가 이 세상 혼탁함에도 물들지 않고 자부심 높게 천상에 올라간 숙연은 품격 높고 신화시대 일인 것 같으니 사려분별 없는 여자로서는 상상도 할 수 없는 일이겠지요' 라고 모노가타리의 원조라는 『다케토리모노가타리』가 신화시대의 세상 일을 전하고 그것에서 기원한다는 시각을 작품 속에서 거듭 주장하고 있다. 그러나 『겐지모노가타리』의 모노가타리관 역시, 『고킨와카슈(古今和歌集)』 등의 와카(和歌) 기원론을 통해 당시 알려져 있었던 '신대기원론'을 모노가타리에도 적용하여 받아들였던 헤이안시대의 일반적인 관점에서 출발한 것으로 보아 무방할 것이다.[3]

고대인들은 아득한 시대를 거치는 동안 자기 씨족의 조령(祖霊)을 '신'으로 생각하고 제사를 바쳤는데, 그 '신'이 원래의 지위로부터 정체불명의 존재로 전락했을 때 조령 이외의 영물(靈

---

3) 藤井貞和「蛍巻物語論」(『講座源氏物語の世界』5 巻, 有斐閣, 1984) p163

物)인 'モノ(=外神)'가 된다고 믿었다. 신성한 신앙으로 숭상되었던 '신'에 관한 전승 혹은 '가타리고토'로 불리던 고대전승이 신앙적 기반을 상실하고 'モノ'의 신비한 이야기, 전기적(伝奇的)인 이야기로 변하는 데에서 '모노가타리'가 발생한다. 그러나 이 같은 신앙적 배경이라는 것도 실은 고대의 정치사회제도의 변혁에 기인한 것이라고 볼 수 있다. 즉, 신성한 것으로 숭상되었던 씨족전승이, 씨족사회제도가 붕괴되고 고대 왕권국가가 성립하면서 이루어진 『일본기(日本紀)』와 같은 정사의 편찬과정에서 탈락되었고, 그것이 민간에 흘러나가서 그 시대와 사회의 새로운 생활 감정을 홍미위주의 전기적인 이야기로 담아가는 전개사 과정에서 '모노가타리'의 발생을 찾을 수 있는 것이다. 그런데, 이 논고에서 다루고자 하는 모노가타리문학은 문자문예인 까닭에 위와 같은 초기단계의 '모노가타리'만으로는 그 발생을 완전히 파악할 수 없는 것이다. 여기에는 '모노가타리'가 하나의 문예로서 자리 잡기 위해서는 무엇보다도 일본의 문자인 가나(仮名)의 발명을 기다리지 않으면 안 되었다는 사실과 또한 시간의 흐름에 따른 형태의 발전내지 변형까지도 포함해서 고려해 볼 필요가 있다.

먼저 모노가타리문학을 구체적으로 요약한다면, '헤이안시대에 씌어진 일본어 산문작품이며, 또 그것의 특색은 전기성에 있다'[4]고 하겠다. 8세기경, 만요가나(万葉仮名)보다 더욱 쉽게 일본어의 소리를 자유로이 표기할 수 있는 가나문자를 발명한 일본인들은 이것을 이용하여 전승의 문학세계를 뛰어넘어 상상의 세계를 폭넓게 다룰 수 있게 되었다. 작자의 내적 감성이 그대로

4) 三谷栄一『物語文学史論』(有精堂, 1965) p 70

표현되고 용이하게 전달되는 문자에 의해, 모노가타리는 비로소 허구의 세계까지도 그 영역을 넓혀갈 수 있었던 것이다. 이같이 문학작품이 문자의 창안으로 정착되고 전파되어 가는 헤이안시대에 가장 큰 발전을 이룬 장르가 바로 모노가타리문학인 것이다. 종래의 구송문예와 결별함과 동시에 한문학과도 결별함으로써 모노가타리는 진정한 의미에서 문학으로 성립하지만, 그것은 헤이안시대의 통념으로서는 어디까지나 사적 세계에서의 소일거리일 뿐, 정통문학은 될 수 없었다.[5] 이 점이 대부분의 모노가타리 작품은 한시문이나 와카와 달리 작자가 미상으로 된 이유라고 하겠다.

2) '우타가타리(歌語り)'에서 '우타모노가타리(歌物語)'로

'우타가타리'란 일상담화로서의 모노가타리가 어떤 고대의 와카나 당대의 와카를 둘러싼 전승과 결합되어 궁중 안에서 자연스럽게 발생한 것으로, 이것이 차츰 '우타모노가타리'로 발전해 나아감으로써 모노가타리문학의 기반을 이루고 문학사에 자리잡는다. 이에 관한 예를 먼저 『무라사키시키부슈(紫式部集)』에서 찾아보도록 한다.

> '가이누마 연못이라는 곳이 있습니다'고 누군가가 잘 들어보지 못한 이야기를 하는 것을 듣고, '그렇다면 그 가이누마를 제목으로 삼아서 와카를 읊어보기로 하지요'라고 해서 내가 읊은 노래
>
> 이 세상을 살아가면서 어찌 가이누마 연못 전승처럼 살아가지 않을

5) 秋山虔「物語文学誕生」(『王朝文学史』東京大学出版会, 1984) p9

것이라며 깊은 시름에 빠져 버릴 것인가, 너무나 깊다는 연못 바닥은 알 수 없어도

「かひ沼の池といふ所なるある」と、人の、あやしき歌語りをするを、聞きて、「こころみに詠まむ」といふ

世にふるになぞかひ沼のいけらじと　思ひぞしづむそこは知らねど

(『紫式部集』97)

위의 인용문은 가이누마라는 연못을 소재로 한 노래인데, 사서(詞書)에서 말하는 '우타가타리(歌語り)'는 바로 가이누마(かひ沼)라는 지명에서 연유하는 노래에 얽힌 전승을 가리킨다. 그것을 'あやしき'라고 불확실한 내용으로 규정지은 것은 이미 전승의 사실성이 흔들리기 시작했다는 증거로 생각할 수 있다. 이같이 헤이안시대의 '우타가타리'는 전적으로 사실에만 입각하지 않고 그 전파 과정에서 조금씩 허구성을 가미한 것이다.

よろづの御物語、文の道のおぼつかなく思さるることどもなど、問はせたまひて、またすきずきしき歌語なども、かたみに聞こえかはさせたまふついでに、　(賢木 2-124)

위의 인용은『겐지모노가타리』「사카키(賢木)」권에서 히카루겐지가 궁중의 스자쿠(朱雀)천황을 알현하고 오랜만에 근황과 학문에 관한 이야기로 형제간의 정을 나누다가 다시 사랑노래에 얽힌 흥미로운 가십이나 소문들을 주고받는 장면이다. 입에서 입으로 전해지는 구승 과정 가운데 '우타가타리'는 그 원형에서 벗어난 내용과 형태로 변화해 가면서 와카와 모노가타리가 함께 만나는 단계로 들어서는 것이다. 즉 헤이안 시대의

일상생활에 근거하면서 거기에 일정한 옛 노래들이나 당대의 노래와 관련된 전승들과 함께 궁중 안에서 자연 발생한 '우타가타리'는 고대 후기의 귀족사회에서 노래에 얽힌 이야기를 담고 시간의 흐름에 따라 다시 '우타가타리'로 발전해 나감으로써 모노가타리문학의 기반에 자리잡는 것이다.

'우타가타리' 가운데에는 모노가타리 식으로 설정된 상황에 맞추어 그 속의 인물이 처한 입장에서 노래를 읊고 그 노래를 설정된 상황과 함께 서술하는 방법으로까지 발전한 것도 있었으며, 이를 형식 분류상으로는 '우타모노가타리(歌物語)'라고 하는 것이다. '우타모노가타리'는 특정 작자가 창작한 '쓰쿠리모노가타리(作り物語)'와 구별하여, 『이세모노가타리』『야마토모노가타리(大和物語)』『헤이츄모노가타리(平中物語)』등, 노래에 얽힌 이야기들을 집성한 10세기경의 작품들을 가리킨다. 와카를 중심으로 한 전승 이야기 혹은 허구와 사실이 혼합된 노래 설화를 집성한 것인데, 헤이안시대나 중세에는 실제로 있었던 사실을 모노가타리로 꾸민 작품으로 간주되었다. 즉, '우타모노가타리'는 서정적인 노래가 불러일으키는 애감과 어울리는 어떤 실재인물을 선정하고 그의 삶의 행적을 서술해 가는 구성에 의해 흥미를 더하는 것이다. 이러한 방법의 '우타모노가타리'는 노래를 주고받는다든가 와카경합(歌合)을 개최한다든가 가집(家集)을 만든다든가 하는 행사나 풍류행위에 익숙한 헤이안시대의 생활 가운데에서 자연스럽게 성립된 것이라고 할 수 있다. 『마쿠라노소시(枕草子)』[6]나 『겐지모노가타리』에서도 그 장르로서의 '우타

---

6) 「人の語る歌物語、世のありさま、雨、風、霜、雪の上をも言ひたるに、をかしく興ある事もありなむ」(日本古典文学全集11『枕草子』) p467 이하. 『枕草子』의 인용은 앞의 책

모노가타리'를 확인할 수 있으며, 『에이가모노가타리(栄花物語)』의 '세상의 그림이야기를 수집해서 쓰시다(世の中の絵物語は書き集めさせ給ふ'(권3)이나 '돌아가신 나리어른의 우타모노가타리를 써서(故殿の歌物語を書き設けて'(권14) 등의 기술 역시 후지와라미치나가(藤原道長)와 같은 헤이안시대 귀족의 최고층에서도 '우타모노가타리'를 크게 수용했음을 알려주는 자료라고 하겠다. 천황, 관인, 문인들의 한문전은 당시 이미 나와 있었지만, 먼 옛날에 미남미녀의 주인공들이 자유로이 사랑하고 노래를 주고받았던 일로 설정하고 왕조적인 아취가 풍부한 '옛이야기(昔語り)' 형식의 '우타모노가타리'로 꾸며낸 것은 문학사상의 일대 진전이었다고 할 수 있다.

3) '쓰쿠리모노가타리(作り物語)'의 성립

'쓰쿠리모노가타리'란 전승의 이야기에서 소재를 취한 것이 아니라, 허구적 구상에 의해 제작된 창작문학을 가리킨다. 이것이 헤이안시대 중기에 많이 나온 '우타모노가타리'와 구분해서 별개의 문학 장르로 생각되었다는 사실은 『마쿠라노소시』의 다음과 같은 기사에서 확인할 수 있다.

> 暮れぬれば、まいりぬ。御前に人々おほくつどひいて、物語のよきあしき、にくき所などをぞ定め言ひしろ、凉、仲忠が事など、御前にもおとりまさりたる事仰せられける。(178)

에 의하며, 수자는 쪽수를 나타낸다.

이치조(一条)천황의 왕비 데이시(定子)의 시녀로 일했던 세이쇼나곤(清少納言)은 후궁 여성들이 『우쓰호모노가타리(宇津保物語)』의 남자주인공들인 스즈시와 나카타다를 두고 인물논쟁을 벌이곤 했던 일을 위와 같이 전하고 있다. 이 기사를 통해 이미 당시의 궁중을 중심으로 귀족계급에는 '쓰쿠리모노가타리'가 널리 보급되어 있었을 것으로 짐작해 볼 수 있다. 그리고 이 창작품들을 읽은 많은 여성들은 모노가타리가 사실의 변형이므로 전혀 사실무근이라고만 여겨서는 안 된다고 생각했던 것 같다. 그 좋은 예를 1절에서 언급한 『겐지모노가타리』의 모노가타리 문학론에서 찾아볼 수 있는데, 히카루겐지의 저택 로쿠조인에 거주하는 여성들이 장마가 계속되는 동안 제각기 모노가타리를 읽으며 무료함을 달래는 장면이 나온다. 특히 자신의 불우함을 번민하고 있던 다마카즈라(玉鬘)가 밤낮으로 모노가타리에 심취하는 모습이 다음과 같이 묘사되어 있다.

> 西の対には、ましてめづらしくおぼえたまふことの筋なれば、明け暮れ書き読み、営みおはす。つきなからぬ若人あまたあり。さまざまにめづらかなる人の上などを、まことにやいつはりにや、言ひ集めたる中にも、わがありさまのやうなるはなかりけりと見たまふ。(3 - 210)

위와 같은 정경을 지켜본 겐지가 과연 진실한 내용인지 거짓인지 구별하지도 않고 모노가타리에 빠져드는 여자들의 심리를 비웃자, 다마카즈라는 겐지와 같이 늘 거짓말에 익숙한 사람은 구별할 수 있겠지만 자신에게는 '쓰쿠리모노가타리'들이 모두 진실로 생각된다고 대답한다.

「げにいつはり馴れたる人や、 さまざまにさも酌みはべらむ。ただいとまことの事とこそ思うたまへられけれ」(3-210)

위의 예들을 보면 '쓰쿠리모노가타리'라는 것이 '우타모노가타리'와는 별개의 문학작품으로 간주되었음을 알 수 있다. 그러나 실제로 그것이 문학 장르 용어로서 사용된 예는 12세기에 이르러 『이마카가미(今鏡)』가 「つくり物かたりのゆくえ」라는 장을 만들고, 「またありし人の、まことにや、昔の人のつくり給へる源氏のものがたりに」라고 설명한 글에서 처음으로 확인된다. 따라서 '紫式部堕地獄説'이 나온 헤이안시대 말기부터 중세의 불교적인 '狂言綺語観'이 지배하는 무렵에 '쓰쿠리모노가타리'라는 말이 나온 셈인데, 여기에서 'つくり'라는 수식어는 불교의 가르침으로서의 '真言'이나 '実語'에 대해 '妄語' '綺語'의 의미라고 하겠다. 즉 쓰는 행위에 의한 장식내지 수식에 의한 표현이 곧 'つくり'라는 의미이며, 이것은 '기이'라는 용어의 의미에서도 잘 드러나고 있다.

3. 전승과 허구의 조화

『마쿠라노소시』의 「物語は」 단에는 '住吉、宇津保の類、殿うつり、月待つ女、交野の少将、梅壷の少将、国譲、埋木、道心すすむる、松が枝、こま野の物語、古きかはほりさし出でてもいにしがをかしきなり'(336) 라고, 헤이안시대 중기에 알려져 있던 모노가타리들의 이름이 나열되어 있다. 당시에 '쓰쿠리모노

가타리'로서 인기 높았던 작품들임을 짐작할 수 있는데, 여기에서 『다케토리모노가타리』의 이름이 빠져 있는 것이 주의를 끈다. 필자인 세이쇼나곤 정도의 박학한 사람이 그것을 제외한 것은, 뛰어난 재치를 발휘하며 누구보다도 앞서는 기발한 생각과 행동을 과시하던 그녀에게는 『다케토리모노가타리』가 고풍의 작품이어서 시대에 뒤떨어진 것으로 여겨졌기 때문이 아닐까? 그에 비해 『겐지모노가타리』의 작자 무라사키시키부는 「에아와세」권에서 『다케토리모노가타리』를 '모노가타리의 원조'라고 수식하고 '명성 높고 내력 있는' 『다케토리모노가타리』를 선택한 왼편팀의 겐지 측이 승리를 거두게 하고 있다. 이는 전승의 모노가타리를 뛰어넘어 또다른 상상의 세계를 꾸며낸 『다케토리모노가타리』의 허구적인 방법에 공감한 인식을 드러내는 것이라고 생각된다.

『다케토리모노가타리』는 천상계인 '하늘'에 살던 가쿠야아가씨가 지상계의 '땅'에 내려와 인간들과 부딪치며 일어나는 이야기를 내용으로 한다. 다시 말해 이 모노가타리는 고대의 '하늘과 땅'에 관한 사고방식이 지배하는 작품으로, 그것은 전승적 관념을 따르기는 해도 전승적인 구승문예 그 자체를 그대로 도입한 것은 아니다.[7)]

거기에는 한문학의 영향을 받은 것으로 추측되는 작자 나름대로의 문학관이 투영되어 있으며 헤이안시대의 보편적인 사고방식이 기저에 자리 잡고 있는 것이다. 그러한 작품을 전승의 세계로써만 전부 표현해 나갈 수 없었다는 것은 분명하다. 여기에서 모노가타리의 작자는 허구의 세계를 구축해 나가지 않을

---

7) 益田勝実「伝承から物語へ一竹取物語の成立」(『国文学』1985, 7)

수 없었던 것이다.

앞에서 이미 언급한 『겐지모노가타리』「호타루」권의 모노가타리 문학론은 작품이 창작되기까지의 이유를 다음과 같이 설명한다.

> その人の上とて、ありのままに言ひ出づることこそなけれ、よきもあしきも、世に経る人のありさまの、見るにも飽かず、聞くにもあまることを、後の世にも言ひ伝へさせまほしき節ぶしを、心に籠めがたくて、言ひおきはじめたるなり。よきさまに言ふとては、よき事のかぎり選り出でて、人に従はむとては、またあしきさまのめづらしき事をとり集めたる、みなかたがたにつけたるこの世の外の事ならずかし。(3-212)

작자가 알고 있는 각양각색의 세상사를 혼자만 묻어둘 수 없어서 사람들 앞에 표출하려 하는 의도에서 비로소 모노가타리가 나오게 된 것이라는 주장이다. 이는 『고킨와카슈』의 서문이 중국 시학에 의거하여 자연의 음성으로부터 신대의 가요로, '인간 세상'의 노래로부터 단가 형식으로 전개되어 온 그 연속과 전환의 역사를 열거하며, 자연발생적인 문학론을 펼치는 것과 동일선상에서 '인간 세상'의 표현으로서의 모노가타리 문학론을 피력한 것이다. 모노가타리의 작자가 좋은 일이건 궂은 일이건, 또 독자의 흥미를 만족시켜 주고자 진기한 내용의 궂은 일을 기록하려 하는 표현의식은 모노가타리의 내용을 파악함에 있어서 무엇보다도 중요한 본질적인 것이라고 할 수 있다. 그러한 의도에서 다루어지는 소재 모두가 이 세상에서 일어나는 일이라고 결론짓는 부분은, 모노가타리가 바로 있는 그대로의 현실이며, 허구는 현실이 아닌 한에서 이루어지는 것이라는 시각이다. 즉 주인공 겐지의 입을 빌려 작자 무라사키시키부는 모노가타리의 한계를 인정하는 동시에 그것의 허구성을 지적하고 싶었던 것 같다. 그러나 허구성을 인정하면서도 모노가타리는 어디까지나 인간 현실을 소재로 하는 것이며, 모노가타리가 문학작품으로서 지녀야 할 서정감을 진실하게 묘사하기 위한 수단으로서 허구의 현실을 설정하는 것이다.

さてもこのいつはりどもの中に、げにさもあらむとあはれを見せ、つきづきしくつづけたる、はたはかなしごとと知りながら、いたづらに心動き、らうたげなる姫君のもの思へる見るに、かた心つくかし。(3-212)

모노가타리 속에는 '거짓'이 씌어 있지만, 독자는 '거짓'으로 느끼지 않고 씌어 있는 그대로 것을 진실한 사실로서 의심 없이 받아들인다. 그것은 모노가타리 내용의 사실 여부를 떠나서, 유사 현실이 가능할 수 있다는 절절한 정감('あはれ')을 자아내어 그에 공감하도록 하는 것이며, 그 사실 여부 같은 것은 이미 고려의 여지도 없게 되는 것이다. 따라서 '거짓'이 씌어 있을 것으로 생각하면서도, 작품세계에 빠져 그 속에서 일희일비하는 것이 헤이안시대 여성들의 모노가타리 수용방법의 하나였다고 무라사키시키부는 생각했던 것이다.

이상에서 고찰해 본 모노가타리의 허구성은 제작상의 성격과 내용을 규정하는 동시에 이는 결과적으로 작품의 표현방법에서도 전승의 세계를 벗어나게 만들었다. 예를 들어, 『다케토리모노가타리』를 전후하여 모노가타리의 표현방법상의 변화를 본다면, 2장에서도 이미 언급했듯이 먼저 형식적인 표기상의 문제를 들 수 있다. 그 이전의 작품들은 한문으로 전통의 이야기들을 그대로 기술한 데 반해, 이후의 작품들은 전설을 축으로 한 허구의 내용을 가나 문자로 기록하여 읽어서 마치 이야기를 해주는 게 아닌가 하는 식으로 친근하게 문장어로써 모노가타리를 엮어나갔다.

모노가타리문학은 원래 역사적으로 고대전승담이나 구승문예로서의 '모노가타리' '우타가타리' 등을 모태로 해서 태어난 만큼, 산문문학임에도 불구하고 그 지문에 운율적인 요소를 많이 지니고 있다. 이는 뒤에 좀 더 구체적으로 다룰 향수 양식 즉 낭독을 전제로 하는 문제와도 관련되는 특징이라고 하겠는데, 산문과 운문이 서로 교차하면서 문장 전체에 변화와 긴장감을 주는 방식은 모노가타리 가운데의 서정적 기분을 높이는 데 유효한 것이다. 예를 들어, 산문형식의 『겐지모노가타리』에서는 대상의 인식을 통한 객관적 표현을 주로 해서 거기에 다시 작자 내지 전달자(語り手)의 운문적 표현을 어느 정도 더하는 식의 주체적 전달방법을 확인할 수 있다. 이는 언어의 소재로서의 대상을 문제로 삼을 뿐만 아니라, 언어를 구사하는 주체에 관해서도 고려하는 경향을 지니는 일본어의 특성에 연유하는 것으로, 『이세모노가타리』에서 대상적 인식을 취함으로써 보다 일본어다운 문장법의 가나문자로 기록한 사실이 그 좋은 예라고 하겠다.

이와 같이 모노가타리문학은 구송의 전승을 문자화했다는 단순한 것이 아니라, 오히려 문자에 의해 이루어지는 허구의 세계를 객관화하는 방법적 거점으로서 전승의 취향, 줄거리가 이용되었던 것이다. 이것이 바로 모노가타리문학을 전승의 이야기들과 구별시키는 중요한 점이라고 할 수 있다.

4. 모노가타리의 제작과 향수

1) 헤이안시대의 사회적 기반

헤이안시대의 가나표기 문예작품은 작자와 독자 양측 모두가 주로 여성들이었다. 모노가타리문학 역시 예외는 아니어서, 여성들의 요구에 의해 여성 작가가 제작하고 여성독자들에 의해 향수되었던 작품들이 현재 전해지고 있는 것이다. 그러면 남성들이 문학예술을 전담하던 다른 시대들과는 달리 여류문예시대라고 문학사에 한 획을 그을 만큼 여성들이 문화의 전면에 나서게 되었던 까닭은 무엇일까? 이 문제를 논함에 있어서 먼저 섭관제도를 통한 귀족정치라는 정치사회적 배경과 연결시켜 고찰해 볼 필요가 있다.

일부다처주의의 고대에는 한 명의 왕을 둘러싸고 여러 여성들간에 질투와 갈등이 끊임없었다. 일단 궁중에 들어가면 왕비의 지위에 오를 가능성은 누구에게나 있을 수 있으므로, 그 여성과 연결되는 세력 간에는 음모, 권력 쟁투가 이어졌다. 왕위계승을 둘러싼 타씨 배척, 동족간의 싸움, 형제숙질간의 다툼의 연속이라고 할 수 있는 고대역사는 헤이안시대 이후 후지와라(藤原)씨의 세력이 왕권을 대신하는 섭관정치시대를 맞이하게 되었다. 여기에서 헤이안시대의 문학을 가능하게 한 기반으로 섭관제도라는 지배구조를 꼽을 수 있는 것이다. 한마디로 섭관체제라고 해도 형식적으로는 나라(奈良)시대의 율령제를 골격으로 취하고 있어서 왕조의 사회를 유지하던 중심은 여전히 율령이었다. 그러나 10세기 중엽 이후 섭관직이 상설되고 왕권이 축소되는 반면, 후지와라씨의 권력은 점차 증대되어 감에 따라 문화 또한 왕실 중심에서 후지와라씨 중심으로 바뀌어 갔다. 그런데 이 섭관의 지위라는 것은 어디까지나 천황의 외척으로서 가능한 것이므로, 섭관에 오르고자 하는 경쟁이 심해지면 심해질수록 귀족들은 각각 그들이 관리하는 후궁의 문화적 고양에 힘을 쏟지 않으면 안 되게 되었다. 그 결과 헤이안시대는 일본사상 미증유의 여성중심 문화가 발전하게 되고 특히 이치조(一条)천황 이후 외척으로서 70여 년간 3대의 영화를 누렸던 후지와라미치나가(藤原道長)의 시대는 그 정점을 이룬다.

미치나가는 이미 이치조천황의 왕비로 있던 데이시(定子)를 몰아내고 자신의 딸 쇼시(彰子)를 그 자리에 앉히는 한편, 쇼시의 후궁문화 수준을 높이기 위해 후궁정책에 만전을 기했다. 그 결과 11세기 전후 약 반세기에 걸쳐 공전의 여류 문예시대가 도래한 것이다. 이미 9세기 중엽 궁중에 출사하여 헤이안시대의 '뇨보(女房)문예'의 선구를 이룬 오노노코마치(小野小町)를 비롯해서 이후의 이치조천황 시대의 뇨보 즉 궁녀들이었던 아카조메에몬(赤染衛門), 세이쇼나곤, 무라사키시키부, 이즈미시키부(和泉式部), 이세타이후(伊勢大輔) 등등의 여류작가가 배출된 것이다. 그 중에서 특히 무라사키시키부가 추구한 미의식 '모노노아와레(もののあはれ)', 세이쇼나곤의 '오카시(をかし)'는 헤이안시대를 뛰어넘어 오늘날까지도 일본의 대표적 문예이념으로 전해지고 있다는 사실을 생각하면, 헤이안 왕조 후궁문화의 영향이 얼마나 큰 것인지 잘 알 수 있다. 그런데 후궁정책은 상류계급뿐만 아니라, 당시 사회 일반의 풍습으로 확산되어서 여성의 지위가 크게 향상하고 교양도 풍부하게 갖추는 교육 분위

기를 만들었다. 따라서 궁중 밖의 사회에서도 중류귀족층을 중심으로 위에 언급한 바와 같이 일본문학사를 빛낸 많은 여류문학자를 배출하게 되었다.

헤이안시대의 문화가 여성들에 의해 주도되었던 또 하나의 원인은 결혼제도에서 찾을 수 있다. 당시는 남성이 여성의 집을 찾아다니면서 혼인관계를 유지하는 '妻問い婚'이 관습화되어 있었는데, 이 결혼제도 아래에서는 여성들도 상대 남성과의 의사소통에 필요한 와카나 문장 소양을 갖추고 있지 않으면 안 되었다. 그리고 집안에서 지내는 여성들이 일반 세상을 알기 위해서는 창작 모노가타리나 일기 따위를 읽어야 했고, 또 일부다처제로 인한 독수공방의 외로움을 글로 표출함으로써 달래고자 했던 것이다. 이 같은 사정에서 수많은 문학작품들이 제작되고 향수되었는데, 『마쿠라노소시』의 '若き人の、なにがし、くれがしの集、物語書きあつめ'라는 기사에서도 알 수 있듯이 궁중과 섭관가 등에서는 대규모의 책자 즉 모노가타리를 제작하고 가집과 모노가타리 종류를 필사하는 일이 유행했었던 것 같다. 『다이사이인사키노교슈(大斎院前の御集)』에는 모노가타리 제작을 전담했던 듯한 '모노가타리노카미(物語司)'라는 직분의 궁녀 이름이 보이고, 이가 중심이 되어 모노가타리의 신작과 구작을 교환해서 준비하는 등, 센시(選子)의 재원(斎院)에서도 모노가타리 향수가 활발하게 이루어지고 있었음을 알 수 있다.[8] 이러한 공식적인 모노가타리 제작에 관한 또 다른 예를 『무라사키

8) 『国歌大観』三巻 私家集編(角川書店, 1985) 「大斎院前御集」 96번 「物がたりのきよがきせさせ給ひてふるきはつかさの人にくばらせたまへば、ものがたりのかみ、みぶのもとにやるとてよものうみにうちよせられてねよればかきすてらるるもくづなりけり」

시키부일기』에서 확인해 보자.

> 御前には、御冊子つくりいとなませたまふとて、明けたてば、まづむかひさぶらひて、いろいろの紙選りととのへて、物語の本どもそへつつ、ところどころにふみ書きくばる、　かつは綴ぢあつめしたたむるを役にて、明かし暮らす。[9] (204)

중궁 쇼시의 어전에서 책자를 제작했었던 사정을 기록하고 있는 위의 인용문 속의 모노가타리란 바로 『겐지모노가타리』를 가리키는 것으로 보인다. 작자가 쇼시의 후궁에 출사하기 이전부터 작품을 집필하기 시작했고, 일기의 시점에서는 그 청서 작업이 진행되고 있어서 이를 섭관가의 주인 미치나가가 적극적으로 원조했을 것이다. 또 이미 살펴보았듯이 『겐지모노가타리』의 다마카즈라가 자신의 기구한 운명을 한탄하며 모노가타리를 제작하고 감상함으로써 그 슬픔을 잊고자 하는 장면은 비단 작품 속의 특정한 인물묘사에 그치지 않고 그 당시 상류사회 여성들의 일반적인 모습으로 이해해도 좋을 것이다.

다음으로, 헤이안시대가 왕실을 중심으로 운영된 철저한 계급사회였던 점도 여성들의 문학 참여를 촉진시켰던 요인으로 생각된다. 이는 물론 위에서 언급한 두 요인과 중복되기도 하지만, 문학작품의 제작자 즉 작자로 대상을 한정시켜 고려할 경우에 대부분 향수자로 남은 상류귀족층이 아닌 중류귀족층 여성들에게 시선을 돌려볼 필요가 있다. 여기에서 중류귀족층이라

---

9) 日本古典文学全集18『紫式部日記』(小学館, 1973) p204. 이하『紫式部日記』본문인용은 이 책에 의하며, 수자는 쪽수를 나타낸다.

함은 어느 정도 경제적 여유가 있어 교양을 갖출 수 있었던 국사(国司)[10] 계습의 수령층을 가리키며 그 자녀들 가운데에서 다수의 작가가 배출된 것이다. 최고층 귀족자녀들은 대개 어려서부터 왕후를 목표로 한 외형적 교육을 받고 있어서 정신적 도야를 체험한 뛰어난 작가는 나오기 어려웠다. 『겐지모노가타리』「하하키기(帚木)권」의 수령층 여성에 관한 담론(1-133)이나 「다마카즈라(玉鬘)권」에서 히카루겐지가 자신의 딸 아카시아가씨를 왕비로 만들려고 양녀인 다마카즈라와 차별교육을 실시하는 장면에서도 계급에 따라 교육을 달리 하여 자연히 서로 다른 인간으로 성장한 것을 알 수 있다. 즉 상류층 자녀들은 궁중 중심으로 영위하는 교토의 생활 속에서 시야가 좁아지는 데 비해, 부모를 따라 지방에서 거주해본 수령층 자녀들은 보다 넓은 세계의 생활을 이해하게 된다. 그리고 개인의 결혼생활과 궁중에서의 봉사 경험 등을 쌓고 교제나 외출 범위도 넓히면서 자유로이 깊이 있는 인생관을 가질 수 있었을 것이다. 특히 그들이 무엇보다 중요시했었던 연애에 있어서도 상류층 자녀와 달리 신분적 구속을 상대적으로 덜 받고 결혼상대를 선택할 수 있는 가운데 낭만적이고 정열적인 사고방식을 키우고 이는 다시 그들이 문학창작의 담당자가 될 수 있는 기반을 마련해 준 것이다. 그 결과, 『이세모노가타리』나 『가타노쇼쇼모노가타리(交野小将物語』와 같은 연애소설이나, 『이세슈(伊勢集)』『가게로일기(蜻蛉日記)』 같은 실연기, 『마쿠라노소시』『무라사키시키부일기』와 같은 후궁 궁녀로 일했던 여성들의 자부심과 번민을 적나라하게 기록한 자조(自照)문학 등등, 일본문학사에 전해지는 다수의 작

10) 조정으로부터 지방의 각 행정구역인 '구니(国)'에 파견된 지방관.

품들이 바로 헤이안시대의 후지와라씨 귀족정치시대에 쏟아져 나올 수 있었다.

2) 모노가타리의 창작 목적과 효용성

원래 '향수'라는 용어는 보통 '감상하고 즐긴다'는 협의로 '창작'과 대립되어, 주로 독자 측면의 문제로만 파악되는 경향이 있다. 그러나 그 의미를 좀 더 넓혀서 독자가 '향수'하는 행위의 대상으로 작품을 어떻게 받아들였으며, 다시 거꾸로 향수가 창조적 행위 속에 어떻게 섭취되어 가는지 바꾸어 말하면 그 '창작' 속에 어떠한 '향수'가 수용되었는지까지 포함해 고려할 필요가 있다. 따라서 모노가타리가 어떤 목적 아래 만들어졌으며, 그것은 어떠한 효용성을 지니는가 하는 문제는 작자측과 독자측으로 나누어 생각해 보아야 할 것이다. 이를 논하는 데 있어서 좋은 단서가 되어줄 예를 먼저 『무라사키시키부일기』에서 찾아보기로 한다.

> 年ごろつれづれにながめ明かし暮らしつつ、(中略) 行くすゑの心ぼささはやるかたなきものから、はかなき物語などにつけて、うち語らふ人、おなじなるは、あはれに書きかはし、少しけどほきたよりどもをたづねてもいひけるを、ただこれをさまざまにあへしらひ、そぞろごとにつれづれをばなぐさめつつ (208)

작자는 남편과 사별한 후, 망연자실한 상태에서 벗어나기 위해 '모노가타리' 즉 『겐지모노가타리』를 집필하기 시작한 경위

를 밝히고 있다. 자신의 존재 가치를 확인해 본다는 의도에서 모노가타리를 제작하고 그것을 주위 친지들에게 들려주어 평가 받았던 시절을 후궁 출사중인 현재의 시점에서 회고하는 일기 본문에서, 당시의 여성들에게 있어서 모노가타리의 제작이나 향수는 자신이 처한 현실을 그대로 방치하는 경지로부터 벗어나서 잊고 있던 자신의 존재성을 재인식하고 그것을 소생시키고자 하는 행위였음을 짐작할 수 있다. 작자가 모노가타리의 주인공 히카루겐지의 입을 빌려서 '日本紀などはただかたそばぞかし。これらにこそ道々しく詳しきことはあらめ'(3 - 206)라고, 『일본기』와 같은 관찬 국사서적까지도 무시하고 모노가타리야말로 인간의 도리를 잘 가르쳐 주는 것이라는 자부심과 기개를 지닐 수 있었던 것도 바로 위와 같은 창작 동기에서 가능하지 않았을까? 작품세계 속에 자신을 내던지고 몰두해 가는 자세는 비단 무라사키시키부라는 한 특정개인의 경우로 한정된 것이 아니고, 『다케토리모노가타리』와 같이 한문학이나 전승담의 영향권에서 크게 벗어나지 못했던 초기의 쓰쿠리모노가타리의 남성 작자들도 예외는 아니었던 것 같다. 신화가 아닌 인간의 삶을 있는 그대로 그려내기 위해 섬세한 인간심리의 심층에까지 조명을 들이대고 모노가타리의 작자들은 허구의 역사를 엮어내었던 것이다. 이렇게 작자가 그의 분신과 같이 전인격을 불어넣은 작품에는 당연히 작자의 감동이 생생하게 살아 있을 수 있고 그 감동은 다시 그대로 독자에게 전달되어 동일한 심정세계를 경험할 수 있었을 것이다.

一の巻よりして、人もまじらず、几帳の内にうち臥してひき出でつつ見るここと、后の位も何にかはせむ。昼はひぐらし、夜は日のさめたるかぎり、灯を近くともして、これを見る11)

위는『사라시나(更級)일기』의 작자 다카스에딸(孝標女)이 유모의 죽음으로 겪는 슬픔을 달래기 위해 모노가타리에 몰두하면서『겐지모노가타리』를 대하게 된 무렵을 회상한 부분이다. 동경해 마지않던『겐지모노가타리』전집을 입수해서 밤낮을 잊고 독파한 기쁨을 적고 있는 것도, 모노가타리의 세계에 쏟아넣은 작자 무라사키시키부의 감동이 크고 진했던 만큼 그것은 다시 그대로 독자인 다카스에딸에게 공감되었기 때문이 아니었을까? 그러나 이처럼 열렬하고 진지한 독자도 있지만, 헤이안시대의 대다수 독자들은 우선 홍미 본위로 모노가타리를 대했다고 보아야 할 것 같다. 다음의 인용문들은 당시의 상류귀족층 여성들이 폐쇄적 환경에서 생활하며 반복되는 일상의 무료함을 달래는 수단으로 모노가타리를 읽었던 사정을 전해 준다.

(1) 長雨例の年よりもいたくして、晴るる方なく、つれづれなれば、御方々、絵物語などのすさびにて、明かし暮らし給ふ。(螢3 - 204)

(2) つれづれなくさむもの　物語、碁、すごろく。三つ四つばかりなるちごの、物を言ふ、いと小さきごの物語したるが、ゐなどいふ事したる。くだ物。(枕草子 282)

(3) 世の中にものがたりといふもののあんなるを、いかで見ばやと思ひつつ、つれづれなるひるま、よひゐなどに、姉、継母なるやうの人の、その物語、かの物語、光源氏のあるやうなど、ところどころ語る

11) 日本古典文学全集18『更科日記』(小学館, 1970) p304

を聞くに、いとどゆかしさまされど、わが思ふままに、そらにいかでかおぼえ語らむ(『更級日記』 285)

(1)은 『겐지모노가타리』 「호타루」 권에서 작자가 겐지의 입을 빌려 모노가타리란 무엇인가를 논하기 시작하는 장면이다. 5월 장마비가 예년보다도 오래 계속될 무렵 답답한 분위기에서 로쿠조인 저택의 여자들은 모노가타리 그림을 보고 내용을 들으면서 우울한 심정을 달래는 정경을 묘사하고 있다. (2)의 경우 역시 헤이안시대의 보편적인 모노가타리 작품 향수방식을 확인시켜 주는데, 필자인 세이쇼나곤에 따르면 무료함을 달래는 좋은 방법 중의 하나가 모노가타리를 읽는 것이고 바둑이나 쌍륙(双六)과 같은 유희나 오락물과 동일시하고 있는 점이 모노가타리에 대한 또다른 독특한 시각을 드러내고 있다. (3)은 『사라시나일기』의 권두 부분으로, 어른들이 무료한 시간에 자연스럽게 모노가타리를 화제로 이야기의 꽃을 피우는 모습을 보고 어린 필자도 모노가타리의 내용을 알고 싶어 했었던 추억을 기사화한 것이다. 이처럼 모노가타리는 한가할 때 무료함을 달래는 유희나 오락의 한 방법으로 받아들여졌으며, 그같은 효용성을 전제로 하는 모노가타리문학의 제작과 향수에는 주로 여성들이 참여했었다고 보인다.

그러나 헤이안시대 모노가타리의 작자와 독자의 문제를 고찰할 경우, 그것이 전적으로 여성들에게 국한된다고 단정하기는 어렵다. 물론 당시의 사회적 배경 아래에서는 모노가타리가 자연히 여성들에게서 보다 더 환영을 받았을 것이 틀림없겠으나, 『다케토리모노가타리』의 작자가 그렇듯이 초기 쓰쿠리모노가타리의 작자가 거의 한문학을 하는 문인들이었던 전통은 시간이 흘러도 여전히 그들을 모노가타리문학과 만나게 했다. 다시 말해 비단 여성들뿐 아니라, 당시 지식인 계층의 남성귀족들 역시 모노가타리문학의 작자나 독자층이 되기도 했다고 생각된다. 예를 들어 『우쓰호모노가타리』의 작자에는 미나모토노시타고(源順)가 추정되고 있고, 헤이안시대 중기의 학문과 예술을 겸비한 대표적 인물 후지와라킨토(藤原公任) 또한 그 작품을 읽었었다는 사실을 그의 가집에서 발견할 수 있다.

> ゑんゆ院の御ときにや、うつほのすずしなかただといづれまされりとろしけるにしのなはしはすしか方にやありけむ、女一宮はなかただが方におはしけるにや、いづれをいるるなどあるに、物ないひそと仰せられければ、とも角もいはでおはしけるを、いひにおこせ給うければ、
> 奥つ波吹上のはまに家ゐして　独すずしと思ふべしやは12)

위의 사서(詞書)를 읽어보면, 궁중에서 『우쓰호모노가타리』의 주인공들인 스즈시와 나카타다 두 인물품평을 논하는 자리에서 의견이 달랐던 레이제이천황의 큰딸 온나이치노미야(女一宮)와 '시노나하시'가 긴토에게 그 판정을 요청하자 위의 와카로써 답하여 나카타다의 승리로 삼았다는 것이다. 예의 '시노나하시'를 남성의 이름으로 볼 수 있다면, 긴토를 비롯하여 궁중에서 일하는 여러 남성들도 모노가타리를 잘 알고 있었고 또한 즐겼었던 것으로 추정할 수 있다.

또한 소네요시타다(曾禰好忠)는 'ものがたりつくるるところ

12) 「公任卿集」『新国歌大観 3巻 私家集』530番歌

にてよめる'라는 사서 아래 「わがことはえもいはしろのむすびまつちとせはふともとけすとぞおもふ」[13]라는 노래를 지었고, 후지와라나카후미(藤原仲文)의 가집에는 「いにしへはとねりのねやのものがたり かたりあやまつ人ぞあるらし」[14]라는 노래가 실려 있어서 그가 「舎人のねやの物語」를 즐겨 읽었었음을 알려준다. 또 후지와라스케미(藤原輔相)는 「とむれどもいろはこからずみゆるかなわかむらさきにあればなるべし」[15]라는 노래를 지었는데, 이는 『겐지모노가타리』 「와카무라사키」권에서 어린 무라사키가 귀여워하던 참새가 날아가버린 장면을 머리에 두고 지은 것으로 생각된다.

시대가 조금 내려오면, 후지와라아키즈나(藤原顕綱)가 '源氏を人にかりてかへしやりける'라는 사서 아래 「いかばかりそでのぬれけむむさしののわかむらさきのつゆの消えがた」[16]라고 읊고 있어서 다른 이에게 빌려 읽을 만큼 남성으로서도 무척 『겐지모노가타리』를 좋아했음을 짐작케 한다. 이같이 당시 남성들도 널리 고전 작품들을 향수했는데, 그것을 하나의 문학적 논리로 발전시킨 사람이 바로 가마쿠라시대 초기에 활약했었던 후지와라토시나리(藤原俊成)이다. 그는 「六百番歌合」(1192)의 판사(判詞)에서 '源氏見ざる歌よみは遺恨の事なり'라고 와카를 짓는 사람에게는 『겐지모노가타리』가 필독서임을 주장했고, 스스로는 '겐지에 부치는 사랑(寄源氏戀)'이라는 제목으로 「うらみても猶たのむかなみをつくし ふかきえにあるするしとぞおもへば」[17]라는

13) 「好忠集」上同 586番歌
14) 「仲文集」上同 19番歌
15) 「藤六集」上同 13番歌
16) 「顕綱集」上同 41番歌

노래를 읊은 점에서도 겐지모노가타리에 대한 그의 경도를 충분히 살필 수 있다.

이상의 고찰을 통해 헤이안시대의 모노가타리 작품이라는 것은 비단 여성들뿐 아니라 남성까지도 포함한 광범위한 계층에 걸쳐 감상되고 향수되었었다고 말할 수 있을 것이다.

5. 향수 양상과 전파

1) 모노가타리와 회화예술의 만남

창작 모노가타리(作り物語)의 기반을 이루는 '우타가타리'는 원래 그림을 보면서 와카를 읊고 그 그림 속의 세계로 빠져 상상의 날개를 펼치는 식으로 향수되었다. 『야마토모노가타리(大和物語)』 147단은 『만요슈』 권9의 1801, 1802번 노래에 보이는 우나이오토메(菟原処女) 이야기 즉 이쿠타강(生田川) 전설을 소재로 한 것인데 이 슬픈 사랑을 들려준 뒤 다음과 같이 부연하고 있다.

> かかることどものむかしありけるを、絵にみな書きて、故后の宮に人の奉りたりければ、これがうへを、みな人々この人にかはりてよみける。[18]

위의 인용문에서는 우타(宇多)천황비 온시(温子) 중궁과 그

---

17) 「俊成集」上同 354番歌
18) 日本古典文学全集8『大和物語』(小学館, 1972) p382

후궁의 많은 궁녀들이 우나이오토메와 그녀를 둘러싸고 사랑을 다투었던 두 남자를 묘사한 그림을 보면서 각각 와카를 지었던 사정을 확인할 수 있다. 『겐지모노가타리』 「기리쓰보(桐壷)」 권에서도 가장 사랑하는 기리쓰보코이가 히카루겐지를 출산한 뒤 곧 병사하자 비탄에 빠진 기리쓰보천황은 밤낮으로 장한가(長恨歌)의 병풍가를 들려주는 '우타가타리'를 들으며 잠을 이루었다는 장면이 다음과 같이 묘사되어 있다.

> このごろ、明け暮れ御覧ずる長恨歌の御絵、亭子院の描かせたまひて、伊勢貫之に詠ませたまへる、大和言の葉をも、唐土の詩をも、ただその筋をぞ、枕言にせさせたまふ。(桐壷1-110)

그림을 보면서 그림 속의 인물 입장에서 읊어진 것으로 알려진 와카를 중심으로 이야기를 엮는 '우타가타리'와 '우타모노가타리'의 전통은 다시 '쓰쿠리모노가타리'로 이어져갔다. 모노가타리에 그림이 곁들여진다는 것은, 『우쓰호모노가타리』에 '에코토바(絵詞)'가 남아 있는 사실로도 알 수 있다. 특히, 『겐지모노가타리』 「에아와세」 권에서는, 그림은 고세가 그리고 글은 기노쓰라유키(紀貫之)가 썼다는 『다케토리모노가타리』와 그림은 쓰네노리(常則)가 그리고 글은 미치카제(道風)가 썼다는 『우쓰호모노가타리』를 두루마리그림 즉 에마키(絵巻)에 의해 평가하고 있다. 필사와 그림에 당대의 명인들의 이름이 오른 것을 보면, 모노가타리 향수에 있어서 작품 그 자체의 내용과 더불어 회화의 유무가 문제시되었다고 생각할 수 있겠다.

현존하는 『마쿠라노소시』 『겐지모노가타리』 『무라사키시키부일기』의 에마키는 후세의 것이지만, 그 작품들을 에마키로 만든다는 것은 원작가 생존 시부터 기획되었으며, 그것을 예상하고 글을 썼던 것이다. 짧은 작품은 그대로 에마키로 되었고, 장편은 모노가타리 책과 에마키가 별도로 제본되어 서로 대조하면서 감상하는 데 편하게 한다든지, 독립해서도 감상할 수 있도록 에마키에는 본문의 여기저기를 소재로 했다. 이러한 예로 미루어 모노가타리문학과 그림은 불가분의 관계에 있으며, 그것은 모노가타리 향수양식뿐 아니라 표현방법과도 기본적으로 관련되어 있었던 것이다. 모노가타리문학의 상상력을 자극하는 형식으로서 그림이 담당하는 역할은 초기부터 무시할 수 없을 정도로 중요했다. 회화의 본질을 공간적인 동시성에서 찾을 수 있다고 한다면, 문학의 경우는 시간의 선상성(線状性)에 의한 언어표현이라고 하겠는데, 모노가타리는 그 양자의 차이를 공존시키는 동시에 대립시키는 방법으로 살리고 있는 것이다. 현존의 모노가타리 대부분이 그와 관련되는 '에고토바'나 에마키 등을 남기고 있으며, 서문에서 언급했듯이 그러한 사실이 그림경합(絵合)이나 모노가타리경합(物語合) 등의 또다른 문화적 행사를 낳은 것이다. 모노가타리의 내용을 그린 모노가타리 그림을 다수의 팀이 경쟁하는 에아와세는 원래 중국으로부터 전래되어 헤이안시대에 모노가타리문학이 성립하는 것과 동시에 독자적인 전개를 펼쳐가면서, 글을 읽고 그림을 감상하는 식으로 글과 그림을 서로 짜맞추는 형태를 갖추게 되었다. 그러면 왜 문학작품 수요에 있어서 회화예술의 도움을 받는 방법이 강구되었던 것일까? 그 이유는 모노가타리 작자로부터 독자에게 전달되고 수용되는 장면과 양식에서 찾을 수 있다.

헤이안시대의 모노가타리 작자는 음성낭독으로 향수하는 독자와 항상 한자리에 있었다고 생각된다. 후대의 문학과 달리 창작된 작품은 필사 단계 이전에 먼저 작자의 입을 통해 독자에게 들려졌고, 그 자리에서 독자의 반응을 알아낼 수 있었다. 이러한 초기 수용방식은 모노가타리문학이 점차 넓은 범위로 보급되어 감에 따라 반드시 원작자와 독자가 함께 작품을 대할 수 없게 된다. 궁중이나 귀족들의 문학살롱 같은 장소에서, 한 사람이 모노가타리를 낭독하면 나머지 독자들은 낭독된 음성과 하나하나의 장면들을 묘사한 그림을 매체로 삼고 작품의 내용을 귀로 듣고 보조적 수단으로서의 회화에 의해 시각에 호소해서 이해하는 방법을 취했던 것이다. 이와 같이 헤이안시대 모노가타리의 향수양식을 살펴볼 때 회화예술과의 관련성은 반드시 고려되어야 한다. 그러나 회화는 어디까지나 부수적인 존재였고, 모노가타리 향수에서 차지하는 비중은 그다지 크지 않기 때문에 이를 제1의의적인 문제로 생각할 필요는 없을 것 같다.

2) 음독과 묵독

모노가타리의 향수양식을 고찰하고자 하는 경우, 모노가타리에 있어서 작자와 '낭독자(語り手)', 독자라는 삼자를 함께 생각해야 한다.

헤이안시대에는 그림이 곁들여지는 모노가타리를 흔히 소녀소설이라고도 부르고, 이는 집안에서만 자란 소녀들이 모노가타리를 통해 세상이치를 깨닫고 간접경험하기 위한 목적에서 향수되기도 했다. 그러나 그들은 모노가타리를 스스로 읽는 것

이 아니고, 다른 이를 통한 간접 독서로 작품 내용을 대하는 것이었다. 즉 이미 작품을 잘 알고 있는 주위 어른들이나 시녀들이 '낭독자'가 되어 들려주는 식의 독서였다. 이러한 독서양식의 특성에 주목한 것이 '모노가타리음독론'19)인데, 이에 따르면 문예작품으로서의 모노가타리는 음독에 의해 비로소 진정한 감상이 가능하다는 것이다. 무라사키시키부는 그의 일기에서 'うちのうへの、源氏の物語人に読ませ給ひつつ聞こしめしけるに'(246)라고 이치조천황이 겐지모노가타리를 시녀들에게 낭독시켜 들었던 사실을 기록하고 있어서 당시 천황까지도 음독에 의해 모노가타리를 향수했었던 사정을 엿보게 해준다. 또『겐지모노가타리』의 다음 장면들 역시 모노가타리의 향수가 일반적으로 낭독자와 청취자의 협동작업으로 이루어지고 그 중간에 회화가 감상을 돕는다는 음독론을 확인하게 한다.

童にはべりし時、女房などの物語読みしを聞きて、いとあはらに、悲しく、心深きことかなと、涙をさへなん落しはべりし。(1-145)

対には、例のおはしまさぬ夜は、宵居したまひて、人々に物語など読ませて聞きたまふ。(4-206)

昔物語などに語り伝へて、若き女房などの読むをも聞くに、必ずかやうのことを言ひたる、さしもあらざりけむ、と憎く推しはからるるを、げにあはれなるものの隈ありぬべき世なりけりと、心移りぬべし。(5-135)

絵など取り出でさせて、右近に詞読ませて見たまふに、向ひてもの恥ぢもえしあへたまはず、心に入れて見たまへる灯影、さらにここと見ゆるところなく、こまかにをかしげなり。(6-69)

---

19) 玉上琢弥『源氏物語研究』(角川書店, 1966) 등 참조

위의 인용문들에서 공통되는 바와 같이, 헤이안시대 상류귀족계급의 여성들은 일반적으로 음독에 의해 모노가타리를 감상했다. 다시 말해 궁중이나 귀족집안에서는 대부분 정감 있고 기품 높은 분위기의 내용이 아름다운 문체로 표현된 모노가타리를 골라서 이를 시녀와 같은 측근들의 리드미컬한 낭독을 통해 즐겼던 것이다. 이러한 향수방법의 경우는 원작자와 낭독자가 항상 일치하는 것이 아니어서, 원문의 내용을 들려주는 사람의 입장이나 생각, 듣는 사람의 입장에 따라 그 내용이 다소 원작과 달라지기도 했을 것으로 짐작해 볼 수 있다. 이에 비해, 모노가타리를 독자가 스스로 읽고 즐기는 묵독의 경우는 원작자의 작품과 거의 일치하는 내용을 대할 수 있었을 것으로 생각된다. 어려서 어른들 곁에서 뜻도 제대로 이해하지 못한 채 들었던 『겐지모노가타리』의 전집을 입수하고 탐독한 『사라시나일기』의 작자 다카스에 딸이 그 기쁨을 '人もまじらず、几帳の内にうち臥してひき出でつつ見るここと、后の位も何にかはせむ' 라고 표현한 기사는 혼자 작품을 읽은 경우이다. 성립초기부터 모노가타리문학은 연애나 결혼과 같은 여성들의 최대관심사를 그 내용으로 하고 그것을 읽음으로써 세상사를 간접적으로 경험 한다는 의도에서 전개되었던 사실에 관해서는 기술한 바 있다. 따라서 음독의 경우에도 그 같은 내용의 모노가타리는 다카스에 딸처럼 규방에서의 비밀스러운 '모노가타리'를 통해 읽혀지고 감상되었던 것으로 추측해 볼 수 있지만, 역시 침실의 '커튼을 내리고 다른 사람 몰래 혼자서' 읽는 묵독이 더 자연스러운 향수방식이었을 것으로 생각된다.

6. 맺는말

이상으로 헤이안시대의 모노가타리가 어떤 과정을 거쳐 발생하여, 어떤 창작주체에 의해 제작되고 어떤 양식으로 향수되었는지 살펴보았다. 그 내용을 정리해 보면, 먼저 모노가타리와 모노가타리문학은 어떻게 구분되어야 하는 점이며, 이를 모노가타리문학 발생과 연결해 알아보았다. 그리고 구승의 고대 모노가타리와는 다른 새로운 문학 장르로서 '쓰쿠리모노가타리'가 헤이안시대에 성립되어 허구의 문학세계를 창조함으로써 그 시대인들의 정신세계에 깊이 영향을 끼치고 향수되었던 사실을 확인했으며, 연구 방법으로는 『겐지모노가타리』와 같은 실제작품의 본문 등을 조사, 분석해 보았다.

모노가타리문학은 구승문예로서의 고대전승담인 '모노가타리'나 '우타가타리' 등을 모체로 해서 탄생한 역사적 배경을 지니지만, 그 전승의 한계를 뛰어넘어 또다른 문학세계를 창조해냈다. 여기에서 모노가타리의 허구성이라는 문제를 중심으로 고찰하여, 작품의 허구성이 그 작자의 창작 동기와 관련됨을 알 수 있었다. 즉 모노가타리의 작자는, 모노가타리를 대하는 독자와 함께 자신의 내적 감정세계를 공유하기 위해 전승담과는 달리 현실이 아닌 허구의 보편적인 인간생활을 가나문자로 기록한 것이다. 『다케토리모노가타리』 이후의 작품에서 볼 수 있듯이, 허구의 낭만성을 더하는 방법에 의해 현실비판적 낭만성이라 할 수 있는 내용으로 이루어진 모노가타리는 특히 여성을 중심으로 한 독자층의 관심을 끌기에 충분했다. 이와 같이 모노가타리 작자는 듣는 이 즉 독자와 맞서서 자신은 말하는 이 즉 작자가 되어 그 모노가타리의 세계를 함께 공유할 수 있는 독자를 향해 허구의 이야기를 전하는 것이다.

다음으로 모노가타리문학 창작에 있어서 작자와 독자가 함께 작품제작에 동시에 참여한다는 사실을 헤이안시대의 사회적 기반을 통해 살펴보았다. 후지와라씨의 섭관정치가 낳은 후궁문예의 한 방법이 바로 모노가타리문학의 향수양식을 결정했으며, 그것은 구체적으로 문학과 회화예술의 만남이라고 할 수 있다. '우타모노가타리'나 '쓰쿠리모노가타리'와 같은 모노가타리문학의 향수에서 낭독하고 들려주는 문제와 아울러, 그림과 같은 요소도 충분히 고려해야 할 필요성에 관해서는 이미 『겐지모노가타리』를 비롯한 여러 작품들이 증명하고 있다. 따라서 그 본문을 검토함으로써 창작 '쓰쿠리모노가타리'의 효시가 된 『다케토리모노가타리』 등은 후궁이나 중류 귀족계급층 독자들 사이에서 그림과 함께 감상되었음을 확인할 수 있었다.

본고에서는 주로 『겐지모노가타리』 전후의 헤이안시대로 고찰범위를 한정했으나, 모노가타리문학은 낭독과 청취의 관계를 유지했던 독특한 향수양식으로 인해 이후에도 보다 광범위한 계층에 걸쳐 창작되어 향수되고 전파되어 갔다. 따라서 헤이안시대의 제작과 향수의 실상이 후대의 문학 창작에 끼친 영향관계를 파악하는 것을 금후의 과제로 삼고자 한다.

Ⅱ. 이치조(一条)천황 시대의 문예집단에 관한 고찰

- 데이시(定子), 쇼시(彰子), 센시(選子) 후궁을 중심으로 -

1. 머리말

헤이안(平安)시대 중기부터 후기에 걸쳐 섭정·관백제도를 도입한 정치 권력 아래에서 일본 역사상 드물게 보는 여성 중심의 문예시대를 산출한 것은 이 시대의 가장 큰 특징이다. 섭정·관백에 오르는 자는 천황을 둘러싸고 경쟁하는 여러 후궁 가운데에서 가능한 자기편이 주목 받도록 다양한 방법을 고려했을 것이다. 이에는 후궁 문화 수준을 높이는 방법이 무엇보다도 효과적이었다. 이러한 권력층 측의 요구와, 그 권력을 구심점으로 하는 범위 안에서 자유로운 자기 표현을 기대한 집단, 즉 궁중 뇨보(女房)들의 움직임이 결부되어 소위 후궁문예가 성립한 것이다.[20] 이처럼 헤이안시대 문학과 예술의 온상이 되었던 후궁에 관해 그 정치사적 문화사적 중요성을 많은 선학들이 지적해 왔다. 그리고 『마쿠라노소시(枕草子)』- 세이쇼나곤(清少納言), 『겐지모노가타리(源氏物語)』- 무라사키시키부(紫式部)로 상징되는 데이시(定子)와 쇼시(彰子)의 후궁, 재원 문학의 정점을 이룬 센시(選子) 후궁이 정립한 이치조(一条)천황 시대의 여류문단 성립에 관하여는 많은 연구가 이루어졌다. 그러나 그 세 후궁에 관한 개별 연구가 대부분이고, 3자를 함께 비교해 보는 시도는 거의 찾아볼 수가 없는 것 같다.

20) 三谷栄一「後宮における精神生活」(『国文学』1963, 5)

『무라사키시키부일기(紫式部日記)』에 보면, 센시 재원의 추조노키미(中将の君)를 둘러싼 기사(「斎院中将の君の段」)[21]가 보이는데, 여기에서 일기의 작자는 대재원(大斎院)이 유명한 문예집단이라는 세평을 얻게 된 것은 어디까지나 그 리더인 센시내친왕 일개인의 재능과 공적이라고 말하고 그에 봉사하고 문예살롱의 구성원이 된 뇨보들에 대해서는 대항의식 내지 적대심을 드러내고 있다. 이 경우, 무라사키시키부는 상대방을 공격하기 위해 재원과 쇼시 후궁의 현실을 초래한 원인을 날카롭게 파헤치고, 연이어서 데이시 후궁에서 활약했던 세이쇼나곤에 대한 혹독한 비평을 펼친다. 그러나 이는 어느 개인에 대한 일방적 공격이 아니라, 공존하는 경쟁 후궁에 대한 비교를 시도한 것으로 보인다. 여기에서 재원 후궁만이 반드시 뛰어난 문학 집단은 아니라고 강조하는 무라사키시키부가 자신의 논리 증거로 와카(和歌)를 원용하는 점에 주목하게 되는데, 후궁 집단과 집단 사이의 상호비교에서 노래를 척도로 한다는 당시의 일반적인 관점을 엿볼 수 있다.

본고에서는 이치조천황 시대의 대표적 후궁 즉 중궁 데이시의 후궁, 중궁 쇼시의 후궁, 센시내친왕의 재원이 각각 하나의 문예집단으로서 어떻게 독자적인 활동을 전개하면서 후궁 상호간의 교류를 나누었는지 그 양상을 살펴보기로 한다. 고찰 방법으로서는 인물에 대한 개별 연구와 병행하여 각 후궁 뇨보들의 칙찬집 수록과 우타아와세(歌合) 참가라는 공적 평가와 활동에 관해 조사해 봄으로써 전체적인 비교를 시도하고자 한다.

---

21) 日本古典文学全集18『紫式部日記』(小学館, 1974) p230 이하『紫式部日記』본문 인용은 이 책을 따르며, 수자는 쪽수를 나타낸다.

2. 10세기 전후의 대표적 후궁

1) 데이시 후궁

세이쇼나곤의 후궁 출사가 993년에 시작되었다고 한다면, 이는 후지와라미치타카(藤原道隆)가 섭정이 된 지 3년째로, 그의 장녀 데이시가 이치조천황의 후궁을 독점하는 시기였다. 그 당시 데이시의 후궁에는 세이쇼나곤이나 후지와라시게스케(藤原重輔)의 딸 사이쇼노키미(宰相の君), 추나곤노키미(中納言の君)와 같은 재원들이 모여서 사교적이며 문예적인 살롱이 되는 데 크게 이바지하고 있었다. 그러나 미치타카가 995년에 급서하고 다음해에는 그의 아들 고레치카(伊周)가 가잔(花山) 법황에 대한 불경죄로 다자이후곤노소치(太宰府権帥)로 좌천했다가 1010년에 죽음으로써, 숙질간의 정권 투쟁은 결국 미치나가(道長)의 승리로 끝난다.[22]「구름과 안개가 파도처럼 솟구쳐서 갈라놓으니 다시 만날 길 험하여라(雲のなみけぶりのなみのたちへだてあひみんことのかたくもあるかな)」(『続古今集』835)는 데이시가 부친의 죽음과 형제들의 유배라는 고난을 겪던 끝에 스스로 출가했을 때 읊은 노래이다. 이처럼 미치타카의 나카노칸파쿠케(中関白家)가 완전히 몰락해 버리는 불운 가운데에서도 데이시는 여전히 후궁의 최고 어른다운 언동을 잃지 않았다.『마쿠라노소시』146단「故殿など小橋柾で、世ノ中に事出で来」[23]에 보면,

---

22)「右大臣(道長)内大臣於仗座口論宛如闘乱」『小右記』7월 24일조

23) 日本古典文学全集11『枕草子』(小学館, 1974) p278 - p293. 이하『枕草子』본문인용은 이 책을 따르며, 수자는 쪽수를 나타낸다.

집안의 몰락과 미치타카의 방해에도 불구하고 여전히 고고한 기품과 총명함을 지닌 데이시가 뇨보들의 의상까지 훌륭하게 꾸미고 중궁 어소의 품위를 유지하고 있는 정경에 미나모토쓰네후사(源経房) 등이 감탄하고 있다. 세이쇼나곤은 그러한 주군에 대한 찬미를 집필의 최대 목표로 하여 1000년 12월에 데이시가 별세하기까지의 사건들을『마쿠라노소시』에 기록하고 있다.

이치조천황의 중궁이었던 데이시는 1000년 2월에 좌대신 미치나가의 딸 쇼시가 중궁으로 입궐함에 따라, 전례 없는 황후의 지위에 오르게 된다.[24] 이렇게 하여 11년간의 후궁 생활을 마친 데이시는 친가와 외가 다카시나(高階)가의 예술적 혈통을 이어받고 한문학과 와카(和歌)를 겸비한 자질을 살려서 자신의 후궁을 가장 선진적인 문예집단으로 이끌어갔다. 세이쇼나곤이 자신만만하게 뇨보 생활을 긍정적으로 평가하고 있었던 것도 그러한 환경에서 자연스럽게 키워진 사고의 결과일 것이다. 데이시는 뇨보들이 평범한 와카를 짓는 수준에 만족하지 않고, 모노가타리 평론이나 자연과 인간, 문화를 소재로 논쟁하도록 유도하였다. 예를 들어 화려한 데이시 후궁의 전성기를 묘사한『마쿠라노소시』20단「清涼殿の丑寅の隅の」(84)을 보면 그녀는 여느때의 부드러운 모습과는 달리, 무라카미(村上)천황의 뇨고(女御) 호시(芳子)가 부친 후지와라모로다다(藤原師伊)로부터 '먼

24) 養老令後宮職員令：妃二員、右四品以上。夫人三員、右三位以上。嬪四員、右五位以上。宮人(謂、婦人仕官者之惣号也。職員。)『古事類苑』帝王部十九 皇后「皇后をきさきと云ふ、上古は天皇の御寢に侍するものを、汎くきさきと称し、其中にて嫡妻一人のみを大后と云ひしが、漢土の制を摸されてより、后の称は嫡后に止まり、御母を皇太后と云い、御祖母を太皇太后と云ひ、以上之を三后又は三宮と称す。立后には冊命を以てし、其式極めて厳かなりし。(中略)」해설참조

저 글씨를 연습하시오. 다음으로는 가야금을 어떻게 해서라도 다른 사람보다 잘하려고 하시오. 그리고 다음으로 고킨슈 스무권 노래 전부를 외울 수 있게 되는 것을 학문으로 하시오. (一には御手を習ひたまへ。次には琴の御琴を、いかで人に弾きまさむとおぼせ。さて古今二十巻をみな浮かべさせたまはむを御学問にはせさせたまへ)' 라는 교육방침을 들었다는 예를 인용하면서 뇨보들이『고킨슈(古今集)』를 암송하도록 엄격하게 지도하고 있다.

이치조천황은 슬기롭게 뇨보들을 격려하고 자극하는 데이시를 한층 사랑하게 되었고 이러한 사정은 머지않아 조정의 신하 사이에도 전해지면서 데이시 후궁의 평가가 더욱 높아져 갔을 것이다.[25] 그리고 그 같은 주군에 대한 평가를 알게 된 세이쇼나곤이 문화적 충격과 감동을 받고 사정을 자세히 묘사한 행간에서 우리는 천황의 총애 아래, 후궁문화의 선도 역할을 맡았던 데이시의 위상을 충분히 확인할 수 있는 것이다. 또한 데이시는 한시에도 조예가 깊어서『백씨문집(白氏文集)』의 세계를 동경했는데, 예를 들어『마쿠라노소시』138단「故殿の御ために、月ごとの十日」(271~273)을 보면 미치타카를 위한 법회가 끝난 뒷자리에서 후지와라나리노부(藤原斉信)가『혼초몬즈이(本朝文粋)』권14에 수록된 스가와라후미토키(菅原文時)의「月与秋期而身何去」(「菅三品」)를 읊어 고인을 추모하고 있는데, 이는『백씨문집』권26의「対琴待月」이라는 시의「与月有秋期」라는 구절에서 발상을 빌린 것이다.『마

25) 大洋和俊씨는 데이시가 이치조천황의 애정을 독점할 수 있었던 것은, 3대의 천황계보에 비추어 본 문화적 측면 즉『고킨슈』암송이라는 황실문화의 혈통에서 정당한 조건을 갖춘 왕비였기 때문이라고 분석한다.(「揺らぎの空間ー定子後宮と歌の<意味>」静岡英和女子学院紀要31号 1999,2)

쿠라노소시』 110단「二月つごもり、風いたく吹きて」(241-242)는 한문학과 와카 양면에서 명성 높았던 후지와라킨토(藤原公任)가『백씨문집』의「南秦の雪」에 따라「살며시 봄인 듯한 느낌이 드네(すこし春ある心地こそすれ)」라고 와카의 아래구절을 지어서 데이시 후궁에 건네는 내용이다. 이에 세이쇼나곤도 같은 한시를 인용해서「하늘이 싸늘하여 꽃과 같이 사방에 흩뿌리는 눈 속에(空寒み花にまがへて散る雪に)」라는 윗구절을 완성해 보내고 상대방의 반응을 알아본다. 그리고 이 정도의 학재를 갖춘 인물이라면 궁중 시녀로 추천하자고 한다는 소식을 전해 듣고 안도의 숨을 내쉰다. 이처럼 데이시 후궁의 뇨보들은 한시를 해득하고 언제라도 인용할 수 있다는 것이 바로 세이쇼나곤의 말하고 싶었던 바였을 것이다.

그러나 한편으로는 뇨보들에 대해 좋지 않은 시선도 있었던 듯한데, 21단「生ひさきなく、まめやかに」(91-92)는 후궁에서 일하는 뇨보에 대한 세간의 평가를 알아보는 좋은 자료가 된다. 세이쇼나곤은 이러한 세평이 여러 남성들과 직접 얼굴을 마주하지 않으면 안 되는 뇨보라는 직무를 이해하지 못한 편견 때문이라고 주장하면서 반론을 가하고 있다.『마쿠라노소시』의 많은 기사가 세이쇼나곤 자신이 단순히 뇨보라는 후궁 봉사자에 그치지 않고, 미치타카, 고레다다를 비롯한 나카노칸파쿠케의 남성들이나 그 집안을 드나들던 당대 최고층의 귀족들과 대응하면서 높은 교양 수준을 과시하고 문재를 떨쳤음을 증명해 준다. 그러한 세이쇼나곤의 활약상에 관하여 무라사키시키부는 그의 일기에서 '의기양양한 표정(したり顔)'에 '한자를 마구 써대고(真名書きちらしてはべる)' '풍류를 잘 아는 척하는(艶になりぬる)'(238) 사람이라는 식으로 폄하했던 것이다.

2) 대재원 센시의 후궁

센시 내친왕은 964년 무라카미(村上) 천황과 구조모로스케(九条師輔)의 딸 안시(安子) 사이에서 태어나서, 975년 가모(賀茂) 재원에 임명되어 1031년에 퇴임하기까지 헤이안시대 말기에 또 하나의 유력한 후궁문화집단을 이끌어갔다. 센시가 레이제이(冷泉), 엔유(円融), 가잔, 이치조, 고이치조(後一条) 5대 천황에 걸쳐 그 지위에 안정할 수 있었던 것은 무엇보다도 섭관정치 권력자와 인척관계였기 때문이라고 하겠다.[26] 그녀는 엔유천황의 여동생으로 태어나서 외숙 후지와라가네미치(藤原兼通)의 섭관 시대에 복정된 이후, 또다른 외숙부 가네이에(兼家)로부터 그 아들 미치타카, 미치나가, 요리미치(頼通)로 이어져 간 정권과 연결되어 대재원 고유의 기풍을 구축할 수 있었던 것이다. 이처럼 센시가 당대 최고층의 비호를 받은 자취는 예를 들어, 문예를 사랑하고 그 자신 재능을 발휘하면서 많은 가인들과 교류했던 엔유천황과 센시가 나눈 일련의 노래[27]에서도 확인할 수 있다. 센시가 왕실의 신에 봉사하는 몸이면서 동시에 불교에도 깊은 신앙심을 지니게 되었던 사정은 그의 가집『홋신와카슈(発心和歌集)』에 전해지고 있다. 예를 들면,「업보를 씻는 미타라시 물가의 거북이니 부처님 구원을 받지 못하네(業尽す御手洗河の亀なれば法の浮木にあはぬなりけり)」(『拾遺和歌集』1337)는 1004년 히가시산조인센시(東三条院詮子)를 위한 추모법회에 참석

26) 秋山虔『王朝女流文学の世界』(東京大学出版会, 1972) p198 참조
27) 56번, 57번은 상황이 찾아 주지 않음을 원망하는 센시의 답가와 엔유천황의 답가로 구성되어 있으며, 60번 역시 대재원의 노래로, 그에 대한 반가가 누락되어 있다.(桂宮本叢書20『円融院御集』)

하지 못하는 안타까움을 전한 노래인데, 이치조천황의 모후인 센시를 추모함으로써 궁중과 연결되고자 하는 의식이 엿보인다. 그리고 『오카가미(大鏡)』[28]와 『곤자쿠모노가타리슈(今昔物語集)』[29]도 대재원 어소가 문아한 정취를 느낄 수 있는 곳으로 주목 받아서, 귀족과 조정 신하들의 방문이 빈번했다고 기록하고 있다.

재원이라는 특수한 어소와 외부의 교류 실상을 밝혀 주는 가장 귀한 자료로 『다이사이인사키노교슈(大斎院前御集)』와 『다이사이인교슈(大斎院御集)』를 들 수 있다. 이들은 크게 센시 후궁 내부자들의 증답가와 외부자들과의 증답가로 구성되어, 집단적 성격을 지닌다. 먼저 『사키노교슈』[30]는 984년에서 986년에 성립되었지만, 당시 센시가 20세 무렵이었던 만큼 특별히 내세울 만한 성과는 없다고 생각된다. 이에 비해, 『교슈』에는 이미 40년간이나 가모 재원을 지켜온 센시의 무게가 그대로 담겨 있다고 하겠다. 이하, 두 작품집의 검토를 통하여 센시 문예살롱의 성격과 변모를 살펴보도록 하자.

『사키노교슈』의 23번, 24번, 25번 연작들은, 정월에 사흘이 지나도록 아무도 외부 사람의 방문이 없자 뇨보들이 실망하고 탄식하는 노래들이다.[31] 속세에서 격리되어 아오이마쓰리(葵祭)

28) 日本古典文学大系23『今昔物語』「右大臣師輔伝」p122-p123

29) 日本古典文学大系21『大鏡』「村上天皇御子大斎院出家語第十七」「村上ノ天皇ノ御子ニ御マス。(中略)斎院ニテ御マス間、世ニ微妙ク可咲クテノミ御マセバ、上達部殿上人不絶ズ参レバ、院ノ人共モ緩ム事無ク、打チ不解ズシテノミ有レバ、「斎院許ノ所無シ」トナム世ノ人皆云ヒケル。」p97-p99

30) 이하 『大斎院前御集』를 『前御集』, 『大斎院御集』를 『御集』라고 약칭한다.

31) 三日までまいる人ひとりなし、あしうもひとのまいらてくれぬるかな、まいるへきひとやはある、いとおほかる物を、などいふをきこしめして、かすみをふかみとふ人もなしといふ事をよませたまふ さい将

23「やまさとはふかきかすみにことよせて わけてとひくる人もなきかな」

등 중요한 신사 이외에는 세상과 교섭이 극히 적은 재원의 생활을 와카를 짓는 행위에서 위로받고 있는데, 주로 센시와 그의 뇨보, 재원사의 남성관리들이 일상적으로 접하는 자연미와 계절미를 제재로 하여 연작과 창화(唱和)에 의해 소박한 정취를 즐기고 있다. 외부인과의 증답 20조 가운데, 센시가 재원 안에서 후지와라사네카타(藤原実方)와 나눈 증답[32]을 제외하면, 가네미치의 4남 아사미쓰(朝光), 좌위문 미나모토시게미쓰(源重光), 가네이에의 아들 미치쓰나(道綱) 등 한정된 사람이 등장한다.

『사키노교슈』에는 '物語のかみ' '物語のすけ' '歌のかみ' '歌のすけ' 등의 별칭이 보이는데, 아마도 뇨보들이 각각 담당한 역할을 나타내는 것 같다. 이처럼 문예적 취향을 추구한 세련된 창작 활동이 차츰 외부에 알려지고 서서히 좋은 평판을 얻게 됨에 따라 센시의 어소에는 많은 궁중귀족들이 찾아와서 자유로이 풍류의 세계를 즐기는 순수한 문예살롱적 성격을 갖게 되었을 것이다.

다음으로, 센시 재원이 대재원이라는 세평에 합당하게 활발히 움직인 1014년에서 1018년까지 성립된 것이 『교슈』인데, 여기에 수록된 134수의 와카는 후기 재원 내부의 일상생활과 외부

進
24「かすみのみふかき山辺にいへゐして おほつかな(の)なけ□□るかな」
きこしめしいてゝ
25「はるはまたかすみにまかふやまさと ちちよりてとふひとのなきかな」

32) 二月十三日、むらさき野にて、朱雀院の御子日せさせ給に、院の人々みせさせ給、野にくるまともたてなめたるに、このくるまを とゝめて、実方の少将みおこするほとに、いひやる
44 むらの雲のおりゐるけふさへやこまつたなひくかすみたるらむ
少将、返し
45 むらさきの雲のたなひくまつらねはみとりのいろもことにみえけり

와의 와카 증답 활동의 실태를 보여 주는 귀중한 자료가 된다. 작품집 수록 와카면에서는, 센시와 뇨보들이 재원 생활을 증답과 연작 형식으로 표현한 것이 5분의 3에 해당하고, 재원과 외부인이 주고받은 노래가 5분의 2에 해당한다. 특히 센시 자신의 증답이 10조나 되어, 그 상대로는 미치나가의 두 아들이나 유키나리(行成), 사다요리(定頼) 등의 젊은 귀족들이 보이는데, 예를 들어 『교슈』의 2번은 미치나가의 5남 노리미치(教通)가 재원의 행사에 찾아와서 나눈 노래이다.[33)]

위와 같이 당대의 최고층 귀족남성들의 이름이 등장하는 『교슈』가 성립하기까지 센시 재원의 구성원들은 단조로운 생활 속에서 계절과 자연에 대한 감수성을 보다 섬세하고 풍부하게 키움으로써 그들의 문예성을 높이고 그 결과 그들의 와카 창작 활동이 동시대의 정취생활을 리드하게 되었을 것이다.[34)]

3) 쇼시 후궁

쇼시 후궁은 정선된 대규모 뇨보 집단으로 출발하여 다른 후궁을 압도하였다. 예를 들어 아카조메에몬(赤染衛門), 무라사키시키부, 이즈미시키부(和泉式部), 이세다이후(伊勢大輔) 등이 거의 동시대에 모여 있던 이곳은 칙찬집 수록이라는 공식 평가

---

33) むつきのふつかの日、人びとあまた参りて、むめがえにといふ歌をうたひしおりに、人に内よりかはらけさして
 1. ふりつもるゆきゝえやらぬ山ざとにはるをしらするうぐひすのこゑかへし 衛門かみ(教通)
 2. うぐひすのこゑなかりせば雪きえぬやまざといかで春をしらまし

34) 山上義実「大斎院前の御集、大斎院御集に見る王朝女性の生活と和歌」(「金城国文」74号, 1998, 3) 참조

측면에서 조사했을 때, 당대 최고의 문예 집단이라고 하겠다. 그러나 위의 몇몇 뇨보들을 제외한 일반적인 분위기는 그다지 활발한 것은 아니어서, 다른 후궁보다 가장 강력한 정치력의 지원을 받았음에도 불구하고 독자적인 문예 살롱으로 발전하지는 못한 것 같다. 그 원인을 번거로운 궁중의 다망함으로 돌리고 있는 『무라사키시키부일기』의 관련 기사를 검토함으로써 쇼시 후궁의 실상을 밝혀보기로 한다.

무라사키시키부는, 이미 『겐지모노가타리』의 작자로서 알려진 자신을 불러들이려는 미치나가의 기대에 부응해서, 그의 비호를 받으며 영락해 가는 집안을 재기시키려고 쇼시 후궁에 출사할 결심을 하였다고 한다. 그러나 시종 쇼시 후궁의 분위기에 적응하기 어려웠던 듯, 그의 일기 본문이나 가집에는 궁중생활에서 거듭되는 갈등과 상념들이 드러나 있다.[35)]『무라사키시키부일기』가 기록하고 있는 1008년경에는 이미 데이시도 사망한 후였기 때문에 더 이상 경쟁할 만한 후궁이 없는 좋은 조건하에서도 '중궁의 시녀들은 소극적이다. 그윽한 품위가 없다(中宮の人埋もれたり、もしは用意なし)'(232)라는 평을 들었을 때, 무라사키시키부의 잠재의식 중에 자리 잡고 있는 센시 재원의 명성이나 『마쿠라노소시』가 전하는 데이시 후궁의 활약상이 더없이 아쉬운 것이었을 것이다. 그러한 사고가 강하면 강할수록, 자연히 다른 집단과의 비교의식과 경쟁심도 강하게 드러나는 것이다.

---

35) 『紫式部集』의 「身を思はずなりと、なげくことの、やうやうなのめに、ひたぶるのさななるを、思ひける」 라는 詞書로 시작되는 55번 노래 「数ならぬ心に身をばまかせねど 身にしたがふは心なりけり」로 부터 66번 노래에 걸쳐 궁중의 분위기에 어울리지 못하는 자괴감과 번뇌가 표출되어 있다.

재원께서는 매우 정취가 있으시고, 거처 모습은 상당히 속세와 떨어져서 엄숙한 느낌입니다. 또한 세속사에 쫓기는 일도 없습니다. 이쪽 중궁님처럼 어전에 찾아뵙는다든가, 혹은 상감께서 이쪽으로 옮겨 오시고 머무신다든가 하는 떠들썩한 때도 없으며, 몸가짐이 저절로 풍아함을 가려서 취하는 그런 환경이 되었기 때문에, 온갖 우아함을 다한 그 가운데에서 어찌 경망하고 지나친 언동을 할 수 있겠습니까?

院はいと御心のゆゑおはして、所のさまはいと世はなれかんさびたり。またまぎるることもなし。うへにまうのぼらせ給ふ、もしは殿なむまゐり給ふ、御とのゐなるなど、ものさわがしきをりもまじらず、もてつけ、おのづから知りこのむ所となりぬれば、艶なることどもをつくさむなかに、なにの奥なきいひすぐしをかはし侍らむ。(231)

무라사키시키부는 일단 재원이 속세와 격리되어 청한한 장소에서 와카의 흥취를 이해하고 풍류 사교를 즐길 수 있는 어소임을 인정한다. 그리고 이어서, 쇼시 후궁 역시 재원과 같은 환경이라면 사정이 다를 바 없겠지만, 번거로운 어소의 사정상 쇼시 후궁이 무취미한 집단이 되었다는 주장을 펴고 있는 것이다. 양 후궁이 지닌 고유성 내지 이질성을 하나하나 거론하여 문화 환경의 차이를 설명하는 논리를 '詠歌の環境論'[36]이라고 말할 수 있다면, 여기서도 헤이안시대에 있어서 와카의 의의란 무엇인가를 생각하게 된다.

무라사키시키부는 자신이 중궁의 교양교사와 같은 역할을 맡는다는 자부심에서인지, 안온하고 소극적인 자세가 우선하는 분위기보다는 독자적인 가치와 창의성을 추구하면서, 섭관정치하의 후궁에서 일어날 수 있는 새로운 사태에 대응하고 이를

36) 萩谷朴『紫式部日記全注釈 下巻』(角川書店, 1973) p226

타개해 가는 융통성이야말로 뇨보가 갖추어야 할 능력이라고 생각한 것 같다. 실제로 그녀 자신이 동궁과 미치나가의 병환시에 여러 가지 역할을 해냈다는 기록[37]도 있는 만큼, 주군을 위해 일하려면 찾아오는 귀족들을 적극적으로 응대하고 때로는 그들과 우아한 와카를 나눌 수도 있어야 한다고 주장한다.

> 우선 예를 하나 든다면, 중궁 다이부가 찾오셔서 중궁께 아뢰올 말씀이 있었을 때, 너무 연약하고 어린 아이같으신 선배님들은 중간 역할을 하러 나와서 응대하시는 것이 힘듭니다. 또, 응대하러 나오셔도 아무것도 척척 말씀하실 수 있을 것 같지 않습니다. 말을 잘 못한다기 때문도 아닙니다.(중략) 내키지 않는다, 아무 얘기도 듣지 않겠다고 생각하고 얼핏이라도 모습을 드러내 보이지 않으려는 것입니다.
>
> まづは、宮の大夫まゐり給ひて、啓せさせ給ふべきことありけるをりに、いとあえかに、児めい給ふ上臈たちは、対面し給ふこと難し。また、あひても何事をか、はかばかしくのたまふべくも見えず。言葉の足るまじきにもあらず。(中略)あいなし、すべて聞かれじと、ほのかなるけはひをも見えじ。(235)

위의 인용문은 무라사키시키부가 간절히 바라던 바와는 정반대의 쇼시 후궁의 실상을 묘사하고 있다. 중궁대부인 후지와라 다다노부(藤原斉信)가 쇼시에게 무언가 드릴 말씀이 있어서 그 중개를 뇨보에게 부탁했으나, 소기의 목적을 달성하지 못한 일을 일례로 든 것이다. 섣부른 응대에 나섰다가 실수하느니 얼굴을 내밀지 않는 편이 낫다는 고참 뇨보들의 무사안일주의 자세

---

37) 『小右記』「長和二年五月廿五日、乙卯、資平去夜密々令参皇太后宮、令啓東宮御悩之間、依仮不参之由、今朝帰来云、去夕相逢女房、越前守為時女(紫式部)、以此女前々令啓雑事而已、彼女云、東宮(敦成親王)御悩雖非重、猶未御尋常之内、熱気未散給、亦左府聊有患気者」

를 비판한 것이다.

3. 센시 재원(斎院)과 쇼시 후궁의 대외적 문예활동

쇼시 후궁과 센시 재원은 미치나가 섭정의 비호 아래 공존한 집단이면서도 서로 상대방에게 어떤 경쟁의식 내지 적대 감정을 갖고 있었던 것 같다. 예를 들어, 무라사키시키부는 예의「斎院中将の段」에서, '재원 사람들이 지은 노래로 말할 것 같으면, 별로 뛰어나게 훌륭하달 것도 없다(斎院よりいできたる歌の、すぐれてよしと見ゆることに侍らず)'(230)라는 기사를 전제로 하여 대재원 어소와 쇼시 후궁의 우위비교론을 펼친다. 이 때, 양 후궁 비교의 관점을 풍류와 사교성 측면에 두고 있음은 전술한 바와 같고, 여기에서는 각 후궁의 문예적 성향을 칙찬집 수록과 우타아와세 참가 측면에서 고찰하기로 한다.

『칙찬작자부류(勅撰作者部類)』[38]를 참고로 조사해 보면 표1과 같은 결과를 얻을 수 있다. 『고킨와카슈(古今和歌集)』에서 『신쇼쿠고킨와카슈(新続古今和歌集)』에 이르는 13대 칙찬집에 수록된 여성작자는 쇼시 후궁의 11명, 대재원의 7명으로 나타난다. 여기에 두 후궁의 리더인 중궁 쇼시와 센시내친왕을 포함시키면 20명이 칙찬집의 작자가 되는 셈인데, 이를 개인별로 분류해 보면 먼저 중궁 쇼시는 『고슈이와카슈(後拾遺和歌集)』 이하 『신쇼쿠고킨와카슈(新続古今和歌集)』까지 총 26수를 남기고 있다. 쇼시의 노래는 대부분 증답가로, 그 가풍은 안온한 생애를 살았던 왕비

38) 校訂増補『五十音引勅撰作者部類』(国学院大学, 1902)

다운 온건하고 대범한 것이었다.[39] 다음으로 무라사키시키부의 경우를 보면, 『고슈이와카슈』부터 『신슈이와카슈(新拾遺和歌集)』까지 총58수가 수록되어 있으나, 『겐지모노가타리』에서 등장인물들이 지은 795수의 방대한 와카 역시 실제로는 그녀의 작품으로 간주해도 좋을 것 같다. 그 가운데 무라사키시키부 자작이 의문시되는 몇몇 와카를 감안하더라도, 서정과 지성이 잘 조화된 방대한 작품들을 남기고 있는 것이다. 그 같은 무라사키시키부의 노래와 좋은 대조를 보이는 것이 이즈미시키부의 와카 세계이다.

39) 上村悦子『王朝上流作家の研究』(笠間書院, 1975) p37

勅撰和歌集		三代集			五代集					十三代集													
作品名	人物名	古今集	後撰集	拾遺集	後拾遺集	金葉集	詞花集	千載集	新古今集	新勅撰集	続後撰集	続古今集	続拾遺集	新後撰集	玉葉集	続千載集	続後拾遺集	風雅集	新千載集	新拾遺集	新後拾遺集	新続古今集	総歌数
紫式部日記	中宮彰子				2	2		3	5		2	2			5		1		2	1		1	26
	紫式部				3			9	13	5	4	7	3		6	2	1	1	4	1			58
	和泉式部			1	71	4	16	21	25	14	16	3	6		34	7	5	7	4	4	4	3	24
	赤染衛門			1	32		8	6	10	1	6	3	4		6	2	2	5	1	5	1		93
	伊勢大輔				27		2		7	2	1	2			1	1	2		2	3		1	52
	讃岐宰相				1										1								2
	右　近	5	3				2																10
	大納言の君						1												2				3
	五節の弁																						
	小少将の君								2	2													4
	宰相の君				1																		1
	中将の君				5																		5
	左京の君				2																		2
大斉院前の御集	斎院			1	7	1	1	1	1	5	3	1	3		6								38
	進																						
	宰相										2												2
	馬(内侍)			4	13			3	8		1	2			1						1		39
	みぶ																						
	兵衛	2																					2
	右近																						
	少弐の命婦		2	3																			5
	修理			1						1													2
大斉院御集	中将の君				1			1							1								3
	中務の君				2										1			2					4
	大輔																						
	小大輔																						
	右近																						
	女別当																						
	少納言																						
	くちき																						
	みどり																						

作品名	人物	出場歌合
紫式部日記	中宮彰子	
	紫式部	
	和泉式部	*寛弘年間花山法皇歌合 *寛弘4年~5年前十五番歌合
	赤染衛門	*寛弘4年公任前十五番歌合 *長久2年弘徽殿女御生子歌合 *長元8年関白左大臣頼通歌合
	伊勢大輔	*寛弘4年~5年前·後十五番歌合 *長元5年上東門院菊合 *治安万寿頃或所歌合 *永承4年内裏歌合 *天喜4年皇后寛子春秋歌合 *永承5年前麗景殿女御延子歌絵合
	讃岐の宰相	
	右近	
	大納言の君	
	五節の弁	
	小少将の君	
	宰相の君	
	中将の君	
	左京の君	
大斎院前御集	斎院	
	進	*貞元2年三条左大臣頼忠前栽歌合
	宰相	*寛弘4年後十五番歌合
	馬(内侍)	*寛弘4年後十五番歌合 *貞元2年三条左大臣頼忠前栽歌合
	みぶ	
	兵衛	
	右近	*貞元2年三条左大臣頼忠前栽歌合
	少弐の命婦	*天暦10年坊城右大臣師輔前栽合
	修理	
大斎院集	中将の君	*寛仁元年大斎院選子内親王草合
	中務の君	
	大輔	
	小大輔	
	右近	
	女別当	
	少納言	
	くちき	
	みどり	

무라사키시키부는 동료인 이즈미시키부를 '이쪽이 부끄러워질 만큼 훌륭한 가인이라고는 생각되지 않습니다(はづかしげのうたよみやとは、おぼえはべらず)'(237)라고 부정했으나, 『슈이와카슈』 이하 총 248수가 칙찬집에 수록된 사실만으로도 이즈미시키부가 당대와 후대에 어떻게 평가되고 있었는지 충분히 알 수 있다. 지적 기교가 우선하던 『고킨와카슈』 시대에 보기 드문 자유로운 가풍으로 정념을 표현함으로써 이즈미시키부는 쇼시 후궁의 문예를 또다른 새로운 방향으로 고양시켰다 하겠다.

이즈미시키부에 대해서는 부정적이던 무라사키시키부가 '대수롭지 않은 경우 지은 노래도 그야말로 이쪽이 부끄러워지는 듯한 솜씨입니다(はかなきをりふしのことも、それこそはづかしき口つきに侍れ)'(237)라고 호의를 보인 것은 아카조메에몬의 경우이다. 쇼시의 뇨보들 가운데 최연장자였던 아카조메에몬은 『무라사키시키부일기』를 토대로 성립된 『에이가모노가타리(栄花物語)』의 작자로도 전해진다. 칙찬집 수록은 총93수이며, 1035년 「関白左大臣頼通歌合」와 1041년 「弘徽殿女御歌合」 출전 등, 만년까지 가단에서 활약했다.

위의 세 사람보다 조금 뒤늦게 쇼시 후궁에 들어온 이세다이후는 요리모토(頼基), 요시노부(能宣), 스케치카(輔親)로 이어지는 오나카토미케(大中臣家)의 전통을 지킨 가인으로 이름을 날리면서 쇼시의 만년에 고참 뇨보로서 활약했다. 그녀의 대표적인 작품 「그 옛날 영화롭던 나라 도읍지의 벚꽃이 오늘은 이 구중심처에 활짝 피었네(古の奈良の都の八重桜けふ九重に匂ひぬるかな」(『詞花和歌集』27)는, 신예 다이후가 가인으로서 재능이 있음을 알고는 무라사키시키부가 해마다 쇼시에게 벚꽃을 헌상

하던 역할을 다이후에게 양보하고 위의 노래를 벚꽃과 함께 바치게 했다는 경위를 밝힌 고토바가키(詞書)[40]가 있어서, 당시의 궁중 안에서 각 인물들의 위상과 역할을 짐작해 보는 데 좋은 참고가 된다.『고슈이와카슈』외의 칙찬집에 총52수가 수록되었고, 특히 1049년「永承四年内裏歌合」, 1050년「麗景殿女御延子絵合」「祐子内親王家歌合」, 1056년「四条宮春秋歌合」등의 경연에 참가하여 공식 노래(晴歌)를 남겼다. 그 외에도,『무라사키시키부일기』본문 가운데 이름이 보이는 쇼시 후궁의 뇨보는 적지 않으나, 칙찬집에 그 이름이 보이는 인물로는 讃岐の宰相(2), 右近(10), 大納言の君(1), 小少将の君(4), 宰相の君(1), 中将の君(5), 佐京の君(2)를 확인할 수 있다.

이상에서 알 수 있듯이, 칙찬집 수록이라는 측면에서 보면, 무라사키시키부, 이즈미시키부, 아카조메에몬, 이세노다이후 등, 당대 최고의 작가가 모여 있었던 것이 중궁 쇼시의 후궁이었던 셈이다. 그러나 왕조에서 공식 작가 활동의 장으로 인정되었던 우타아와세에 나가서 남성 가인들과 어울린다는 점에서는 그다지 괄목할 만한 성과를 내지 않았다.

그런데 표2에서 보면, 쇼시가 1032년「女院歌合(上東門院菊合)」와 같은 개인 행사 등을 개최하여 후궁 뇨보들의 문예활동을 촉진하게 된 것은 1026년 조토몬인(上東門院)이 된 이후의 일이다. 따라서 이 무렵에는 이미 세상을 떠난 것[41]으로 고려되

40)「女院(上東門院)の中宮と申しける時、内におはしまいしに、奈良から僧都のやへ桜を参らせたるに、「今年のとり入れ人は、今まゐりぞ」とて、紫式部のゆづりしに、入道殿(道長)聞かせ給ひて、「ただにはとり入れぬ物を」と仰せられしかば」

41) 今井源衛씨의 설에 따르면, 무라사키시키부가 죽은 것은 1014년 2월경으로 된다.(『紫式部』, 吉川弘文館, 1980)

는 무라사키시키부는 당연히 만년의 쇼시 후궁의 화려한 활약상을 모른 채 일기에 답답함을 털어놓지 않을 수 없었을 것이다.

다음으로 센시 재원의 활동을 검토해 보기로 한다.

『사키노교슈』의 총394수 와카 가운데 칙찬집에 수록된 것은 5수에 지나지 않는다. 그것도 12번 「산골 마을 벚꽃 색이 얼마나 아름다운지, 그 향기 찾아오는 휘파람새 없어라(山里の花のにほひのいかなれや香をたづねくるうぐひすのなき)」(『新勅撰集』1025)와, 25번 「봄은 또 안개에 길을 잃었는가, 산골마을 찾아주는 이 없구려(春はまた霞にまがふや山里を立ちよりてとふ人のなきかな)」(『後拾遺集』40), 340번 「거문고 소리 봄의 가락 너머 들리면 안개 끼는 하늘이런가 생각되네(琴の音の春のしらべききこゆれば霞たなびくそらかとぞ思ふ)」(『新勅撰集』1118) 3수가 센시의 작품으로, 256번과 384번의 사이쇼의 노래는 『신초쿠센와카슈』에 284번과 1117번으로 수록되어 있다. 무마노나이시의 경우는 『사키노교슈』의 노래가 칙찬집에 수록된 것은 없으나, 『슈이와카슈』 이하 『신고이와카슈』에 43수가 수록되어 그 당시의 대재원에서 가장 재능 있는 인물로 생각된다. 이 시대의 뇨보들의 우타아와세 참가 활약상을 조사해 보면, 먼저 1007년 후지와라긴토 주재의 「前十五番歌合」에 사이쇼와 무마노나이시가 참가하고 있는데, 이 행사에는 쇼시 후궁에서 아카조메에몬과 이즈미시키부가, 데이시 후궁에서 세이쇼나곤이 출전하고 있어서 세 후궁의 역량이 동시에 평가된 점에 의의가 있다고 하겠다. 그 밖에, 1029년 「前栽歌合」에 센시 후궁의 신, 무마노나이시의 이름이 보인다. 이상과 같이, 『사키노교슈』 시대의 뇨보들을 칙찬집 수록과 우타아와세 참가를 기준으로 살

펴보았나, 대체로 미미한 성과임을 알 수 있다.

『교슈』에 작품을 남긴 뇨보들 가운데, 칙찬집 수록은 겨우 나카쓰카사와 추조노키미 두 사람에 지나지 않는다. 나카쓰카사가 『고슈이와카슈』 이하 3수, 추조노키미가 『고슈이와카슈』, 『센사이슈(千載集)』, 『신고센와카슈』에 각각 1수씩 수록되어 있을 뿐, 다른 뇨보들의 노래는 보이지 않는다. 요컨대 칙찬집 편찬자들의 기준에서 고려해 보면, 『교슈』 당시의 뇨보들의 와카는 그다지 높은 수준이 아니었던 듯하다. 또한, 우타아와세 출전 상황은 현존 자료로는 알려진 바가 없다.

4. 후궁 간의 상호 교류

1) 중궁 데이시와 대재원 센시의 교류

데이시 후궁과 센시내친왕의 재원이 어떠한 관계를 유지하였는가를 알 수 있는 참고자료는 그다지 많다고 할 수 없으나, 예를 들면 주로 998년 섣달부터 다음해 정월까지 사건들을 다룬 『마쿠라노소시』 91단 「職の御曹司おはしますころ、西の廂に」에는 두 후궁간의 교류를 전하는 에피소드가 기록되어 있다.

> 그 날밤은 중궁님 곁에 있다가 다음날 아침 무척 일찍 물러나는데, 중궁 처소의 호위병장되는 자가 유자 잎 같은 짙은 녹색의 옷소매 위에 푸른빛 종이가 솔가지에 매어져 있는 것을 앞에 놓고 떨면서 밖으로 나왔다. '그건 어디서 온 것입니까' 라고 물었더니 '재원에서' 라고 해서,

순간적으로 경사롭게 느껴져서 중궁님 처소로 되돌아갔다.
중궁께서는 아직 침전에 계시므로, 안채 앞에 있는 격자를 바둑판 같은 것을 끌어다가 받침대로 삼아 혼자서 억지로 올리는데, 무척 무겁다. 혼자 들어올리는 것이어서 한쪽뿐이라 삐그덕 소리가 나자 잠을 깨시고 '왜 그러느냐, 고 말씀하셔서, '재원에서 편지가 왔으니, 어찌 서두르지 않을 수 있겠습니까' 라고 아뢰자, '그래서 이렇게 열심히 했구만' 이라고 말씀하시면서 자리에서 일어나신다.(중략)
답장을 쓰시는 중궁님의 모습 역시 너무나 훌륭하시다. 재원에 대해서는 이쪽에서 올리시는 편지나 답장도 역시 특별히 신경을 쓰셔서, 자꾸 다시 고쳐 쓰시곤 하고, 마음 쓰심이 드러나 있다.

うへにて局にいとどとうおるれば、侍の長なる者、柚の葉のごとある宿直の袖の上に、青き紙の、松につけたる置きてわななき出でたり。「そはいづこのぞ」と問へば、「斎院より」と言ふに、ふとめでたくおぼえて、返りまゐりぬ。
まだ御とのごもりたれば、母屋にあたりたる御格子を碁盤などかき寄せて、一人念じてあぐる、いとおもし。片つ方なれば、ひしめくに、おどろかせたまひて、「などさはする」とのたまはすれば、「斎院より御文の候はむには、いかでかいそぎ上げはべらざらむ」と申すに、「げにいとかかりけるかな」とて起きさせたまへり。(中略)
御返り書かせたまふほどもいとめでたし。斎院には聞えさせたまふも御返りも、なほ心ことに書きけがしおほく、御用意見えたり。(192)

세이쇼나곤이 어전 시중을 든 다음날 아침 일찍 자신의 방으로 돌아오려 했을 때, 정월 초하루가 마침 묘일(卯日)인 것을 계기로 재원이 중궁에게 액풀이의 '우즈치(卯槌)'를 산의 풀과 나무로 장식한 품위 있는 선물과 「산에 울려 퍼지는 도끼 소리가 어딘지 찾아보았더니, 정월 묘일을 축원하는 지팡이 소리였나이다(山とよむ斧の響きを尋ぬればいはひの杖の音にぞありけ

る」라는 노래를 보낸다. 이를 전해 받고 곧장 데이시 처소로 달려가서 전한 세이쇼나곤의 황급한 행동에도 불구하고, 재원에서 보낸 편지임을 안 중궁은 그래서 열심히 했구만이라고 수긍한다. 그리고는 몇 번이고 고쳐 쓴 편지로 정중히 예답했다는 것이다. 재원에 대해서는 늘 각별히 주의하여 예우하는 중궁 곁에서 세이쇼나곤도 자연히 주군의 태도를 따르게 된 듯, 대재원 측에 대한 무라사키시키부의 문체와는 성격이 다르다는 것을 인정할 수 있다. 『마쿠라노소시』 본문 가운데에서 센시 재원에 관하여 언급한 것은 이 짧은 기사밖에 없지만, 이것만으로도 두 후궁 사이에 흘렀던 친애감과 존경심의 농도를 충분히 짐작할 수 있지 않을까? 그러면, 주종 모두 재원에 대해 그와 같은 호감 일변도가 된 것은 무슨 이유인지 알아보기로 한다.

먼저, 대재원 센시와 중궁 데이시의 관계는 그 기풍의 공통점부터 짚어 보아야 할 것 같다. 앞서 인용한 예에서도 알 수 있듯이, 데이시는 『고킨와카슈』 등의 옛 노래에 심취하거나, 측근들과 한시문을 인용한 와카와 대화를 주고받는 문학적 교양을 갖추고 있었다. 또한 왕조의 다양한 문화에 조예가 깊었던 데이시는 뇨보들이 지닌 문예적 재능을 최대한 발휘할 수 있도록 장려하고, 남성 귀족들과도 적극적으로 교류하게 했다는 사실은 이미 살펴본 바와 같다.

그 같은 데이시 후궁의 풍류적이고 적극적인 기풍과 통하는 곳이 바로 센시의 재원이었다. 교토 서북쪽 무라사키노(紫野)에 위치하고 있어서 아름다운 사계절의 변화를 향수할 수 있는 지리적 조건과 더불어 당시 궁정 사회의 번거로움에서 벗어난 한적한 생활은 필연적으로 센시와 주변 뇨보들의 관심을 문학활

동 등에 쏟도록 하였을 것이다. 그러한 점에서, 환경은 비록 달라도 데이시와 센시 양 후궁은 유사한 지향성을 지니면서, 후궁생활 그 자체가 왕조시대의 고아함을 나타내는 '雅び'를 그대로 실현한 것으로 생각된다. 『마쿠라노소시』의 짧은 기사에 나타난 양측의 친밀감은 이렇게 서로 통하는 자 사이에서가 아니고는 볼 수 없는 것이 아닐까?

2) 중궁 쇼시와 대재원 센시의 교류

현존하는 몇몇 자료에 의하면, 쇼시 후궁과 센시 후궁 사이에도 상호교류가 있었고, 양자는 동시대에 좋은 경쟁상대로서 서로 자극했던 것 같다. 중궁 쇼시와 센시내친왕의 교제는 그 뇨보 집단간의 관계에도 영향을 끼쳤는데, 여기에서 양 후궁의 교류에 관하여 간단히 살펴보기로 한다.

대재원 센시가 미치나가뿐 아니라, 이전부터 나카노칸파쿠케(中関白家)와도 밀착관계를 유지하였다는 사실은 이미 언급하였다. 이처럼 정치 상황 판단에 예민한 감각을 지녔던 센시가 다시 당대 최고 권력가였던 미도칸파쿠케(御堂関白家)와의 관계에도 각별히 신경을 썼을 것은 쉽게 짐작해 볼 수 있다.

먼저 공식 기록상으로는 『미도칸파쿠기(御堂関白記)』의 몇몇 기사가 있으며, 예를 들어 1004년 4월 21일자에 「卄日。癸酉。近衛府使許。舞人下製送。中宮被奉斎院扇。云々」, 동2년 4월 21일자에 「五日。壬子。参所者。薬生指来。賜禄。従中宮。斎院被奉薬生。云々」, 동6년 7월 7일자에 「七日。庚申。(中略)従斎院。中宮。琵琶。琴等被奉。是其形也。入腹中扇等。使者仁久。馬を

捕留。給禄云々」라고, 미치나가가 쇼시의 후견자 입장에서 상세히 기록하고 있다. 여기에서 보면, 중궁이 먼저 재원에게 부채를 보냄으로써 두 사람의 교제가 시작되었던 셈인데, 센시로서는 쇼시가 중궁이라는 지위의 인물이기보다 당시의 최고권력자의 딸로서 중요하게 생각되었을 것으로 추측해 볼 수 있겠다.

『오카가미』에 보면, 미치나가의 아들 요리미치가 어렸을 때 재원의 '미소기(御禊)'에서 인도자 역할을 맡은 적이 있는데, 그 자리에 있던 센시가 별도의 준비를 못하여 자신이 입고 있던 웃옷을 벗어주며 답례를 하였다는 이야기를 전해 듣고 미치나가는 그녀의 기지를 칭송했다고 한다.[42] 또한, 가모마쓰리(賀茂祭)에서 재원의 행렬이 통과할 때, 미치나가가 아쓰나리왕자와 아쓰요시왕자(후의 고이치조, 고스자쿠천황)들을 들어올려 보이자, 센시는 가마의 장막 사이로 부채자락을 내밀어 인사하여 다시 한번 미치나가를 감동시켰다고 한다. 이 역시, 센시측에서는 미치나가에게 의지해서 자기 지위를 안정시키려는 의도였을 터인데, 미치나가측에서도 대재원 센시의 명성을 고려하여 자기편으로 만들려는 의도를 충분히 짐작해 볼 수 있다. 따라서 센시와 쇼시 두 후궁은 서로 호의적이었던 듯, 『겐지모노가타리』의 집필을 둘러싸고 양자의 교류가 있었음을 전해 주는 자료가 있다. 『가모재원기(賀茂斎院記)』에 보면, 센시내친왕이 쇼시에게 신기한 이야기 즉 모노가타리를 요청하자 쇼시는 무라사키시키부에게 명하여 『겐지모노가타리』를 저술토록 하였다는 것이다.[43] 이 자료들을 뒷받침하는 근거가 확실하지 않은 채, 고주

42) 日本古典文学大系21『大鏡』「師輔伝」p123

43)「選子在斎院之間。凡歴五代。当時称大斎院。選子善詠倭歌。嘗遣人于上東門院。

석서들도 언급한 것[44]은 그만큼 당시 쇼시 후궁과 재원이 상당히 가까이 교류했다는 것을 말하는 것이라고 생각된다.

다음으로 와카 측면에서 살펴보면, 쇼시측과 센시측은 두 차례 증답가를 나눈 것으로 된다. 예의 가모마쓰리에서 센시가 쇼시에게 지어 보낸 와카 「광채를 드러내는 한 쌍의 접시꽃과 같은 두 분을 뵈 온 후로는 제가 나이 먹은 것도 기쁠 뿐입니다(ひかりいづるあふひのかげをみてしよりとしへにけるもうれしかりけり)」(『後拾遺集』1107)에 대해, 쇼시를 대신하여 미치나가가 「계수나무 잎과 접시꽃 잎으로 꾸미는 아오이 축제날에, 이렇게 재원이신 당신을 만나 뵐 수 있는 것은 가모신의 크신 도우심 때문이겠지요(もろかづらふたばながらもきみにかくあふひや神のしるしなるらむ)」(『後拾遺集』1108)라고 답가를 보냈다. 또 1026년 쇼시가 출가했을 때, 센시는 「젊으신 그대마저 진실한 부처님의 길로 들어서시었거늘 이 내 몸 홀로 남겨져 무명의 어둠속을 헤매는가(君すらもまことの道に入りぬなり一人やなぎ闇にまどはん)」(『後拾遺集』1026)라고 불도에 전념할 수 없는 자신의 처지를 탄식하는 노래를 보내어 인사하고 있다. 이 노래에 대해 미치나가가 「부처님의 본고장에서 중생을 구원하기 위해 일본 땅에 나타나신 신을 모시는 그대여 어둠 헤매는 일 없을리니(あとをたれ人みちびきにあらはれてこの宮仕へ惑ひしもせじ)」라는 답가로 재원을 위로했다고 『에이가모노가타리』가 전한다.[45]

請見新奇之草子。於是上東門院命紫式部。新撰源氏物語以遣之」

44) 石田穣二校訂 巻一『河海抄』(角川書店, 1978) p186, 中野幸一編『花鳥余情』(武蔵野書院, 1978) p3

45) 新日本古典文学全集33『栄花物語』③(1998, 小学館) p64

위의 여러 예들로 고려해 보면, 센시와 쇼시는 미치나가라는 중개자가 존재함으로써 교제를 계속할 수 있었던 것 같다. 다시 말해, 양자의 친교는 중궁 데이시와 센시 사이에 흐른 인간성에 기초한 이해와 친애의 정과는 처음부터 다른 것이었다고 하겠다. 이는 기본적으로는 데이시와 쇼시의 개인적 성향에서 비롯했기 때문이었으나, 결과적으로는 그러한 주인을 따르던 후궁 뇨보들의 집단적인 기풍도 자연히 각각 독자적인 성격을 띠면서 친소관계를 유지했을 것으로 미루어 볼 수 있다.

5. 맺는말

이상으로, 헤이안시대 말기에 왕조문화의 전범을 이룬 이치조천황 시대의 대표적 후궁, 즉 센시내친왕의 재원과 중궁 데이시의 후궁, 중궁 쇼시의 후궁을 중심으로, 그곳에서 활약했었던 뇨보들이 상호 교류와 경쟁을 통해서 각기 독자적인 문예집단으로 성립해 간 양상을 살펴보았다.

섭관제도 아래 궁중에 불리어 들어간 뇨보들이 각 후궁의 문화 담당자로서 활약한 세계에서는 대타인 의식도 선명해질 수밖에 없었다. 즉, 각 후궁 내부에서는 물론이고, 동시대에 병존한 여러 후궁 사이에는 서로 호오(好惡)의 구별이 생기고, 경쟁심과 적대심도 격했을 것으로 보인다. 따라서 각 후궁은 서로 상대방의 실정과 문예활동을 파악하고 탐색함으로써 보다 창의적인 집단이 되고자 부단히 노력한 것으로 생각된다. 본고는 위의 세 후궁의 고유한 성격을 분석 검토하고, 동시에 삼자를 비교한다는 방법을 취했는데, 이 경우 비교의 기준을 와카로 한 것은 각 후궁 뇨보들의 작가 활동을 조사해 봄으로써 집단간의 비교와 개인의 우열이 어느 정도 드러난다고 생각했기 때문이었다. 그러나 남성 귀족들과 달리, 후궁 뇨보들에 관한 공식 기록은 거의 전해지지 않아서 고찰 대상이 된 모든 인물들을 확인하는 것은 어려웠다. 다만 와카에 관한 여러 자료 가운데, 가장 공식적 권위를 지닌 칙찬집과 우타아와세의 두 부문에서 실명을 남긴 인물을 일단 조사해 보았다. 그리하여 무라사키시키부가 그의 일기에서 거듭 역설하였듯이, 쇼시 후궁이 센시 재원이나 타 문예집단에 비해 결코 풍류와 재능이 없지 않다는 것을 확인할 수 있었다. 이는 단지 쇼시 후궁과 센시 재원 뇨보들의 와카를 수치상에서 비교한 것만은 아님을 의미한다. 무라사키시키부, 이즈미시키부, 아카조메에몬, 이세다이후와 같은 일본문학사상 대표적 여류작자들이 동시대에 동집단에서 배출된 사실의 배경에는 그들의 개인적 재능과 아울러 당시의 궁중사회에서 차지하는 특수한 위상까지 고려하지 않으면 안 된다는 것이다. 이와 아울러 무라사키시키부가 암암리에 경쟁의식을 날카롭게 드러낸 데이시 후궁의 경우는 특히 정치적 지원 아래 문화 역량을 최대한 발휘한 드문 예라고 하겠다. 요컨대, 후지와라씨 섭관 세력의 신장을 배경으로 하여, 여러 후궁들은 서로 경쟁하면서 제각기 하나의 문예 집단을 이루어 간 것이다.

제4장 『겐지모노가타리(源氏物語)』의 여성들
그 삶의 방향을 중심으로

1. 머리말

『겐지모노가타리』의 작자는 방대한 작품 속에 수많은 인물들을 등장시키고 특히 여자주인공들의 삶의 모습을 통해 과연 여성의 삶에 있어서 행복이라는 것이 존재하는지, 그리고 그 의미는 무엇인가를 추구한다. 후지쓰보(藤壷), 무라사키노우에(紫の上), 우쓰세미(空蝉), 아카시노키미(明石の君), 우지(宇治)의 오이키미(大君), 우키후네(浮舟) 등의 여성들은 막다른 상황으로 쫓기면서도 자신의 의지에 따라 새로운 삶을 개척해 가려 한다. 일부다처제의 헤이안시대에는 여성이 남녀간의 애정이나 결혼에만 묶여 사는 한 고통으로부터 자유롭지 못했고 바로 그와 같은 고뇌를 추구하는 것이야말로 바로 『겐지모노가타리』의 주제의 하나라고 할 수 있다. 제3부 「우지주조(宇治十帖)」에는 정편에서 무라사키노우에를 괴롭혔던 결혼생활의 불행함을 해결하려는 한 방법으로서, 결혼거부와 출가라는 형식이 제안되고 그 고뇌를 벗어나기 원했던 여성들이 등장한다. 예를 들어 제3부에는 오이키미가 끝내 결혼을 거부하다가 삶을 마치는 인물로 조형되어 있고, 우키후네는 두 남자 사이에서 방황하다가 결국 출가의 길을 선택하지 않을 수 없었던 깊은 고뇌의 과정이 서술되어 있는 것이다.

여기에서 모노가타리 본문을 중심으로 세 여주인공들의 삶의 자취를 더듬어보고 헤이안시대의 여성들이 '남녀간의 문제(世の中)'를 통해 경험한 숱한 상념들이나 절망감, 불안감 등등, 고뇌의 궤적들이 시간을 뛰어넘어 지금에 이르기까지 보편성과 유효성을 지닌다는 사실을 확인해 보고자 한다.

2. '행운의 여인'의 자기 발견기 – 무라사키노우에 이야기

1) '새로운 인연(紫のゆかり)'으로서의 등장

『겐지모노가타리』의 여성 주인공 가운데에서 그 일생이 모두 밝혀지는 인물은 무라사키노우에가 유일하다. 기타야마(北山)에서 히카루겐지(光源氏)의 눈에 띈 어린 무라사키는 마침내 「아오이(葵)」권에서 그와 신방을 꾸미게 된다. 이후, 그의 이상형 여성으로 성장하고 변신해 가는 프로세스에 의해, 소위 '히카루겐지모노가타리'의 진정한 여주인공의 위상을 유지한다. 따라서 무라사키노우에의 삶은 『겐지모노가타리』 그 자체의 구상이나 주제와 밀접하게 관련된다고 볼 수 있다. 특히 「와카나(若菜) 상하」권 이후의 제2부로 들어서면 무라사키노우에는 이전의 모노가타리의 세계를 넘어서서 온나산노미야(女三宮)의 강혼(降婚)과 관련하여 변용해가는 전개 가운데 '여자가 살아간다는 것이 얼마나 어려운가'라는 중요한 주제를 담당하고 그녀의 내면심리 갈등이 여지없이 묘사된다.

히카루겐지는 학질병 기도를 받기 위해 올라간 기타야마에서 어린 무라사키를 발견한다. 원래 어린 무라사키는 후지쓰보에 대한 이루어지지 않는 연정을 그대로 만족시켜줄 수 있을 듯한 외모와 자태가 히카루겐지의 시선에 감동적으로 박히게 된 것이다. 후지쓰보의 질녀라는 혈연적인 관계와, 무라사키의 불안정한 처지에 이끌리는 마음에서 겐지는 그녀를 자신의 사람으로 만들고자 한 것이다. 또한 자신의 모친 기리쓰보고이(桐壷更衣)와 무라사키의 모친이 모두 비슷한 사정으로 고인이 된 사실도 그가 이 소녀에게 이끌리는 큰 이유의 하나였다.

어린 무라사키의 외조모가 세상을 뜨자 겐지는 무라사키를 강제로 자신의 저택으로 데려와 이상형의 여성으로 양육해서 드디어 부부관계를 갖게 된다. 그런데, 「사카키(賢木)」권의 본문을 읽어보면, 겐지가 자신의 정념을 거부하는 후지쓰보 가운데에서 어린 무라사키의 환영을 발견하는 장면이 있는데 여기에서, '조금 괴로움이 덜어지는 듯한 마음'(2-102)[46]이라고 이미 무라사키노우에를 얻었다는 충족감을 토로하는 서술과 만나게 된다. 이같이 점차 겐지의 마음속에 자신의 존재를 각인시켜 가는

46) 日本古典文学全集『源氏物語』2 (小学館, 1970) p102. 이하『源氏物語』본문 인용은 이에 따르며, 수자는 권수와 쪽수를 나타낸다.

무라사키노우에는 더 이상 후지쓰보의 대역(形代)으로서만 존재하지 않는 것이다. 무라사키노우에가 후지쓰보의 연고자의 의의를 넘어서서 히카루겐지의 내면에서 진정한 여성으로서 확고한 위치를 점하기 시작한 것은 아카시노키미 등장 이후라고 하겠다.

「스마(須磨)」권에서는 모반혐의로 정치권력을 박탈당한 히카루겐지가 몸소 도읍을 떠나 스마로 내려갈 것을 결심한다. 출발에 즈음하여 겐지는 일체의 소유물을 무라사키노우에에게 위탁하는데, 이는 이미 무라사키노우에가 겐지의 인생에서 누구보다도 신뢰할 만한 동반자임을 의미한다. 겐지가 스마행을 결심한 분명한 이유를 모른 채, 무라사키노우에는 가장 소중한 겐지와 이별하지 않으면 안 되는 현실을 탄식하고 이것이 계기가 되어 더욱 겐지와의 연대감을 굳힌다.

2) 심정적 거리감

히카루겐지는 망명지인 아카시(明石)에서 아카시노키미와 알게 된 직후, 도읍의 무라사키노우에에게 보내는 편지 가운데, 자신의 배신을 순간의 실수라고 변명한다. 그 소식을 들으면서 무라사키노우에는 예사롭지 않은 마음으로 겐지의 새로운 사랑을 직관적으로 꿰뚫어보고 그에 대해 여지껏 지녀왔던 전면적인 신뢰가 서서히 무너져간다. 겐지는 아카시노키미가 딸을 출산한 소식을 들려주면서 '아이를 낳아주셨으면 하는 분은 안타깝게도 소식이 없고, 의외인 쪽에서 태어나니 유감입니다(さもおはせむと思ふあたりにはこころもとなくて、思ひの外に口

惜しくなん)'(澪標 2-291)라고, 무라사키노우에가 아이를 낳지 못하는 것이 애석하기 그지없다는 식으로 어디까지나 그녀를 치켜세우려 마음을 쓴다. 그러나 겐지가 말하는 도중에 아카시노키미와의 추억에 젖어 있는 듯한 모습을 보고 무라사키노우에는 평온하지 않은 기분이 든다. 그래서 혼잣말처럼 '나는 나다라는 생각에 침울하게 얼굴을 돌리고 예전에는 진실로 당신과 다정한 사이였었는데(我は我と、うち背きながめてあはれなりし世のありさまかな)' (澪標 2-292)라는 탄식을 내뱉는 것이다. 바로 이 시점에 이르러 무라사키노우에는 히카루겐지와의 사이에 마음의 거리를 인식하기 시작한 것 같다.

「미오쓰쿠시(澪標)」권 이후, 히카루겐지가 영화의 절정에 오름에 따라 무라사키노우에도 일단 모노가타리의 여주인공이 되고 있는 듯이 보인다. 그러나 겐지는 여전히 수많은 여성들과 만남을 계속함으로써 무라사키노우에가 '남녀사이'의 무상함을 통감하게 만든다는 구상을 확인할 수 있다. 즉 여주인공 자리에 안주해 왔던 무라사키노우에의 덧없는 신세가 새삼 화두로 떠오르는 것이다.

본문에 보면, 겐지는 후지쓰보가 별세한 이후의 비통함을 떨치기 위해, 이전부터 마음을 두고 있었던 아사가오(朝顔)공주와 만나려 한다. 그 일로 무라사키노우에는 현재와 장래의 자신의 처지에 대해 근본적으로 돌아보지 않을 수 없게 된다.

> '딱 관계를 끊는 듯이 대해 주시지는 않지만, 나는 전혀 이렇다 할 만한 신분이 아니어서, 오래 돌보아주시면 편안함 때문에 가볍게 대하시는 것이리라' 등등, 아무래도 좋은 일이니 오히려 귀엽게 원망의 말씀

도 올리시기도 하지만, 지금은 마음속 깊이 한스러운 심정이셔서, 그것을 얼굴빛에 드러내지 않으신다.

かき絶えなごりなきさまにはもてなしたまはずとも、いとものはかなきさまにて見馴れたまへる年ごろの睦び、あなづらはしき方にこそはあらめ」など、さまざまに思ひ乱れたまふに、よろしき事こそ、うち怨じなど憎からずきこえたまへ、まめやかつらしと思せば、色にも出だしたまはず (朝顔 4-479)

겐지는 작고한 기리쓰보천황의 질녀이며 가모재원(賀茂斎院)을 역임할 정도의 고귀한 신분의 아사가오공주에게 관심을 보이는데, 여느 때와 달리 이번에는 이 사태에 관해 별다른 이야기를 해주지 않는다. 여기에서 무라사키노우에는 지금까지의 겐지와의 관계를 회의하게 된다. 모노가타리는 무라사키노우에의 그같은 심경을 '안색에도 나타내지 않으신다'고 전하는데, 그것은 자신의 불안정함을 인식하고 내면의 갈등이 심각해질수록 자신을 곧추 응시하려는 자세가 아닐까? 이 사건은 결국 아사가오공주의 완강한 거부로 끝나버리지만, 무라사키노우에와 겐지 사이에는 이미 메울 수 없는 간격이 벌어지기 시작한다.

3) 영화의 뒤편에 그림자 드리우다

아카시노키미가 출산한 딸의 장래를 생각하면 무라사키노우에에게 양육을 위탁하는 편이 현명하다는 겐지의 정치적 판단에 따라 무라사키노우에는 어린 아카시노히메를 양녀로 맞이하여 오랫동안 황비후보에 어울리게 양육했다. 이 양녀가 동궁에 들어가게 되었을 때에는 뇨고(女御)에 준하는 융숭한 대우를 받고 로쿠조인(六条院) 안주인의 칭송을 받게 되지만, 무라사키노우에의 내심은 그렇게 담백하지만은 않았다. 그것은 애정으로 키워낸 양녀를 떠나보내고 난 뒤의 섭섭함이나, 상대적으로 친딸에 의해 빛을 보게 되는 아카시노우에에 대한 선망 등이 복잡하게 얽힌 것이었다. 「후지노우라바(藤裏葉)」권까지의 본문 행간을 읽어가면, 아카시 일족의 집념의 결실이라 할 수 있는 이 경사스러움을 수동적으로 맞이할 수밖에 없는 사람으로 조형된 무라사키노우에를 발견할 수 있다.

「와카나(若菜)」 이후의 제2부로 들어서면, 남녀사이의 무상함과 인간의 근원적 고독 앞에서 필사적으로 자제하면서 내면적으로 변용해 가는 무라사키노우에를 만나게 된다. 온나산노미야 공주가 겐지와 혼인하는 것은 헤이안시대 현실에서 지극히 당연한 일로, 정처격 대우에 안주해 온 '행운의 여인(さいわひ人)'(須磨 2-172) 무라사키노우에에게 정실의 자리 양보를 요구하고, 자기입장을 다시 세워야 한다는 과제를 던진 것과 다름없다. 겐지는 지금까지 무라사키노우에를 로쿠조인의 안주인과 같이 대우해 왔으나, 천황에 버금가는 지위(前太政大臣准天皇)에 오른 자신의 정처로서는 인정하기 어려워서 결국 온나산노미야를 맞이하게 된 것이다. 겐지가 자신을 의식하면서 이 혼인에 관해 전후사정을 설명하기 시작했을 때, 무라사키노우에는 극히 침착한 태도를 유지했는데, 이는 현명한 그녀가 자신을 둘러싼 객관적 정세를 잘 인식했기 때문이다.

'이처럼 하늘에서 떨어져 내린 듯 한 일로, 대감께서도 피하려 해도 여의치 않았던 것이었으니, 밉살스럽게 말씀드리지는 말자. 내 마음을 염려하시고 또 내가 간언드리는 것을 따르실 만한, 당사자들끼리 서로 마음에서 일어난 사랑이라는 것도 아니고. (이 결혼은)막을 도리가 없지만, 어리석게 멍하니 근심에 빠져 있는 모습을 세상 사람이 모르게 하자. 시키부쿄노미야의 부인이 늘 저주하는 듯이 말씀하셔서 그 별것 아닌 (히게구로)대장 일로도 유난하게 원한을 말하고 질투하신다는데, 이런 일이 일어났다고 듣고 얼마나 그것 보아라 하고 생각하실 건가' 등등, 너그러운 성격이시라고 해도 어찌 이 정도로 좋지 않게 생각하지 않을 수 있을 것인가?

心の中にも、「かく空より出で来にたるやうなることにて、のがれたまひ難きを、憎げにも聞こえなさじ。わが心に憚りたまひ、諌むることに従ひたまふべき、　おのがどちの心より起これる懸想にもあらず。堰かるべき方なきものから、をこがましく思ひむすぼほるるさま、世人に漏りきこえじ。式部卿宮の大北の方、常にうけはしげなることどもをのたまひ出でつつ、あぢきなき大将の御事にてさへ、あやしく恨みそねみたまふなるを、かやうに聞きて、いかにいちじるく思ひあはせたまはん」など、おいらかなる人の御心といへど、いかでかはかばかりの隈はなからむ。(若菜上 4-53)

하늘에서 떨어진 듯한 이 사태에 자신은 책임 없다고 스스로 설득해본다. 그리고 속으로는 자신과 히카루겐지 사이가 변하는 것을 우려하고 밖으로는 세상 웃음거리가 되지 않도록 고려하는 것이었다. 이전과 다름없는 자신을 보여주며 살아갈 것을 강요당하는 무라사키노우에는 여자로서의 질투, 겐지에 대한 불신감을 억누르고 온나산노미야와의 대면을 자청하는 등, 최선의 노력을 다한다. 이처럼 냉정하게 사태를 극복하려 하는 무라사키노우에의 사유에는 비로소 자신의 처지를 직시하고 다른 사람의 웃음거리라는 최악의 위기의식을 깨닫는 점에서 새로운 처세 방도를 생각해내는 『겐지모노가타리』의 여주인공들의 특징을 짚어볼 수 있다.

4) 상념과 고뇌의 피안으로

무라사키노우에는 자신의 위상이 서서히 내려가는 것을 깨닫고 애정으로만 연결된 남녀관계에 대한 깊은 불안과 고뇌로 번민한다. 정치적 후견이 없는 무라사키노우에가 수많은 여성들을 물리치고 지금의 위치까지 오르기 위해서는 오직 자기자신의 노력에 기댈 수밖에 없었다. 「와카나(若菜)하」권의 온나가쿠(女楽) 행사에서 와곤(和琴) 연주야말로 그같은 노력의 결정이었던 것이다. 이 행사가 끝난 후, 히카루겐지는 영화와 우수가 교차했던 자신의 반생을 술회하고 무라사키노우에에게 '남달리 뛰어나게 행운이었다는 것을 알고 계시는지(人にすぐれたりける宿世とは思し知るや'(若菜上 4-198)라고 묻는다. 무라사키노우에는 겐지의 말을 물리치듯이 우수야말로 자신을 위한 기도이며 인생의 의지처였다고 대답한다. 무라사키노우에의 행운을 자신의 공이라고 생각하는 듯한 겐지의 주장은 그야말로 아내의 내면을 지켜보지 못한 요설이라고 하겠다. 자기가 불리한 상황을 벗어나기 위해 혼신의 힘을 쏟은 행사 직후에 무라사키노우에는 발병하고 만 것이다.

'과연 말씀하신 대로, 보통 사람과 다른 숙세를 지닌 몸이지만, 다른 사람들은 도저히 견딜 수 없고 만족할 수 없는 근심 걱정에서 벗어나지 못하는 신세로 끝나버리는 것일까? 딱한 노릇이로다' 라는 등의 생각을 내내하다가 밤늦게 자리에 누우신 그 다음날 새벽무렵부터 가슴에 병이 나셨다.

げに、のたまひつるやうに、人よりことなる宿世もありける身ながら、人の忍びがたく飽かぬことにするもの思ひ離れぬ身にてややみなむとすらん。あぢきなくもあるかな」など、思ひつづけて、夜更けて大殿籠りぬる暁方より御胸を悩みたまふ。(若菜下 4-203)

온나산노미야와 혼인한 이후 겐지가 거의 밤에 찾아오는 일이 없게 되면서, 무라사키노우에는 고독과 고뇌의 시간을 보내지 않을 수 없었다. 뒤늦게 청천벽력 같은 사건과 맞서게 된 자신은 다른 사람보다 뛰어난 행운을 누렸으나 결국은 다른 사람이 견디기 힘들어하는 우수에 찬 신세로 끝나버리는 것인지 절실히 통감한다. 이처럼 자신의 존재성에 대한 불안감이 극도에 달한 결과 발병하고 만 것이다.

무라사키노우에는 이전부터 '인간 세상은 실로 무상한 것이니 어찌 근심걱정만 하고 있을 것인가((世の中もいと常なきものを、などてかさのみは思ひ悩まむ)' (若菜上 4-61)라고, 남녀간의 애정뿐만 아니라 인간관계 그 자체가 무상함을 깨닫고 자신의 운명을 바라보게 되면서 내 행복은 여기까지라는 결론 끝에 출가를 원하게 된다. 그러나 그마저 겐지의 반대로 인해 실현할 수 없게 되고 상념과 고뇌를 거듭하며 도달한 체관의 경지는 그녀가 혼신의 힘으로 노력하여 얻은 성과에 지나지 않았다.

> 여자만큼 처신하기 어렵고 애통한 것이 있을까? 사물의 깊은 정취나 흥미롭고 풍류적인 때조차 전혀 모르는 듯이 들어앉아서 차분히 있어서는 무엇으로 이 세상을 사는 영광스러움을 맛보거나, 무상한 세상 가운데 무료함을 위안 받거나 할 수 있다는 것일까? 대체로 사물의 정리도 모르고, 보잘것없는 사람으로 여겨져서는 기껏 어엿하게 사람 구실하도록 키워 놓은 부모로서도 무척 애석하게 될 것이 틀림없으리라.
>
> 女ばかり身をもてなすさまもところせう、あはれなるべきものはなし。もののあはれ、をりをかしきことをも見知らぬさまに引き入り沈みなどすれば、何につけてか、世に経るはえばえしさも、常なき世のつれづれをも慰むべきぞは。おほかたものの心を知らず、言ふかひなき者にならひたらむも、生ほしたてけむ親もいと口惜しかるべきものにはあらずや。(夕霧 4-442)

인용문은 히카루겐지와 무라사키노우에가 아들 유기리(夕霧)와 오치바노미야(落葉宮) 스캔들을 화제로 이야기 나누고 있는 장면이다. 지금까지 겐지가 가장 사랑하는 여인으로 인정 받고 행운녀라는 말을 들어왔던 만큼, 무라사키노우에는 항상 내심을 감춘 채 평온함 모습을 꾸며 왔다. 그것이 온나산노미야의 강혼을 계기로 가슴속의 상념들을 힘껏 술회하는 것이다. 위의 사유가 모노가타리의 작자 무라사키시키부의 일기나 가집에 보이는 사고나 의식과 너무나 유사한 점[47]에 주목할 필요가 있다. 여자도 자주적으로 행복을 추구하며 살아가고 싶다는 무라사키노우에의 논리는 일부다처제 사회를 살았던 당시의 여성일반의 공통염원이었을 것이다.

현세에 완전히 집착하지 않게 된 무라사키노우에는 정신적인 안정을 얻기 위해 겐지에게 출가를 허락해 달라고 요구하지만, 반대를 고집하는 겐지 앞에서 그마저 체념하지 않을 수 없었다. 다만 혼자 우수에 찬 상념들을 거듭하며 자신이 죄업 많은 사람이어서 출가의 염원을 이룰 수 없는 것인지 캥기는 느낌을 버릴 수 없었다. 이같이 상대방 겐지를 원망하기보다 자신의 운명을 탓한다는 사고에 대해 하라오카후미코(原岡文子)는 '사랑하는 아내에게 내내 세상에 둘도 없는 집착을 하는 겐지와 맞서서 불굴의 체념의 상쾌함을 보이는, 일종의 남성적 힘으로 충만해 있다'[48]고 풀이하는데, 분명 출가하지 않은 채 종교적 경지에

---

47) 『紫式部日記』의 물새노래 전후의 기사나 『紫式部集』의 「数ならぬ心に身をばまかせねど身にしたがふは心なり」「こころだにいかなる身にかかなふらむ思ひ知れども思ひ知られず」「身の憂さは心のうちに慕い来ていま九重ぞ思ひ乱るる」 등에 보인다.

48) 「源氏物語の子ども・性・文化ー紫の上と明石の姫君」(『源氏研究』第一号　翰林書房, 1996, 4) p72

이른다는 의미를 무라사키노우에의 인물조형에서 확인해 볼 수 있다.

병상의 무라사키노우에에는 잠깐 소강상태를 보이고 자신의 병세에 일희일비하는 겐지가 가슴 아프게 느껴진다. 「놓여 있다고 바라보고 있는 동안조차 덧없게도, 싸리 위의 이슬은 자칫 바람에 날려 버리고 맙니다 (おくと見るほどぞはかなきともすれば風にみだるる萩のうは露)」(御法 4-505)라고, 싸릿잎 위의 이슬이 바람에 불려 날아가는 광경에 자신의 덧없는 목숨을 빗대는 노래를 겐지에게 보낸다. 이렇게 죽음에 대한 불안감을 토로하며 무상한 세상에 태어나서 사랑하고 죽어가는 것을 애절하게 표현한 후에 조용히 숨을 거둔다.

3. 죽음을 절원하는 여성 - 우지(宇治) 오이키미(大君) 이야기

1) 몰락한 왕족 여성의 고고한 자부심

무라사키노우에와 오이키미의 인물조형상의 유사성에 관해서는 여러 선행연구가 나와 있다. 특히, 「와카나(若菜) 상하」권의 무라사키노우에의 고뇌를 계승하고 심화한 오이키미의 삶의 양상은 과연 양자가 본질적으로 같은 주제를 담당하는 존재라는 하나의 증거로 생각된다.

오이키미가 처음 모노가타리에 등장하는 것은 우지주조(宇治十帖)의 첫머리 「하시히메(橋姫)」권이다. 오이키미의 부친은 기리쓰보천황의 여덟 번째 황자 하치노미야이고, 모친은 대신가

의 딸이었다. 하치노미야는 일찍이 동궁후보에도 오른 적이 있었으나, 중앙정치권에서 밀려나 버린 이후부터 염세적으로 되어 출가의지가 강했다. 그러나 정실부인이 나카노키미(中の君)를 출산하고 사망하자, 할 수 없이 우지에서 두 딸을 양육하는데 전념했다. 그런 소문이 교토의 가오루(薫)에게도 전해진다. 자신의 출생을 둘러싼 어두운 비밀을 어렴풋이 감지한 가오루는 세상을 허무하게 여기는 자신의 심정과 하치노미야의 심정이 상통한다고 생각하고 자주 우지를 방문하여 미야와 대화를 나눔으로써 울적함을 달랬다. 하치노미야도 가오루를 믿고 자신이 죽은 후에 두 딸의 후견인이 되어줄 것을 거듭 당부했다.

평소에 두 딸의 장래를 걱정을 내려놓지 못했던 하치노미야는 죽음을 예감하고 산사에 올라가기 직전에 딸들에게 단단히 의지할 수 있는 상대가 아니면 그를 따라 우지를 떠나서는 안 된다, 그리고 왕자의 자녀로서 부모 체면을 손상시키는 짓을 하지 말라고 일러두었다. 가문의 체면을 유지하는 동시에 딸들의 사회적 행복을 기원한 하치노미야의 가르침은 사실상의 유언이 되고 이후의 오이키미의 인생의 방향을 결정해 버렸다. 오이키미가 부친의 유언에 지나치게 구애받아서 거의 자살과 같은 식으로 죽어간다는 모노가타리의 구상에는 '부친'이야기라는 성격이 강하게 나타나 있다고 설명되는 까닭이다.49)

오이키미는 일찍이 「어찌하여 여기까지 컸는지 생각해 보아도 물위에 떠도는 물새 같은 서러운 나 자신의 불운을 절감하게 되네(いかでかく巣立ちけるぞと思ふにもうき水鳥のちぎりをぞ知る)」(橋姫 5-123)라고 영락한 처지의 운명을 노래로 읊은

---

49) 助川幸逸郎 「宇治大君と女一宮－<妹恋>の論理を手がかりとして」 (『中古文学』1998, 5)

적이 있다. 이 노래로도 알 수 있듯이, 세상살이가 어려워졌는데도 속세에 머물러 있어야 했었던 부친의 고뇌를 이해하고 거기에서 반전하여 자신을 응시한다는 것이 오이키미의 심적 기조가 되어 있다.

가오루가 최초로 오이키미를 엿본 것은 우지를 방문하기 시작하면서 3년 지난 가을밤 일이었다. 하치노미야가 산사로 올라가기 전에 찾아간 가오루는 오이키미와 나카노키미 자매가 합주하고 있는 장면을 엿보게 되고 진중하고 기품 있는 오이키미에게 마음을 빼겨버린다. 오이키미는 모노가타리에 처음 등장했을 때에도 '천성이 차분하고 깊이 있는 인품으로, 외모나 언행도 기품 높고 그윽한 모습이시다 (心ばせ静かによしある方にて、見る目もてなしも、気高く心にくきさぞしたまへる'(橋姫 5-119)라고 그의 사람 됨됨이가 묘사되어 있다. 이처럼 오이키미는 '気高し'라는 정신적인 고귀함이나 깊이를 지닌 차분한 여성임을 알 수 있다 예를 들어, 하치노미야가 작고한 후에 우지를 방문한 가오루가 상복 차림의 자매를 다시 엿보는 장면에서도 '기품 높고 우아한 모습(気高う心にくきけはひ'(椎本 5-218)으로 비치는 등, 기품 있고 고상한 점이 오이키미라는 인물조형의 특징을 이루는 것이다.

2) 결혼 거부의 논리 - 불안감과 불신

우지의 산사에 혼자 들어가 있던 하치노미야는 결국 8월에 세상을 하직한다. 니오우미야(匂宮)도 자주 조문을 보내오고 오이키미는 하치노미야 가문의 책임자로서 답례를 보냈다. 자신들을 위로해 주는 니오우미야의 편지를 바라보며 오이키미는 산골에서 자라서 일반 세상에 대한 두려움을 버리지 못하고 남성을 거부하는 자세를 결심한다.

한편, 가오루는 자매의 후견인 자격을 의뢰받았다는 것은 결혼 허락이나 마찬가지라고 풀이한다. 그래서 고인의 일주기 법회 준비를 돕는 한편으로 오이키미에게 마음을 밝히고 교토의 저택으로 맞이하고 싶다고 제안하지만, 오이키미는 응하지 않았다. 거듭하는 가오루의 구애와 오이키미의 거부야말로 오이키미 이야기의 중요한 플롯이라 할 수 있는데, 그렇다면 왜 그녀는 가오루와의 결혼을 받아들이지 않는 것일까? 완강할 만큼 거부하는 논리를 그녀의 사유에 따라 추리해 보면, 크게 두 측면에서 설명할 수 있을 것이다. 먼저, 한창 나이를 넘긴 자신의 외모에 대한 불안감과, 그것이 초래할 애정의 변질에 대한 불안감으로 요약해도 좋을 것이다.

오이키미는 자신을 위해 경제적 원조나 가사 일을 마다하지 않는 가오루를 친절한 사람이라고 생각했고 또한 그의 미모에 마음 끌리지 않는 것도 아니지만, 자신은 이미 좋은 때를 넘겼으니 동생 나카노키미를 가오루와 짝지어 주려고 궁리한다. 이 시점에서 보면 오이키미는 젊고 아름다운 동생이라면 반드시 가오루도 좋아해 줄 것으로 생각하고 두 사람의 결혼에 전혀 불안감을 갖지 않은 것 같다.

하치노미야의 일주기가 끝나고, 우지를 방문한 가오루는 자매가 거처하는 방의 병풍을 열고 주렴 아래로 들어가고 만다. 그리고 오이키미에게 자신이 얼마나 성실한 사람인지 설명하고 열렬히 사랑을 호소하지만 겨우 자리를 도망쳐 나온 오이키미는 격하게 가오루를 비난한다. 그러나 이 일 직후의 오이키미의 심중사유의 기미에 주목해보자.

'(전략) 그분이 평범한 성품이었다면 이토록 오랫동안 친숙해진 만큼 마음을 받아들일 생각이 들었을지도 모르지만, 너무나 훌륭하시고 범접 못할 인품이신 점도 오히려 견딜 수 없이 기가 죽을 것 같아서 역시 나는 이대로 살아가기로 하자' 고 내내 궁리하면서 흔히 소리 죽여 울다가 새벽을 맞이하곤 하시는데, 그 후에는 정말 기분이 좋지 않아서 나카노키미가 주무시고 계시는 방에 가서 옆에 몸을 뉘이신다.

(前略) この人の御さまの、なのめにうち紛れたるほどならば、かく見馴れぬる年ごろのしるしに、うちゆるぶ心もありぬべきを、恥づかしげに見えにくき気色も、なかなかいみじくつつましきに、わが世はかくて過ぐしはててむ」と思ひつづけて、音泣きがちに明かしたまへるに、なごりいと悩ましければ、中の宮の臥したまへる奥の方に添ひ臥したまふ。(総角 5-240)

가오루가 자신의 처소에 밀고 들어와서 사랑을 호소한 일을 반추하고 또 작고한 부친도 가오루와의 결혼을 원했었던 것까지 떠올리면서 결혼이라는 현실 앞에서 크게 동요하기 시작하는 자신의 마음을 억제하려 한다. 가오루가 보통남자였더라면 마음을 받아들이고 친해질 수도 있을지 모른다. 그러나 너무 훌륭해서 근접하기 힘든 모습이 오히려 꺼려지기 때문에 상대방의 구애를 거절할 수밖에 없다는 논리를 끌어낸다. 한두 해 지나면 자신의 노쇠함도 더해질 것이라는 불안감에 쫓겨 일생 미혼으로 지내자고 마음먹는다. 이 때 오이키미 26세, 나카노키미와 가오루가 24세로 오이키미는 가오루보다 두 살 연상이었는데, 일반적으로 여성의 결혼적령기가 13세에서 20세 정도로 여겨지던 당시의 관습을 고려한 끝에 도달한 결론이었을까? 이처럼 가오루의 아름다움에 끌리면서도 그렇기 때문에 오히려 그의 구애를 거부할 수밖에 없다는 판단이 오이키미의 내면에서 사라지지 않는다.

오이키미의 생각을 알게 된 가오루는 니오우미야와 나카노키미를 만나게 해주면 오이키미가 자신에게 응해 주지 않을까 궁리해본다. 가오루의 주선으로 니오우미야는 나카노키미의 침소에 몰래 들어가 관계를 맺어 버리는데, 역시 황자라는 신분 때문에 좀처럼 우지를 자주 찾아올 수 없었다. 결혼에 대한 오이키미의 불안감은 현실에서 나카노키미의 결혼 상태에 의해 구체적으로 증명되고 결혼에 대한 불신으로 증폭해 간다. 그래서 '적어도 나 자신만큼은 더 이상 이 같은 괴로운 일을 더하지 말자(みづからだになほかかること思ひ加へじ)'(総角 5-285)라고 다시 한번 결혼거부의 자세를 굳힌다.

신혼 사흘째 밤에 교토의 니오우미야로부터 편지만 도착하자 오이키미는 낙담하는 가운데에도 황족 가문의 자존심을 지키려고 애쓴다. 깊은 밤이 되어서야 겨우 사흘째의 '餅の儀'50)에 맞추어 들어서는 니오우미야를 맞이하고 기뻐하는 연로한 시녀들 모습을 보면서, 자신의 용모도 나이에 따라 초라해질 것이라는 의식 때문에 가오루를 거부하자는 굴절된 심리로 되어 가는 것이다.
또 가오루가 병상에 다가가서 거듭 사랑한다고 호소했을 때에도 오이키미는 '이미 제대로 의식도 차리지 못하는 병세이시지만, 얼굴은 보이지 않도록 감추고 계신다(ものおぼえずなりに

50) 결혼 후, 남자가 여자 집에 찾아다니다가 사흘째에 처가사람들과 떡(三日餅)을 함께 나누어 먹음으로써 관계를 증명하는 의식.

たるさまなれど、顔はいとよく隠し)' (総角 5-325)는 것이다. 몽롱한 의식 속에서도 쇠약해진 얼굴을 보여주지 말자는 것은 다만 가오루에게 추한 인상을 남긴 채 죽고 싶지 않았기 때문이리라. 가오루에게 깊이 마음 끌리면 끌릴수록 자신의 용모가 초라해지는 데 대한 불안감이 커지고 오히려 가오루와의 결혼을 피하려 한다. 이와 함께 오이키미의 마음속에는 시간이 흐름에 따라 필연적으로 변해가는 '남녀사이'에 대한 불안감도 커진다.

지금은 예사롭지 않은 가오루의 애정도 일단 결혼하게 되면 언젠가는 분명 원망스러워하는 일도 생길 것이 틀림없다. 자신이나 가오루나 서로 나쁘게 생각하거나 배신하거나 하는 일 없이 일생을 마치고 싶다고 다시 한 번 가오루에게 기울어가는 자신을 추스르는 것이었다. 오이키미는 가오루와의 사이에 어느 정도 거리를 유지함으로써 그 심적 교류를 지키고 싶다고 원한다. 그리고 죽음의 병상에서도 가오루와 거리를 두기 위해서는 출가하는 것밖에 달리 길이 없다고 생각한다. 그런데, 위의 사유에 보이는 '함께 지내다보면 서로 별것 아니었다고 생각하게 될 것(見劣りして我も人も見えむ)'(総角 5-333)이라는 오이키미의 예측에는 결혼하면 언젠가는 사랑이 식고 환멸하게 된다는 일반론 외에 바로 가오루를 전적으로 믿지 못해서 주저하는 것도 작용하고 있는 것 같다.

오이키미의 발병은 니오우미야가 우지강에서 뱃놀이를 하고 돌아가는 길에 나카노키미를 찾아주지 않은 채 귀경해 버린 사실로 충격을 받은 것이 원인이었다. 나중에 가오루가 찾아와서 전날 사건에 관해 해명하려 해도 대면하지 않는다. 왕녀의 자부심에 상처 받았다는 원통함과 두 남자에 대한 불신감, 불쾌감을 버릴 수 없다. 나카노키미를 니오우미야와 짝지어 버린 일에 대한 자괴감과 하치노미야가의 체면을 지키지 못하는 동생에 대한 연민을 가슴 아프게 느끼는 것이었다.

3) 죽음 - 변치 않는 사랑을 찾아서

전술한 바와 같이 자신에 대한 불안감과 남자에 대한 불신감은 점차 오이키미의 삶에 대한 의욕을 해치고 그녀를 죽음으로 몰아간다. 오이키미는 시종 가오루의 구애에 대해 거부하는 자세를 유지하지만, 이는 분명 변치 않는 사랑을 희구하는 의지의 발로에 다름 아니다.

위문차 찾아온 가오루가 귀경한 뒤, 오이키미는 니오우미야와 유기리의 여섯 번째 딸의 결혼을 둘러싼 소문을 전해듣고 마음의 고통이 더욱더 커져갔다. 여동생의 결혼을 통해 뜻대로 되지 않는 남녀의 애정 문제에 완전히 절망해 버린 오이키미에게는 가능한 빨리 피안에 가는 것만이 유일한 구원으로 생각되는 것이다. 그래서 꿈에 나타난 부친의 망령을 향해 제발 계시는 곳에 맞아들여 달라고 호소하며 절식이라는 극단적인 길을 택함으로써 자기 자신을 죽음으로 내몰고자 한다. 부친의 사후에 기회마다 자기자신이라도 결혼으로 인한 근심걱정으로 고생하지 않고, 번뇌의 죄를 거듭하기 전에 제발 죽어 버리고 싶다고 죽음을 원했으나 지금은 죽을 각오에서 한걸음 더 나아가서 다시 태어날 내세의 모습까지 그려본다. 그리고 아도리(阿闍梨)를 통해 하치노미야가 아직도 성불하지 못하고 중천을 헤매고 있다고 들었을 때에는 '모쪼록 아버님께서 아직 중천을 떠돌고 계

시는 동안에 그곳으로 가서 같은 곳에 머물고 싶다 (いかで、かの、まだ定まりたまはざらむさきに参でて、同じ所にも'(総角 5-321)고 간절히 애원한다.

어느덧 달이 바뀌고 12월로 들어섰다. 가오루는 자주 사람을 보내어 오이키미의 용태를 살폈다. 우지에서 돌아온 사자의 보고를 듣고 안도했으나, 며칠 후 병상의 오이키미를 찾아갔을 때, 시녀들로부터 오이키미가 그 동안 내내 절식했기 때문에 갑자기 중태에 빠져 있다는 말을 듣는다. 가오루는 오이키미 병상 쪽으로 몸을 가까이 해서 다시 한 번 자신의 진정을 들려주려 했다. 그같은 집념도 덧없이 이미 완전히 쇠약해진 오이키미는 동생의 장래만이 마음에 남는 걱정이고 사후의 망집이 될 것 같다고 괴로운 숨결 가운데 겨우 입을 움직일 뿐이었다. 그리고 가오루를 기다리기 힘들었다고 고백한 후, 자신의 목숨은 이처럼 단명하리라고 예상했기 때문에 무정하고 제멋대로 행동했다고 지금까지 거부해 온 이유를 밝힌다. 오이키미는 죽음을 눈앞에 두고 적어도 정신적으로는 가오루를 받아들였다는 자신의 내심을 전하고 싶었던 것 같다.

이처럼 사랑하면서도 끝내 상대방을 거부하고 죽음을 맞이한 오이키미를 통해 우리는 무엇을 확인할 수 있을까? 그것은 다름 아니라, 본디 고귀한 신분에서 몰락한 채 여전히 자의식 강하고 교양 있는 여성이 고독한 상황 속에서 의연하게 살아가며 진실로 대등한 남녀 간의 애정과 행복을 추구할 때, 어떤 길을 선택하지 않을 수 없는가라는 작자의 질문이라고 할 수 있을 것이다.[51]

---

51) 日向雅一「宇治大君ー独身を徹しきった精神の品位」(『国文学解釈と鑑賞』2004, 8)

4. 떠도는 자의 역정 - 우키후네(浮舟) 이야기

1) 대역(形代)의 등장

벼랑 끝에 내몰린 역경을 해결하기 위해 강물 속으로 몸을 던지고 무라사키노우에나 오이키미가 결국 실현할 수 없었던 출가를 단행했다는 점에서 우키후네는 위의 두 여주인공보다 훨씬 더 행동적이었다고 할 수 있을 것이다. 이 때, 우키후네의 이야기는 그 주제성이 그녀 자신의 사고나 심정에 의해서라기보다, 무구한 여주인공을 항상 그럴 수밖에 없는 곤경으로 몰아가는 모노가타리의 구조 속에 서술되어 있다. 현실을 분별하지 못하고 끊임없이 고뇌했던 우키후네는 때로는 무개성적이고 또한 의지박약으로 보이기도 한다. 그러나 모노가타리를 마지막까지 읽어가면, 우리는 수동적인 삶에서 벗어나 자신의 사고와 의지로써 능동적으로 삶과 맞서고자 일어서는 우키후네를 만날 수 있다.

우키후네의 등장을 최초로 암시한 것은 「야도리기(宿木)」권이다.(宿木 4 - 437) 오이키미의 생전의 일을 상기시켜줄 만한 존재를 찾던 가오루에게 나카노키미는 이복여동생 우키후네의 존재를 슬쩍 흘려준다. 이 불길한 말은 사람과 땅을 정처 없이 떠돌다가 드디어는 투신하지 않으면 안 되었던 우키후네의 운명이 본격적으로 움직이기 시작하는 것을 상징하고 있다. 즉 가오루가 「예전에 만나 뵈었던 그 분을 대신하는 것이라면 바로 옆에 두고 그리울 때마다 그 심정을 쏟아 넣는 대상으로 삼을 텐데요(見し人のかたしろならば身にそへて恋しき瀬瀬のなでものにせむ)」(東屋 4-47)라는 노래를 읊은 시점에서 이미 우키후네의 존재는

오이키미의 '대역(形代)'의 의미에 지나지 않았던 것이다.

우키후네는 세상에 출생하는 시점부터 이미 축복 받지 못하는 존재였다. 모친인 추조노키미(中将の君)는 우지의 하치노미야와 몇 번 관계를 가지다가 우키후네를 출산했으나, 곧 하치노미야와 헤어지고 딸을 데리고 히타치노스케(常陸介)와 재혼한 것이다. 이럭저럭 성장한 우키후네는 의붓딸이라는 이유로 혼약자에게 배신당하고 의붓아버지 집을 떠나지 않을 수 없게 된다. 어머니의 주선으로 나카노키미 곁에 몸을 의지했으나 곧 형부인 니오우미야가 접근해서 그 집에도 안주할 수 없게 되어 삼조(三条)의 작은집으로 옮겼다. 산속 생활에서 쓸쓸해 할 딸을 위로하기 위해 어머니가 보낸 편지에 대해, 우키후네는 「만일 여기가 이 세상이 아닌 다른 세계라고 생각할 수 있는 것이라면, 오직 기쁘기만 할 터인데라고 생각합니다만(ひたぶるにうれしからまし世の中にあらぬところと思はましかば) 라고 노래로 답한다. 이 힘든 세상이 아니라 고통 없는 다른 세계였더라면 그저 기쁠 터인데 라는 의미의 노래에는 젊은 나이에 이미 현세를 비관적으로 보기 시작한 우키후네의 심정이 드러나 있다. 여기까지 모노가타리를 살펴보면 친아버지 하치노미야의 인정을 못 받고 의붓아버지로부터도 기피당했던 성장 과정에서 우키후네가 수많은 인간과 땅을 전전해야 하는 자신의 운명을 아직 분명히 의식하지 못하는 것 같다.

비 내리는 늦가을 어느날, 가오루는 삼조의 집으로 우키후네를 방문한다(東屋 4-84). 그리고 우키후네를 오이키미의 대리역으로 삼겠다는 심중을 감춘 채 그녀와 관계를 맺어버리고 우지에 있는 하치노미야의 저택으로 데려간다.

2) 사랑의 시작, 다시 파탄

가오루는 우지에 우키후네를 감춰두고 오이키미가 그리워질 때마다 우키후네를 찾아가 위로 받으려고 한다. 그러나 젊은 우키후네에게는 지금의 생활이 너무 쓸쓸하고 지루한 듯, 나카노키미에게 보낸 편지 속에서 일상의 무료함을 표현하고 있다. (浮舟 6-103) 그 편지를 나카노키미로부터 전해받아 읽고 니오우미야는 가오루가 우지에 여자를 감춰두었다는 사실을 확인하고 당사자가 예전에 자신이 접근하려 했었던 우키후네라는 사실을 알게 된다. 그리고는 나카노키미가 가오루와 공모하여 우키후네를 감춰두었다고 격렬한 질투에 사로잡혀 한밤중의 위험한 눈길을 상관치 않고 우지로 달려가서 우키후네를 만난다. 이처럼 보복과 도발, 거기에 니오우미야 본성의 호색심이 뒤얽힌 결과는 우키후네의 운명을 철저히 흔들어 버린 것이다. 우키후네로서는 자신을 애타게 사랑하는 니오우미야의 열정에 '정이 깊다는 것은 이런 분을 말하는 것일까 (心ざし深しとはかかるを言ふにやあらむ)'(浮舟 6-130)라고 생각하는 한편으로는 남자가 가오루인지 아닌지도 확인하지 않고 방에 들인 자신의 실수로 파탄을 일으킨 신세를 한탄하기도 한다.

여자는 어찌 얼굴을 마주할 수 있을까 마음에 꺼려지고, 하늘이 내려다보시는 것 같아 온몸이 졸아드는 느낌인데, 그렇게나 열정적이던 니오우미야의 행동이 문득 떠오르자 그러면서도 또다시 이 가오루님을 대해야 한다고 생각하니 기막힌 심정이다.

女、いかで見えたてまつらむとすらんと、空さへ恥づかしく恐ろしきに、あながちなりし人の御ありさまうち思ひ出でらるるに、またこの人に見えたてまつらむを思ひやるなん、いみじう心憂き。(浮舟 6-142)

우키후네 처소에서 이틀이나 머물었던 니오우미야가 궁중의 불림을 받고 돌아가서 한동안 보이지 않을 무렵, 이번에는 가오루가 우지를 찾아온다. 열광적인 니오우미야에게 한순간 이끌렸었던 우키후네였지만, 지금 가오루와 마주앉아 보니 분명하게 자신의 실수를 자각하게 되는 것이었다. '먼날까지 의지할 수 있을 만한 인품(行く末長く人の頼みぬべき心ばへ)'의 가오루를 배반했다고 자각하자 우키후네의 고뇌가 시작되고 끝없는 후회와 수치심에 내몰린다.

한편, 니오우미야는 우키후네를 잊을 수 없어서 또다시 우지를 찾는다. 두 사람은 배를 타고 우지강 건너편의 작은 집으로 건너가 그곳에서 사랑의 도피를 한다. 애정이 불변함을 맹세하는 니오우미야에게 우키후네는 다만 「귤향기 넘치는 작은 섬의 푸르름은 변치 않겠지만, 물위에 떠도는 작은 배 같은 이 내 몸은 어디로 흘러가는 것이려나(橘の小島の色はかはらじをこのうき舟ぞゆくへ知られぬ)」(浮舟 6-143)라는 노래를 답한다. 아랫구절에서 '浮舟'라는 권명을 나타낸 이 노래는 현세를 부정적으로 표현하는 '憂き舟'라는 가어(歌語)와 함께 물위를 떠도는 자신의 정처없는 운명을 상징하고 있는 것 같다. 모노가타리 속에서 우키후네가 스스로를 'うき舟'라고 규정한 위의 노래 연장선에서 'うき'의 의식을 표출한 구절은 여러 곳에서 발견되는데, 삶에 대한 근원적인 불안감 때문에 끊임없이 떠도는 의식은 그녀를 한시도 떠나지 않는 것이었다. 모노가타리의 작자가 그의 가집에 읊은 노래「해지고 험궂은 구름 끼면서 파도 거칠어지니 떠도는 작은 배는 마음 편안할 길 없네(かき曇り夕立つ波の荒らければ浮きたる舟ぞ静心なき)」(『紫式部集』 22)에 보이듯이, 마음이 가라앉지 않는 불안한 심정에 의탁한 인생행로에 대한 동일한 발상이 우키후네의 노래에도 투영되어 있다.[52)]

니오우미야가 귀경한 뒤에 우키후네는 두 남자를 비교하면서 고독한 상념에 빠져든다. 자신의 장래를 약속해 준 가오루에게 니오우미야와의 불륜사실이 알려지고 기피당해서는 안 된다. 그러나 한편으로는 니오우미야에 대한 애착도 떨칠 수 없어서 우키후네의 오뇌는 깊어가기만 했다.

결국 니오우미야와의 비밀관계가 발각되고 마는데, 가오루는 우키후네의 배신을 비난하는 편지를 보내오고 니오우미야의 접근을 차단하기 위해 사람을 시켜서 우지의 저택을 감시하도록 한다. 그에 따라 우키후네의 내적 갈등도 커지고 더 이상 오래 살다가는 언젠가 반드시 'うき事'를 당할 것이니 스스로 세상을 떠나는 것이 지금의 곤경을 해결할 수 있는 유일한 길이라고 생각한다. 어처구니없는 실수를 저질러 버린 것에 대한 반성과 수치의식에 쫓겨 투신자살을 결심하는 것인데, 이처럼 죽음을 결의한 것이 가오루의 격로 때문이라기보다 자제할 수 없는 그녀 자신의 마음이 초래한 파멸적 상황을 예상한 결론이라는 것에 주목하게 된다.

---

52) 小町谷照彦「うき舟考」(『むらさき』 1991, 12)

3) 우지강(宇治川) 투신과 소생

우키후네의 실종사건을 둘러싼 후일담이라고 할 수 있는 「가게로(蜻蛉)」권에서는 이전에 연적이었던 가오루와 니오우미야가 함께 비탄에 젖어 우키후네와의 추억담을 나누기도 한다. 그러나 그것은 여인이 사라진 남자들의 후회에서 비롯된 것으로, 우키후네가 얼마나 고통에 시달렸는지 그리고 그 근본적 원인은 무엇인지는 두 사람 모두 생각이 미치지 못했다.

강물에 뛰어드는 것은 죄를 대신 짊어지고 강물에 흘려보내지는 인형 같은 우키후네의 존재양식을 극적으로 보여준다. 그러나 우지강에 몸을 던지려 했으나 뜻을 이루지 못하고 우키후네는 요카와(横川) 큰스님 일행에게 구조된다. 그리하여 오노(小野)의 암자로 인양되어 큰스님의 동생인 여승의 보살핌으로 소생한다. 자신이 죽지 못했다는 것을 의식하기 시작했을 때, 여승이 되게 허락해 달라는 말이 처음 우키후네의 입에서 나온다. 투신 직전까지 피안에 대한 신앙을 망설였던 만큼, 죽음 대신에 출가를 간절히 원한다. 이는 투신 이전과는 달리 밀통의 죄의식에 따른 강한 염리예토의 심정에서 비롯한 것이다.

어느 달 밝은 밤에 오노의 암자에서는 거문고와 비파를 연주하면서 풍류를 즐긴다. 단지 우키후네 한 사람만이 풍아한 음악이나 예능 따위 몸에 익힐 여유가 없었던 자신의 성장과정을 가슴 아프게 「이 내 몸 이렇게 지긋지긋한 속세를 떠돌고 있어도 달나라의 그 누가 알고 있으리오(われかくてうき世の中にめぐるとも誰かは知らむ月のみやこに)」(手習 6-302)라고 반추하고 있었다. 우키후네가 하늘 높이 떠 있는 달에 자신을 비유한 위의 노래에는 달나라로 승천한 가구야히메의 옛모습이 투영되어 있다.[53] 확실히 이 전후 장면에는 『다케토리모노가타리(竹取物語)』를 모델로 하는 작품 구상을 엿볼 수 있다. 예를 들어 암자에서 소생한 우키후네가 미지의 땅에 와버렸다고 슬퍼하고 여스님은 그러한 우키후네에게 '가구야히메를 찾아냈다는 다케토리 영감보다 더 놀라운 느낌(かぐや姫を見つけたりけむ竹取の翁よりもめづらしき心地)'(手習 6-300)이 들었다고 한다. 달나라의 가구야히메와 그녀에게 애정을 보내는 지상의 인간과의 거리를 우키후네와 여스님 사이에 대치해 보면, 이 오노땅도 우키후네가 안주할 수 있는 곳은 아닌 것이다. 즉 모노가타리 작자는 위의 노래에서 인간세계로부터 달나라로 승천한 가구야히메처럼 언젠가는 오노를 떠나 또다시 낯선 세계를 떠돌지 않을 수 없는 우키후네의 운명을 암시하고 있다고 생각된다.

여스님의 죽은 딸의 남편이었던 중장이라는 남자가 우키후네를 훔쳐보고 접근한다. 중장에게서 도피하기 위해 우키후네는 큰스님 모친의 방에 뛰어들어 하룻밤을 밝히면서 불행하게 성장한 지난날들을 돌이켜본다. 그리고 그 회상에서 돌아와서 이제는 완전히 망가져 버린 자신의 처지를 응시하고 죽음조차 뜻대로 되지 않는 운명을 출가에 의해 개척하고자 결심한다. 출가라고 해도 그것은 깊은 신심에서 비롯된 것이 아니라 막다른 상황 끝에서 생각해내 것인데, 여기에는 자신이 이 산골마을에 처박혀 있다는 사실을 가오루가 알게 될 경우의 수치의식도 더

53) 今井源衛「浮舟の造型―夕顔かぐや姫の面影をめぐって」(『文学』1978,9), 久富原玲「天界を恋うる姫君たち」(国語と国文学 1987, 10), 小嶋菜温子「源氏物語の構造―浮舟とかぐや姫」(解釈と鑑賞 1991, 10)등 참조

해진 것이다. 그러한 의식은 그녀가 아직도 과거에 대한 미련을 완전히 불식해 버리지 못했음을 의미하고 그녀 자신 그 사실을 충분히 깨닫지 못하고 있기 때문에 새로운 삶의 길을 모색하는 것이리라. 이튿날, 오노에 들른 요카와 큰스님의 수계를 받고 우키후네는 출가한다.

4) 구제는 가능할 것일까?

시녀들이 '불안한 생활도 잠시, 곧 정말 행복해지실 테고 저희도 의지할 몸이셨는데, 이런 여승 모습이 되어 버리셨으니 긴긴 앞날을 도대체 어찌하실 생각이십니까? 노쇠한 자라도 출가할 때에는 이전의 모든 것을 체념할 수밖에 없는 것이 정말 슬픈 일입니다 '고 말씀드리지만, 아기씨 본인은 역시 지금은 가슴도 편안해지고 기쁜 마음이다. 이로써 속세간에 어떻게 살아가야 할지 생각하지 않아도 되게 된 것이 실로 고마운 일이라고 후련한 느낌이 드시는 것이었다.

この人々は、「心細き御住まひもしばしのことぞ、いまいとめでたくなりたまひなん、と頼みきこえつる御身を、かくしなさせたまひて、残り多かる御世の末を、いかにせさせたまはんとするぞ。老い衰へたる人だに、今は限りと思ひはてられて、いと悲しきわざにはべる」と言ひ知らすれど、なほ、ただ今は、心やすくうれし。世に経べきものとは思ひかけずなりぬるこそは、いとめでたきことなれと、胸のあきたる心地したまひける。(手習 6-340)

주위사람들이 머리 자른 우키후네의 모습에 안쓰러운 마음이지만, 정작 본인은 더 이상 보통 여자로서 살아가지 못하게 되었다는 사실이 오히려 마음 편하고 감사할 뿐이다. 그 다음날 아침 그녀가 읊은 두 수의 노래「나 자신도, 또 마음을 주었던 사람도

이미 이 세상에 없는 존재라고 단념하고 한번 버렸던 세상을 다시 한번 버렸네 (亡きものに身をも人をも思ひつつ棄ててし世をぞさらに棄てつる)」「예전에 이것으로 끝이라고 체념해 버린 세상을 또 다시 거듭 버려 버렸네(限りぞと思ひなりにし世の中をかへすがへすもそむきぬるかな)」에는 떠돌다가 출가해서 겨우 자신의 의지를 성취할 수 있었다는 감개가 드러나 있다. 즉, 지금은 더 이상 마음에 걸릴 것 없는 길로 들어섰다는 식으로 두 번째의 출가, 진정한 출가에 대한 자기 확인을 하고 있는 것이다. 이 같은 의미의 노래로 추측해 보면, 우키후네의 출가는 큰스님 모친 곁에서 보낸 공포의 하룻밤을 경계로 해서 「手習」 권두에 보이는 죽음의 대체물이라는 도피적인 것으로부터 삶에 대한 방향으로 전환했다고 볼 수 있다. 요컨대, 방황하는 운명을 부처의 구제에 맡기려는 것인데, 과연 그 절원은 이루어질 것인가?

모노가타리에는 신앙에 정진하는 가운데에도 자제할 수 없는 숱한 상념으로 괴로워하는 우키후네가 묘사되어 있다. 매일 불교 수행에 전력을 쏟으려 해도, 그에 맞서는 듯이 가오루와 니오우미야에 대한 생각들이 여전히 그녀의 내면을 흔든다. (手習 6-342~3) 해가 바뀌어도 오노 산골에는 봄기운이 아직 멀고, 들과 산에 내리는 눈을 바라보아도 니오우미야에 이끌려 다치바나(橘)의 작은 섬에 건너갔었던 추억이 떠오르는 것이다.

가오루가 우키후네의 일주기 제사를 절에서 준비하고 있다는 소문이 오노 암자에 전해진다. 비탄에 젖어 지낸다는 가오루의 근황을 전해듣고 우키후네는 한때 연인이었던 그가 아직도 자신을 사모하고 있다는 기쁨 한편으로 여전히 속세 일로 동요하는 모순된 마음을 탄식한다. 여기에서 작자는 그 같은 모순된 우키후네를 묘사함으로써 출가 그 자체가 반드시 구제를 약속해주는 것인지 묻고 있는 것이다.

『겐지모노가타리』의 대단원을 마무리짓는 「유메노우키하시(夢浮橋)」권으로 들어서면, 우키후네의 생존을 확인한 가오루가 큰스님에게 예전의 인연을 회복해 주는 중개역을 의뢰할 목적으로 요카와를 방문하고 우키후네 본인의 희망이나 의지는 무시한 채 그녀를 환속시키려 한다. 가오루는 우키후네가 자신의 의도를 거부한다는 말을 전해듣고 '누군가가 사람 눈을 피해 그녀를 어딘가에 감추어 둔 것일까 (人の隠しすえたるにやあらむ)' (夢浮橋 6-384)라고 의심을 버리지 못한다. 그러나 두 남자 사이에서 진실한 사랑을 찾아 방황하다가 죽음 직전까지 달려가 본 끝에 속세에 등을 돌린 지금의 우키후네에게 이제 남자쪽의 이기적인 움직임 따위는 무의미하고 공허한 행위에 지나지 않는 것이다. 가오루와 대면하고 환속을 권하는 큰스님의 말을 거부함으로써 우키후네는 자신의 의지로 쟁취한 새로운 세계로 들어서는 것이었다.

5. 맺는말

이상으로 『겐지모노가타리』의 여주인공들 가운데 무라사키노우에, 오이키미, 우키후네의 각각 다른 삶을 추적해 보았다. 온나산노미야의 강혼 이후, 무라사키노우에는 불신과 우수의 세계를 살아간다. 겐지에 대한 불신감과 고절감으로 점점 심각해져 가는 무라사키노우에의 고뇌의 본질이란, 불안정한 자신의 존재양식보다도 지금까지 유일하게 의지해 왔던 겐지의 애정 그 자체를 근본적으로 다시 돌아봄으로써 거꾸로 드러나는 자신의 운명(宿世)을 응시하는 것이었다. 이 같이 무라사키노우에의 자기발견 과정을 주제화시킨 모노가타리는 이윽고 제3부의 여주인공들에게까지 이어져 간다.

오이키미는 남자의 애정 이외에 의지할 것이 없는 경우였던 만큼, 한층 심각한 불안감을 경험하고 결국에는 남자를 지상에 남겨둔 채 죽어간다는 공통점에서 무라사키노우에의 고뇌를 계승하고 이를 죽음으로 실현한다. 그러나 출가를 원했으나 이루지 못한 채 죽음을 맞이한 무라사키노우에에 비해 오이키미의 경우는 영락하여 세상 일반에서 잊혀진 가정에서 태어났고 부친이 별세한 후에는 집안을 책임지면서 항상 자기 자신의 의지와 판단에 따라 살아가야 했다. 가오루와 대등하게 교제를 지속했지만, 상대방의 열렬한 애정도 언젠가는 변할 것이라고 판단한 끝에 구애를 거부한다. 즉 오이키미는 영원한 사랑을 지키고자 했기 때문에 오히려 상대방에 대한 애정까지 자제하는 엄격한 정신을 버리지 않았던 것이다.

우키후네의 생애는 그 이름에 암시되어 있듯이, '憂き世'로 운명지어진 '憂き身'에 대한 자각에서 출발하여 그것을 해소하는 고뇌의 궤적이었다. 강물에 뛰어들기 이전에는 가오루와 니오우미야 양자를 긍정한 때문에 겪는 갈등이었고, 소생 이후에는 출가생활에서 새로운 삶을 찾고자하는 입장 때문에 양자를 모두 부정함으로써 겪는 갈등이라는 양상을 보였다. 현세의 질곡으로부터 벗어나서 피안으로 건너가는 한걸음을 내디딤으로써 안주를 절망하는 자의 애처로운 운명이야말로 우키후네 이야기

의 주제가 된 것이다. 그리고 이는 단지 우키후네라는 한 개인에만 한정된 문제가 아니라, 모노가타리 작자가 파악한 여성 일반의 운명이라고 생각해도 좋을 것이다. 이처럼 작자의 눈은 여성의 본원적인 문제 즉 남녀 간의 애정 같은 문제와 관련된 개인적 고뇌의 세계로부터 더 나아가 모순이나 허위로 가득 찬 현세의 일반적인 문제에까지 전망하고 있는 것이다.

제5장 이세재궁(伊勢斎宮) 제도와 문학

1. 머리말

고대에서 14세기초의 고다이고(後醍醐)천황 시대까지 천황을 대신하여 이세(伊勢) 아마테라스오카미(天照大神)의 제사를 담당했던 황녀를 재왕(斎王), 그 거처를 재궁(斎宮)이라고 한다. 이처럼 고대일본의 황실의 조선신(祖先神) 또는 수호신으로 숭배되었던 이세 신궁에 황녀인 '이쓰키노히메미코(斎内親王)' 즉 재왕이 결재(潔斎)를 치르고 봉사한 것은 일본의 독특한 제사라고 할 수 있을 것이다.

『일본서기(日本書紀)』「스진(崇神)기」 6년 기사에 보면 아마테라스오카미(天照大神)를 도요스키이리비메노미코토(豊楸入姫命)가 제사 지내고 있는데, 이 역할은 야마토히메노미코토(倭姫命)에게 계승되고, 그가 여러 지역을 순회한 끝에 이세노쿠니(伊勢国)에 아마테라스오카미를 모시는 신궁을 세우게 된다. 그 성소를 후대의 야마토(大和)조정이 주목하고, 여기를 새로이 고대 황실의 성소로 만든 것이다.

제도로서의 재왕은 7세기말부터 8세기에 걸쳐 정비되고, '재왕'이라는 용어가 정착한 것은 다시 9세기경으로 늦어진다. 672년부터 최초로 오쿠(大来)황녀가 13년간 이세 신궁의 재궁에 봉사했는데, 이는 황실이 아마테라스오카미의 제사를 중시하고 황녀를 신에 대한 봉사자로 임명했다는 중요한 의의를 지닌다. 즉 율령국가는 이세 신궁의 제사를 궁중 제사와 대응한 것으로 격상하고, 여기에 왕권을 지원하는 종교적 역할을 맡긴 것이다.

율령제 이후의 재왕제도나 재궁의 관료기구, 재왕들의 전기적 연구에 관해서는 역사학이나 민속학에서 여성에 의한 제사의 단편적 사료와 민속 사례로부터의 유추를 내놓았다. 그러나 「六国史」와 같은 편년사료나 『연희식(延喜式)』과 같은 법제사료 등에 의한 제도사적 연구가 중심이었고 인간으로서의 재왕을 조명하는 작업은 아직 미미한 것 같다. 기왕의 일본문학 연구 가운데에는 제한된 관련 사료를 보완하기 위해 『고사기(古事記)』나 『일본서기』의 기록 분석을 중심으로 논의를 전개한 경우도 다수 발견할 수 있다. 그러나 인상 비평적인 고찰 방법에 의한 작업들은 연구 소재로서의 고대 문학까지 충분히 시야에 넣었다고 생각되지 않는다.

본고에서는 발생 초기의 재왕제도와 재궁이 어떻게 역사적으로 전개해 가고 변용되었는지 그 실상 등을 살펴보고, 재궁의 문화적 달성과 문학 전승과의 연관성, 의의 등에 관해 가능한 종합적으로 고찰해 보는 것을 목적으로 한다. 구체적인 연구 방법으로는, 선행 연구 성과의 도움을 받으면서 새로이 사료와 문학작품에 서술되어 있는 재궁 관련기사를 전체적으로 정리, 분석해 본다. 이 경우, 『이세모노가타리(伊勢物語)』, 『겐지모노가타리(源氏物語)』, 『에이가모노가타리(栄花物語)』, 칙찬집, 사가집(私家集) 등의 광범위한 산문과 운문 작품들을 중심으로 논의를 전개하고자 한다.

2. 재왕제도의 기원과 역사적 변용

1) 기원과 제도의 성립

재궁제도의 유래를 둘러싸고 크게 두 개의 입장으로 대별된다. 이세는 5세기 중엽 이래 6세기 전반에 걸쳐 야마토조정이 일본 동부 지역으로 진출하는 근거지였기 때문에 이세의 지역신이 이 무렵부터 황실의 특별한 숭앙을 받기 시작한다. 본디 이세 오카미(伊勢大神)는 히노카미(日神)이었는데 결국 아마테라스오카미가 그에 습합(習合)되어 이세 신궁은 황실의 신사로 승격했다는 나오키타카지로(直木孝次郎)의 설이 기원설 가운데 가장 광범위한 지지를 얻고 있다.[1] 이에 대해 구라즈카요코(倉塚曄子)는 재궁의 유래가 왕권에 내재하는 신화적 계기에 의한 것으로, 이세 지역이 조정의 동국 경영의 근거지로 중시되고, 여기에 황조신(皇祖神)이 진좌하게 되었다는 설은 『고사기』나 『일본서기』의 신화를 무시하는 것이라고 민속종교적 관점에서

1) 「天照大神と伊勢神宮の起源」(『古代国家と宗教』塙書房, 1951) 참조

설명한다.[2] 이같이 상반되는 입장 사이에서 오카다세이시(岡田精司)는 진좌지 결정에 관해 종교적 계기를 중시하는 동시에 위의 역사적 조건을 불가결한 것으로 인정한다.[3] 신화적 계기라고 해도 왕권이라는 권력기구에 내재한 만큼, 역시 정치적 역사적 계기를 포함할 수밖에 없다는 오카다의 포괄적인 입장을 논자도 수용하고자 한다.

『일본서기』「垂仁紀一書」에 처음 보이는 '미쓰에(御杖)'라는 말은, 재궁 역사에 있어서 중요한 의미를 지닌다. 스진천황 시대에 대대로 아마테라스오카미의 '미타마시로(御魂代)'로서의 신경(神鏡)을 항상 천황이 신변에 모셨던 것을, 궁전 외부의 야마토 지방으로 옮기고 도요스키이리비메노미코토(豊鍬入姫命) 황녀를 '미쓰에시로(御杖代)'로 삼아서 아마테라스오카미의 전신인 히노카미를 제사 지내도록 하였다. 그 후 다시 탁선에 의해 신을 이세 지방의 이스즈카와(五十鈴川) 상류로 옮긴 야마토히메노미코토(倭姫命)가 재왕의 기원이 되었다.[4] 위와 같이 살펴볼 때,『일본서기』기록은 특정인물로서의 야마토히메노미코토가 아니고, 복수나 몇 대의 초기 재왕의 자취가 고대 제사를 담당한 최고위의 여성이라는 의미의 '야마토히메노미코토'로 정착되어 전해진 것 같다. 이후 이를 '斎王=이쓰키노미코', 그 어

2)「伊勢神宮의 由来(上)」『文学』1973, 3 vol.41

3)「伊勢神宮の起源」(『古代王権の祭祀と神話』塙書房, 1970) 참조

4)「前略。時に天照大神、倭姫命に誨へて曰はく、「是の神風の伊勢国は、常世の浪の重浪帰する国なり。傍国の可怜国なり。是の国に居らむと欲ふ」とのたまふ。故、大神の教の随に、其の祠を伊勢国に立て、因りて斎宮を五十鈴川の川上に興てたまふ。是を磯宮と謂ふ。」(『日本書紀』「垂仁紀」) 小島憲之他 校注 (1994)『日本書紀』1(「新編日本古典文学全集」小学館) p319. 이하『日本書紀』본문 인용은 이 책에 따르며, 수자는 권수와 쪽수를 나타낸다.

전을 '斎宮=이쓰키노미야'라고 하는데, 후대에는 가모(賀茂)의 재왕을 재원(斎院), 이세의 재왕을 재궁이라고 부르게 된다.

『일본서기』에 보면 야마토히메노미코토 이후로 7명의 재궁이 기록되어 있으나, 이는 전승의 경계를 넘지 못하고 역사적 제도로서의 이세 재궁은 덴무(天武)천황 시대에 확립된다. 672년 진신의 난(壬申の乱) 당시, 오아마(大海人) 황자는 요시노(吉野)를 출발하여 동쪽으로 나아가는 도중에 이세 대신을 참배하고 원조를 기원하면서 그 보속으로 재궁의 제사를 약속한다. 전쟁에서 승리한 황자는 이세 대신을 국가신으로 격상하고 아마테라스오카미를 정점으로 하는 신기관(神祇官) 조직을 확립하고 제도적으로 미숙한 재궁 조직을 정비한다. 말하자면 재왕이 이세 신궁에 대해 정기적으로 봉사하기 시작한 것은 진신의 난 이후의 절대적 권위에 대한 공헌을 목적으로 조직화된 것이었다. 이리하여 최초의 재왕 오쿠 황녀가 672년부터 688까지 13년간, 이세의 재궁에서 봉사하게 된 것이다.

『속일본기(続日本紀)』에 따르면, 재왕의 공식활동을 관장하는 재궁료는 8세기초에 성립되어 태정관에 필적할 만한 기관이 되고 721년경, 쇼무(聖武)천황의 이노우에(井上) 내친왕이 재왕으로 복정될 무렵에는 경제적으로도 자립했다고 한다. 이처럼 오쿠, 이노우에와 같은 내친왕들이 재왕에 임명되면서 제도가 비약적으로 정비되었고 이후 약1세기 동안 가장 안정된 시기에 들어선다.

2) 복정 이후

새 천황이 즉위하면 대상제(大嘗祭) 전에 일정한 의식 속에 신기관이 내친왕 가운데 새로운 재왕을 복정한다.[5] 그러나 적임자가 없을 때는 친왕의 딸 가운데에서 간택하게 되는데, 인선에는 당시의 정치역학이 개재될 여지가 있었다. 재궁 가운데에는 흔히 배경이 약한 황녀나 후지와라(藤原)씨 소생 이외의 황녀가 임명된 점을 알 수 있다. 『겐지모노가타리』에서는 작고한 동궁의 딸이 선택되고, 『에이가모노가타리』에는 후지와라씨 소생의 황녀가 복정되었을 경우에는 양친이 비탄에 빠지는 장면이 보이기도 한다.[6] 이처럼 재왕으로 선정된 것을 기뻐하거나 영예로 생각하기보다는 대체로 꺼려했었던 것 같다. 그 까닭은 이세라는 벽지에서 생활해야 하고 불교 신앙을 금지했으며, 점차 신에 대한 외경심이 희박해지고 독신으로 지내야 하는 점 등, 표면적으로는 높은 권위를 지니면서 이면에서는 많은 터부를 강요당했기 때문이었을 것으로 추정된다.

복정된 재왕은 궁중내의 초재원(初斎院)에서 1년간 결재한 후, 가모카와(鴨川)에서 '미소기(御禊)'를 지낸 뒤에 헤이안경(平

---

5) 『北山抄』제6, 『江家次第』十二 神事

6) 「まことや、かの六条御息所の御腹の前坊の姫宮斎宮にゐたまひにしかば、大将の御心ばへもいと頼もしげなきを、幼き御ありさまのうしろめたさにことつけて、下りやしなましと、かねてより思しけり。」『日本古典文学全集』『源氏物語』1 (小学館, 1994) p12. 이하 『源氏物語』본문인용은 이 책에 따르며, 수자는 권수와 쪽수를 나타낸다.

「このごろぞ、斎宮も野の宮におはしますほど、いとめでたながら、宣耀殿の明暮の御御仲らひの、にはかにひき離れさせたまふも、御涙こぼれさせたまへど、いまいましければ、忍びさせたまふべし。」『新編日本古典文学全集』『栄花物語』1 (小学館, 1994) p80. 이하 『栄花物語』본문인용은 이 책에 따르며, 수자는 권수와 쪽수를 나타낸다.

安京) 주변에 조영된 노노미야(野宮)로 이주하여 다시 결재생활에 정진하게 된다.

『겐지모노가타리』「아오이(葵)」권에 보면, 로쿠조미야스도코로(六条御息所)가 재궁이 된 딸이 아직 초재원에 들어가지 않고 자신의 저택에 있으니 부정을 피한다는 구실로, 히카루겐지와의 대면을 사양하고 있다. 이는 노노미야가 결재의 장소이므로, 남녀가 정을 나누는 장소가 되어서는 안 된다는 의식에서 비롯된 배려라고 하겠다.

재궁은 군행(群行) 직전에도 가모가와와 가쓰라가와에서 각각 두 차례의 미소기를 거행한다.7) 이 의식 후에 천황 어전에서 이세로 떠나는 발견(発遣) 의식을 거행한다. 머리에 '이별의 빗('別れの御櫛' '形見の櫛')'을 꽂아준 이 의식은 재왕이 천황의 대행자로 합당한 성인이 되었음을 확인하는 셈이다.

군행은 배웅 칙사 이하 500여 명의 시종 일행과 함께 떠나는 대규모의 행사였다. 여기에는 재궁의 공식적인 행사와 일상생활을 돌보아주는 '女別当'라는 최고위 여관(女官)을 비롯한 많은 시녀들도 포함되어 있었다. 대략 5박6일 일정의 군행을 마치고 이세에 도착하면, 지금의 미에켄(三重県)의 메이와쵸(明和町)에 조영된 재궁에 입주한다. 재궁과 재궁료에는 '도(頭)'라는 장관 아래 관인, 여관, 신직(神職) 등 200여 명이 근무하고, 건물은 내원, 중원, 외원으로 구성되어 있다.

---

7) 「斎宮諸司に入給はんとても又野宮に入給はんとても東川にて御禊の事あり。是を二たびの御はらへといふなり。但群行の時の御禊は西川にてある事也。」「斎宮はすへて三年の御神事にて、その中に三度の御禊あり。初斎院へ入給はんとて御はらへあくるとし野宮へ入給はんとて又あくるとし伊勢へくたり給はんとて御はらへある事也。野宮の御うつろひは二年めの八月の事也」(『花鳥余情』巻六)

재왕의 공식 직분을 살펴보면, 이세 신궁의 6월 쓰키나미노마쓰리(月次祭), 9월 신상제(新嘗祭), 12월 쓰키나미마쓰리와 같은 '삼절제(三節祭)'에서 봉사하는 것이 가장 중요한 임무였다. 이 제사에서 천황을 대신하여 아마테라스오카미를 모시는 일대 임무를 수행했으나 재왕은 위의 제사를 직접 집행하는 것이 아니라, 그곳에 참석하는 사실 자체에 큰 의미를 두었던 것 같다. 공적 행사 외에도 재왕은 연중행사나 때때로 도읍에서 찾아오는 칙사나 내객을 맞이하여 주최한 연회 등을 통해 적막한 생활을 잊기도 하고, 재왕을 위로하기 위한 여러 문화행사도 열렸던 것 같다. 예를 들어 「료시나이신노카이아와세(良子内親王貝合)」(1040) 행사의 일기(「斎宮貝合日記」)에 의하면, 봄부터 진기한 조개를 수집하여 재궁 어전에 늘어놓고 와카(和歌)를 짓기도 했다.[8)]

재왕에서 퇴임하고 도읍으로 돌아갈 때는 일반적으로 군행 코스와 동일하나, 직접 헤이안경으로 들어가지 않고 먼저 나니와(難波)에서 미소기를 거행했다. 재왕의 귀경은 신에 봉사하는 여성으로부터 원래의 내친왕으로 돌아오는 '재생'의 여행으로 의식되어 상징적인 미소기와 같은 통과의례가 필요했을 것이다.

3) 재왕제도의 형해화

발생 초기의 재왕은 상당한 위엄을 인정 받았으나, 점차 그 지위가 저하한다. 특히 후지와라씨 권력에서 소외된 황녀들의 직분과 같이 되어 버린 헤이안시대 이후, 재궁의 지위는 점차

8) 「御前の定めによるべきを、ただをかしと思し召したる御気色にぞ、うち笑みて御覧ず」『歌合集』(日本古典文学大系74 岩波書店, 1974) p160

하강하기 시작한다. 특히 중세 이후 전란의 시대가 열리면서 이세 재궁의 존재 의의가 약화되어 갔다.

1172년 다카쿠라(高倉)천황 시대의 재궁 순시(惇子)내친왕이 작고한 이후 이세 재궁은 공백상태였다가 5년 후에 고시(功子)내친왕이 복정된다. 그러나 이 역시 모친상을 당해 노노미야에서 그대로 퇴임해 버리고, 1185년에 고토바(後鳥羽)천황이 게쓰시(潔子)내친왕을 복정하여 2년 후 9월에 군행하기까지 이세 재궁은 또다시 공백상태가 되어 버린다. 이후 노노미야에서 퇴출해 버린 재궁도 있었고, 고니조(後二条)천황의 쇼시(奨子)내친왕 이후 23년간 재궁은 결석상태가 지속되었다. 가마쿠라(鎌倉)시대의 재궁은 재정면에서 처음부터 막부에 의뢰할 수밖에 없었는데, 1221년 조쿠의 난(承久の乱) 이후 전혀 다른 대우를 받게 된다.

남북조 동란 시기의 고다이고(後醍醐)천황은 새로운 형태의 전제군주를 목표로 귀족과 무사 모두의 광범위한 지지를 얻고 친정을 시작한다. 섭정과 장군 제도를 폐지하고, 천황 아래 국가 권력을 일원화하여 중국식 전제군주제를 실현하고자 했다. 만일 그러한 체제가 성립되었더라면, 이세 재궁은 천황의 분신으로 위상을 회복할 수 있었을 것이다. 그러나 1331년에 막부가 고다이고천황을 이키(隠岐)로 유배 보내고 재궁 긴시(懽子)내친왕을 북조의 고곤(光厳)천황 후궁으로 들여보내는 반전이 잇따르기도 한다. 2년 후 고다이고천황은 도읍으로 돌아와 복위하면서 다시 자신의 딸 쇼시(祥子)내친왕을 재왕에 복정하고 새로운 왕권의 상징으로서 이미 13세기 후반부터 형해화한 재왕제도를 부활시키고자 했으나, 무사들의 지지를 잃고 실권해 버림으로써 쇼시내친왕 대에 재궁제도가 소멸되어 버린 것이다.

3. 역대 재궁의 면면

1) 초대 재왕 오쿠황녀

오쿠황녀는, 661년 사이메이(斉明)천황이 백제를 지원하기 위해 출발했을 때 동행했던 오아마(大海人)황자와 오타(大田)황녀 사이에서 출생했다. 덴지(天智)천황이 667년에 오미(近江) 천도를 단행할 무렵에 오쿠황녀와 동생 오쓰(大津)황자 남매는 어머니와 사별하게 된다. 천황 서거 이듬해인 672년에 오아마황자는 진신의 난(壬申の乱)을 일으키고 덴무(天武)천황으로 즉위하면서 오쿠황녀를 이세 재왕으로 복정한다. 제도화 이후 최초의 재궁이 된 셈인데, 여기에는 전란 당시 덴무천황의 기원을 실현시켜 준 아마테라스오카미에 대한 보답이라는 측면과 아울러, 왕권을 둘러싼 정치적인 배려가 숨겨져 있었다. 오쿠 남매의 이모이자 현 황후인 우노(鸕野)황녀는 자신의 아들 구사카베(草壁)황자의 왕위계승에 방해가 될 것을 우려하여 오쿠황녀를 변방의 이세로 격리시키려 한 것이다.

오쿠내친왕은 재왕으로 복정되어 먼저 하쓰세(泊瀬)의 노노미야에서 결재생활을 마친 후, 674년 10월에 군행에 오른다. 686년 9월 덴무천황 서거 당시 모반혐의로 쫓긴 동생 오쓰황자가 이세 재궁을 찾아왔을 때의 사정은 『만요슈(万葉集)』에도 전해진다.9) 정쟁에서 밀려난 오쓰황자는 사람 눈을 피해 몰래 누이

9) 「大津皇子、窃かに伊勢神宮に下りて、上り来ましし時、大伯皇女の御作歌二首

わか背子を大和へやると小夜更けて暁露に我が立ちぬれし

二人行けど行き過ぎがたき秋山をいかにか君がひとり越ゆらむ)」

(『万葉集』105번, 106번)

재왕을 찾아가서 이세의 아마테라스오카미의 힘을 빌리고 용기를 되찾으려 했던 것 같으나, 결국 구사카베왕자를 모함한다는 누명을 쓰고 체포되어 죽는다. 오쓰황자를 따라서 다시 그 왕세자비가 순사했다는 비보를 듣고 재궁에서 물러난 황녀는 11월에 급거 귀경한다.

「현세의 나는 내일부터는 (동생이 잠든) 후타카미야마를 동생으로 여기고 바라보겠노라(うつそみの人にある我や明日よりは二上山をいろせと我が見む)」
「바위가에 솟아나서 하얀 꽃 피우는 마취목을 꺾으려 해도, 그것을 보여주고 싶은 그대는 이미 이 세상 사람이 아닌 것을(磯の上に生ふる馬酔木を手折らめど見すべき君がありと言はなくに)」(『万葉集』165, 166)

위의 두 수의 와카는 황망한 여행 도중에 하나뿐인 소중한 피붙이를 잃은 처연한 심정을 표출한 명작으로 이름 높다. 오쿠황녀는 701년 대보령(大宝令) 시행에 따라 내친왕 칭호를 받지만 그 해 12월에 41세로 작고한다.

2) 이노우에(井上)내친왕, 사카비토(酒人)내친왕, 아사하라(朝原)내친왕 3대

이노우에내친왕은 717년에 쇼무(聖武)천황과 아가타이누카이스쿠네모로코시(県犬養宿祢唐)의 딸 사이의 제1황녀로 출생했다. 721년 9월에 이노우에내친왕이 이세 재궁에 복정됨으로써, 초대 재궁 오쿠황녀 이래 35년 만에 천황의 딸이 다시 재왕으로 된 것이다. 이노우에내친왕은 노노미야에서의 결재생활을 마치고, 727년에 이세로 내려가서 재궁에 입주한다. 당시 재궁료에는 11사가 설치되어 있었고, 이것이 헤이안시대 이후에 12사로 확대된다. 즉, 이노우에내친왕은 재궁료나 재궁제도가 확립되는 가운데 재직했던 재궁이라고 하겠다.

이노우에내친왕이 재궁에서 물러나서 귀경한 기록은 소상하지 않으나, 749년에 쇼무천황이 고켄(孝謙)천황에게 양위했을 무렵 내친왕은 시라카베(白壁)황태자와 결혼하여 사카비토내친왕을 출산했다. 그 후, 770년에 쇼토쿠(称徳)천황이 서거하고 62세의 시라카베황태자가 고닌(光仁)천황으로 뒤늦게 등극함에 따라 이노우에내친왕은 황후에 책립된다. 그러나 이듬해에 황후가 천황을 저주했다는 무고에 의해 아들 오사베(他戸)황태자와 함께 폐위되고 만다. 다시 3년 후에 천황의 여동생 나니와(難波)내친왕이 별세하자, 이 일 역시 이노우에내친왕의 저주에 의한 것이라는 모함을 받고, 이노우에 모자는 야마토지방에 유폐되었다가 결국 775년에 원인 불명의 죽음을 당한다.[10)]

헤이안경 천도 이후 간무(桓武)천황은 국가적인 불상사가 연발하는 난국을 극복하는 하나의 방안으로 이노우에내친왕의 원령을 위무하고자 황후로 복위시킨다. 그리고 그들 모자를 진혼하는 신사와 사찰을 건립하여 미타마(御霊)신앙의 시원을 만들었다.

사카비토내친왕은 772년 11월에 재왕으로 복정되어 2년 후 이세에 군행한다. 그러나 어머니와 남동생의 죽음을 계기로 재왕을 퇴임하고 야마베(山部)황태자와 결혼하여 777년에 아사하

---

10) 「井上内親王、他戸王卒」(『続日本紀』宝亀六年 己丑条)

라(朝原)내친왕을 출산한다. 이후 사카비토내친왕은 어머니의 비참한 삶을 대신 보상 받듯이 화려한 삶을 살지만, 딸 아사하라내친왕과 사별함으로써 또다시 고통을 겪다가 829년에 76세로 별세한다.

일본역사나 문학사상, 재궁의 활약이 두드러지는 헤이안시대 이후의 재궁은 간무천황 시대의 아사하라내친왕에서 고다이고천황 시대의 쇼시(祥子)내친왕까지 53명을 꼽을 수 있으며, 그 첫머리에 아사하라내친왕이 있다. 782년 8월 1일에 아사하라내친왕이 헤이안시대 최초의 재궁으로 복정된다. 이처럼 3대에 걸쳐 재궁으로 선정된 이유는 앞서 말했듯이 덴무천황계의 그들이 이세 대신에게 봉사함으로써 8세기초 이래 조정을 둘러싼 암운을 걷어내려 했던 간무천황측의 정치적 계산이 있었기 때문일 것이다. 785년 9월, 7세의 어린 내친왕은 이세 재궁으로 군행하는데, 이 과정에서 간무천황이 몸소 나가오카경(長岡京)에서 헤이조경(平城京)으로 나가서 발견 의식을 거행해 주는 등, 융숭한 대우를 한다. 11년 후에 내친왕의 친족에 아무 변화가 없음에도 불구하고, 아사하라내친왕은 재왕을 퇴임하고 귀경한다. 797년에는 후에 헤이제이(平城)천황이 되는 이복오빠 아테노미코(安殿親王)와 결혼하는데, 재궁에서 물러난 것도 이 결혼을 위한 수순으로 추정된다. 806년에 간무천황이 서거하고 헤이제이천황이 즉위하자 아사하라내친왕도 황비의 지위에 올랐다가, 817년에 별세한다.

3) 마지막 재궁 쇼시내친왕

쇼시내친왕은 1316년경에 고다이고천황과 후지와라렌시(藤原廉子) 사이에서 출생했다. 1308년에 쇼시(奨子)내친왕이 재궁에서 물러난 지 23년만에 쇼시의 이복언니인 긴시내친왕이 재궁으로 복정되었으나, 군행하지 못한 채 노노미야에서 퇴임하고 만다. 1333년 12월에 쇼시가 새로운 재궁으로 복정되고 2년간 노노미야에 머물었으나, 1336년 남북조 동란이 발발하자 퇴임함으로써 결국 이세 군행을 완수하지 못한 채 최후의 재궁으로 역사에 남은 것이다.

쇼시내친왕의 행적에 관해서는 거의 알려진 바가 없으나, 그가 남긴 와카들을 통해 어느 정도 생애를 추정해 볼 수 있다. 쇼시내친왕의 근친혈연자 모두가 와카문학에 조예가 깊고, 자신도 『신센사이와카슈(新千載和歌集)』에 1수, 『신요와카슈(新葉和歌集)』에 16수를 남기고 있다.[11)]

쇼시내친왕은 노노미야에 거주했었을 때 꿈에 계시를 받고 이세 신궁에 와카 100수를 봉공했는데 그 가운데 「왜 이스즈카와의 강물은 맑고 흐리지 않은데 이 세상은 이다지도 혼탁한 것일까(いすず川たのむ心はにごらぬを　などわたるせの猶よどむらん)」(『新葉和歌集』 580)가 전해진다. 부왕 고다이고천황이 정치 복권을 실현하여 재궁제도를 복원하고자 분투했음에도 불구하고, 여전히 자신은 안타깝게 이세 군행을 앞에 두고 실현

---

11) 부왕 고다이고천황을 비롯하여 『新葉和歌集』에 일련의 애상가(1332, 1354, 1373, 1375, 1342, 1383)를 남긴 모친과 동생인 고무라카와천황, 또 이복형제 宗良親王(『新葉和歌集』편찬자), 긴시, 숙모에 해당하는 達智門院奨子 등이 모두 뛰어난 와카의 재능을 지녔었다.

할 수 없는 처지이다. 조정이 분열되는 난세에 이세 신궁의 아마테라스오카미를 모시는 재궁이 되기 위해, 노노미야에서 결재생활을 하면서 시간을 기다리고 있는 내친왕의 복잡한 심정을 표현한 위의 노래는 100수 가운데 유일한 현존 와카이지만, 격동기를 헤쳐나가는 황녀로서의 각오를 충분히 엿볼 수 있다.

1339년에 쇼시의 친동생인 노리나가(義良)친왕이 고무라카미(後村上)천황으로 즉위한 다음날 부왕이 요시노에서 별세한다. 고무라카미천황도 1348년 정월 행궁이 공격을 받자 야마토 각 지역을 떠돌다가 스미요시(住吉) 행궁에서 서거한다. 이처럼 혈육의 비극을 차례차례 겪어낸 쇼시내친왕은 고통스러운 속세를 등지고 불문에 귀의하여 지나간 시간을 추억하며 불도에 정진하는 중에 43세경에 고인이 된 것으로 추정된다.

4. 재궁과 문학

1) 와카문예의 고양 - 기시(徽子)와 기시(規子) 모녀의 경우

932년에 스자쿠(朱雀)천황이 재왕에 복정한 가시(雅子)내친왕은 중도에 모친의 상을 당하고 퇴임한다. 그 후임으로 예정되었던 세이시(斉子)가 돌연 사망함에 따라 대신에 복정된 사람이 시게아키라(重明)친왕과 간시(寛子) 사이에 출생한 기시공주(徽子女王)이다. 938년 기시가 이세 군행을 하기 전에 '모노이미(物忌)' 중이었던 스자쿠천황을 대신하여 후지와라타다히라(藤原忠平)가 발견 의식을 주재해 주면서, 세이와(清和)천황 시대의 선례를 따랐다고 한다.

이세 신궁의 제주(祭主)를 담당했었던 오나카토미(大中臣)씨 집안은 뛰어난 가인들을 많이 배출했는데, 특히 기시 재왕 시대의 제주 요리모토(頼基)는 와카 가문의 기반을 만들고 36가선(歌仙)에도 선정된 인물이다. 따라서 기시가 재궁으로 봉사하고 있었을 당시의 이세에는 와카문예가 상당한 수준에 올라 있었다고 볼 수 있다. 거문고(琴)의 명인으로도 이름이 높았던 기시가 가인으로서의 소양도 대략 이 무렵에 기를 수 있었을 것으로 추정된다. 이처럼 다감한 소녀기를 이세의 문화적 환경 속에 보내면서 성장한 기시는 17세 되던 945년에 모친의 상을 당해 퇴임하고 귀경한다. 3년 후, 부왕의 이복동생인 무라카미(村上)천황의 왕비로 들어가서 '재궁뇨고(斎宮女御)'라는 통칭을 갖게 된다.

무라카미천황 시대에는 문예가 장려되고, 궁중에서는 천황과 왕비들이 주최하는 노래경합행사 우타아와세(歌合)가 성행했다. 여기에서 기시는 수많은 사람과 와카를 증답하면서 점차 당시 가단의 중심에 올라선다. 967년 천황이 급서했을 무렵에도 그녀는 39세의 나이로 여전히 가인으로서 활동했으나, 레이제이(冷泉)천황과 엔유(円融)천황 시대로 들어서면서 우타아와세와 같은 행사도 사라지고 궁중가단이 점차 쇠퇴해 간다. 이러한 환경 가운데 972년에 기시의 외동딸 기시내친왕이 주최한 「기시나이신노센사이우타아와세(規子内親王前栽歌合)」에 주목하게 된다. 이 우타아와세는 내친왕가에 소속된 뇨보들과 판자(判者) 미나모토시타고(源順)를 비롯하여 당시 일류의 가인들이 총집합하여 가을날의 정감을 친밀하게 교류한 문예행사라고 하겠다.

기시는 974년에 엔유천황 시대의 재왕 다카코(隆子)가 급서하자 그 후임으로 복정된 딸 기시와 함께 다시 이세로 내려가겠다는 결단을 내린다.

「세상을 뜬 사람이나, 오늘 헤어지는 사람 모두 알 수 없는 곳으로 제각각 사라져가는 이별의 슬픔 없는 세상이라면 좋으련만(過ぎにしも今行く末も二道に なべて別れのなき世なりせば)」(『斎宮女御集』 174번)

위의 노래는 977년 9월 딸의 이세 군행을 눈앞에 두고 기시가 절친한 시시(資子)내친왕에게 보낸 노래이다. 천황과 중궁 안시(安子) 모두 서거한 뒤 지금 다시 시시내친왕과도 이별하게 되는 감회를 표현한 이 노래는 『겐지모노가타리』에서 히카루겐지가 유가오의 죽음에 이어서 우쓰세미와도 이별하게 되었을 때 읊은 노래 「세상을 떠나버린 사람이나 오늘 헤어지는 사람 모두 알 수 없는 곳으로 멀어져가는 서글픈 가을날이여(過にしもけふわかるるも二みちに行かたしらぬ秋の暮れかな」(夕顔 1-195)로 재생산되어 있다.

위와 같이 『겐지모노가타리』의 작품 전개와 인물조형 등에 기시가 준거로 되어 있는 부분이 적지 않다. 예를 들어 딸 기시내친왕의 군행에 모친이 동행한 사실 역시 『겐지모노가타리』에서 로쿠조미야스토코로가 히카루겐지의 변심으로 고민하던 끝에, 재궁에 복정된 딸이 어린 나이라는 이유로 함께 이세로 내려가는 구상 속에 인용되어 있다.[12] 즉, 『시메이쇼(紫明抄)』나 『가카이쇼(河海抄)』와 같은 고주석서가 설명하듯이, 모노가타리의

12) 「親添ひて下りたまふ例も、ことになけれど、いと見放ちがたき御ありさまなるにことつけて、うき世を行き離れむと思すに、 大将の君、 さすがに今はとかけ離れたまひなむも口惜しく思されて、 御消息ばかりは、 あはれなるさまにて、 たびたび通ふ。」(賢木 1-75)

작자 무라사키시키부는 기시와 기시내친왕 모녀의 행적에 준거하여 작품을 전개하고 있는 것이다.[13]

그 밖에도 975년 10월, 노노미야에서 거행된 우타아와세에서 기시가 읊은 노래「거문고 소리에 산봉우리 솔가지 스치는 바람소리 어우러지네. 저 바람은 어느 산자락 어느 거문고 줄로부터 고운 소리를 자아내는 것일까(琴の音に峰の松風通ふらしいづれのをより調べそめけん)」(『斎宮女御集』57,『拾遺和歌集』451)가 『겐지모노가타리』에 끼친 영향에 관한 여러 논의들은 생략하기로 한다.

험한 스즈카야마(鈴鹿山) 고개를 넘어가는 군행은 그야말로 고행길이었던 만큼 이세 재궁 관련의 와카에서는 흔히 그 산이 소재로 되어 있다.

「오래 살다보니 스즈카야마 고개를 또다시 넘게 되었네. 그 옛날이 되돌아온 것이려나(世にふればまたも越えけり鈴鹿山むかしの今になるにやあるらむ)」

(『斎宮女御集』262)

「스즈카야마를 다시 한 번 어머님과 함께 넘으니 속세를 떨치는 것보다 더 바랄 것 없네(鈴鹿山しづのをだまきもろともにふるにはまさることなかりけり)」

(『斎宮女御集』263)

스즈카야마 관련 노래라 해도 예전에는 기시 자신이 재궁으로서 내려갔다가 지금은 다시 재왕의 어머니로서 함께 넘어가

13)『河海抄』(巻二 夕顔)「六条御息所(秋好中宮母儀前坊御息所)所在也。中将御息所(貞信公女前坊御息所)後に重明親王の北方になる此例歟。斎宮女御母大臣女以下一同也」)

는 감회가 절절하게 드러나 있다. 자신이 겪었던 외로움을 딸에게는 되풀이시키지 않겠다는 어머니의 깊은 사랑에 대해 기시내친왕도 감사함을 화답한 것이다. 이렇게 기시는 전례가 없다는 강한 궁중사회의 반대에도 불구하고 재차 이세로 내려가서 가인으로서 절정기를 맞으며 높은 수준의 와카를 창작하여 헤이안시대 36가선(歌仙)으로도 선정되었는데, 기시내친왕이 재궁에서 퇴임하고 귀경한 뒤 985년에 세상을 하직한 것으로 전해진다.

975년에 엔유천황이 무라카미천황과 기시 사이에서 출생한 기시내친왕을 재궁으로 복정한 사실은 조금 의아하게 받아들여진다. 그러나 당시의 여러 정황으로 미루어 그녀의 후견세력이 약화함에 따라 27세라는 고령에도 불구하고 다른 황녀를 대신하여 재왕에 복정되었을 것으로 짐작해 볼 수 있다. 실제로 외조부 시게아키라(重明)친왕이 이미 954년에 별세했고, 모친 기시 역시 천황의 총애를 잃고 있었던 사실은 『에이가모노가타리』에 보인다.[14] 기시내친왕은 984년 엔유천황이 양위함에 따라 8년간의 이세 봉사를 끝내고 이듬해에 귀경했다. 기시내친왕이 재궁 퇴임 이후 읊은 와카 가운데 「돌아가신 모친의 그림자가 비치지도 않는 눈물의 깊은 강물을 연상시키는 상복에 소용돌이치는 물거품처럼 나 자신도 덧없이 사라져 버릴 것 같습니다(影見えぬ涙の淵のころもでにうづまく泡の消えぞ死ぬべし」(『斎宮女御集』4)는 모친 기시가 이세에서 귀경한 후 병몰하자 이복 여동생인 대재원 센시(選子)내친왕으로부터 위로의 노래를 받고 답한 것이다. 어머니를 그리는 만가인 동시에 자신의 삶에 대한 회한

14) 『栄花物語』1 「月の宴」 p41

을 표출한 노래를 남기고 기시는 986년 38세로 생애를 마친다.

2) 금기의 전승담과 재궁

『이세모노가타리』나 『야마토모노가타리』 등의 우타모노가타리(歌物語)에는 재왕의 사랑이 주제로 되는 경우가 적지 않은데, 『겐지모노가타리』에서도 선행 모노가타리의 재궁과 관련된 인용 내지 준거를 적극적으로 도입한 사실은 이미 전절에서 언급했다. 특히 『이세모노가타리』69단은 일본문학사에서 최초로 재궁과의 사랑을 묘사하는 텍스트라고 하겠다. 이하 재궁의 밀통이 역사 기록과 문예에 도입된 실상과 그 의미를 살펴본다.

재왕은 신에게 봉사하는 청정한 여성이므로 재임중은 물론이고 퇴임 후에도 남성과 관계하는 것은 엄격하게 금지되었고, 후비로 입궐하거나 칙허를 받은 몇몇 예외를 제외하면 독신으로 지내야 했다. 한편, 신비하고 고귀한 동경의 대상이었던 재왕이란, 헤이안시대의 미적 행동양식을 추구하는 '이로고노미(色好み)'가 왕권을 침범하는 이야기의 가장 좋은 소재가 되기도 한다. 다시 말해 재궁의 존재의의는 '금기의 사랑'이라는 문학적 모티브를 가능케 한 것이다.

관련 사료를 검토해 보면, 복정이라는 본인 의사를 무시한 방법에 의해 미혼의 황녀 가운데 선발된 재왕 가운데에는 비밀리에 남성과 정을 통하고 그 지위에서 쫓겨난 사건들이 일찍부터 등장한다. 『일본서기』「雄略紀」3년 4월 기사에 보면, 아헤노오미쿠니미(阿閉臣国見)는 이오키베노무라지다케히코(廬城部連武彦)가 이세 재궁으로 봉사하고 있었던 황녀 와카타라시히메(稚

足姫)를 범하여 임신시켰다고 참언한다. 소식을 듣고 다케히코의 아버지는 후환이 두려워 아들을 죽여 버리고, 천황도 사자를 파견하여 황녀를 취조하지만, 와카타라시히메는 모르는 일이라고 강변한다. 그리고는 갑자기 신경(神鏡)을 꺼내어 이스즈카와 상류로 가서 인적 없는 곳에 거울을 묻고 목매어 자결한다. 유라쿠(雄略)천황은 이스즈카와 상류에 무지개가 선 장소를 발견하고 신경과 황녀의 시체를 찾아내어 배를 갈라보니 그 안에 태아가 아니라 돌이 들어 있었다고 한다. 또한 긴메이(欽明)천황 때에 이와쿠마노히메미코(磐隈皇女)가 우마라키(茨城)에게 폭행당하고 재궁에서 해임된 사건(「欽明紀」 2년 3월 기사), 비타쓰(敏達)천황의 우지노히메미코(菟道皇女)가 이케베노미코(池邊皇子)에게 폭행당하고 해임된 사건(「敏達紀」 7년 3월 기사) 등이 보인다. 비극적인 결말을 전하는 위의 전승담들은, 다시 말해 고대의 여성 제사자인 재궁을 불가침의 신성한 존재로서 이미지화한 것이라고 생각된다.

재왕제도가 확립된 7세기말 이후로는 가잔(花山)천황 시대의 재궁 세이시공주(済子女王)가 노노미야를 경호하는 무사 다이라노무네미쓰(平致光)와 관계를 맺은 사건[15]이 전승된다. 이 사건의 핵심은 재궁 재임 중에, 게다가 일개 다키구치(滝口) 무사를 상대로 했다는 점이다. 결국 재궁 세이시는 이세 군행 전에 해임되고 일은 일단락되었다. 그러나 모노가타리 세계에서는 재궁의 밀통 이야기가 여전히 살아 있다.

『이세모노가타리』 제69단에 보면, 칙명을 받고 이세 지방에 수렵사신(狩の使)으로 내려간 주인공은 그곳에서 재왕과 꿈같

15) 『本朝世紀』 986년 6월19일 기사

은 하룻밤을 보내지만, 결국 이루어질 수 없는 사랑을 뒤로 하고 다음 임지로 떠날 수밖에 없었다고 한다.

덴시(恬子)내친왕은 848년 경에 몬토쿠(文德)천황의 황녀로 태어난 것으로 전해지는데, 모친 기시즈코(紀静子)는 아리와라나리히라(在原業平)가 모셨던 고레타카(惟喬)친왕의 생모이자, 나리히라 부인의 고모가 된다. 세이와(清和)천황은 859년에 기씨(紀氏) 소생의 이복누이 덴시를 이세 재왕으로 복정한다. 덴시의 파견 의식을 천황의 대리가 거행한 것으로 전해지는 사실에서, 원래 재왕이란 천황 이외의 다른 남성과 얼굴을 대면할 수 없다는 규정이 깨지고 애초에 부정의 싹이 개재했다고 생각된다.16)

덴시는 19세 되던 865년 가을에 나리히라의 방문을 받는다. 고독한 환경 속에서 한창시절을 보내고 있었던 덴시가 그리운 혈육들과 인연 깊고 미남으로 알려진 나리히라에게 이끌렸을 것은 쉽게 상상해 볼 수 있다. 하룻밤의 사랑으로 임신하게 된 덴시는 비밀리에 사내아이를 출산하고 다카시나(高階)씨 집안의 양자로 보냈다는 전승은 다분히 허구적이다. 그러나 아리와라나리히라 사후의 전승은 사실설이 우세했었는지, 『존비분맥(尊卑分脈)』조차 이를 계승해서 다카시나모로나오(高階師尚)라는 아들을 기재하고 있다.17)

또 『에이가모노가타리』는 산조(三条)천황의 제1황녀 도시(当子)가 재궁에서 물러나 귀경한 뒤 후지와라고레치카(藤原伊周)

16) 榎村寛之「‘斎王の恋’と平安前期の王権ー伊勢物語狩の使章段の意味するもの」(『古代文化』 2004, 1 vol.56)

17) 『尊卑分脈』第四篇 p111의 高階師尚 난에도 茂範의 아들로 기록하는 한편, p90에는 在原師尚으로 業平의 아들(「実在業平子也。密通斎宮愲(恬)子内親王出生。依レ之此氏族子孫不二参宮一者也」)로도 기록하고 있다.

의 장남 미치마사(道雅)와 밀통한 사건을 '자이고추조가 「시커멓게 타는 내 가슴 어찌 못하고 넋이 나갔네. 꿈인지 생시인지 세상 사람들이 분명하게 정하도록 하소」라고 읊은 것도 이러한 경우일 것이다(かの在五中将の心の闇に惑ひにき夢現とは世人定めよなど詠みたりしもかやうのことぞかし)'라고 애달프게 전한다.[18] 여기에는 『이세모노가타리』에서 하룻밤의 꿈같은 사랑을 안타까워하는 여인에게 나리히라가 대답한 노래 「かきくらす心のやみにまどひねき夢うつつとは今宵さだめよ」 가 인용되어 있음을 알 수 있다. 그러나 13세기 설화집 『짓킨쇼(十訓抄)』는 세이시와 도시의 밀통사건들을 거론하고, 이것이 비련이라기보다는 재궁으로서는 용서 받을 수 없는 죄로 서술하고 있다.[19] 이 같이 '금기의 사랑'이라는 동일한 사건을 둘러싸고 『에이가모노가타리』와 『짓킨쇼』의 평가가 달라지는 점에 주목하게 된다. 그 까닭은 발생초기에는 이세의 아마테라스오카미를 모시는 신성불가침의 위상을 인정 받았었던 재왕이었지만, 헤이안시대를 거쳐 중세로 접어들면서 점차 고대적인 왕권이 약화되어 감에 따라 재궁에 대한 외경심 자체가 변질되어 갔기 때문이라고 생각할 수 있다.[20]

후지와라요시후사(藤原良房)는 866년에 후지와라씨의 수호신을 모시는 가스가(春日)신사에 재궁이나 재원에 준하는 가스가이쓰키메(春日斎女)를 만들어 국가 제사권의 분권을 시도하는데, 이는 재궁 덴시내친왕 시대에 이미 하강일보를 내딛기 시

18) 『栄花物語』2 p90 「玉の村菊」, p95 「木綿四手」
19) 「可レ撰二朋友一事」 五ノ十、五ノ十一(新編日本文学全集51『十訓抄』) p196
20) 田中貴子 「斎宮の変貌ー中世文芸の世界から」 (『日本女性史論集9 性と身体』 1998, 吉川弘文館)

작한 재궁의 위상을 시사하는 사건이라고도 해석된다. 『이세모노가타리』69단의 비련담은 바로 그러한 시대와 사회적 배경 아래, 문학적 전승과 역사적 사실이 만나는 경계점에서 이루어진 것이라고 하겠다.

5. 맺는말

이상으로 고대 일본의 재왕제도의 기원과 성립을 살펴보고, 초기의 재궁으로부터 마지막 재궁까지 각 재궁들의 삶을 통해 제도의 역사적 변용을 관찰해 보았다. 『일본서기』를 비롯하여 「六国史」 등의 사료를 검토, 분석함으로써 고대의 황녀들이 재왕으로 복정된 이후 관례의 의식을 성실하게 거행하고 천황의 대리자로 이세 군행을 수행했음을 알 수 있었다. 7, 8세기에 확립된 재왕제도에 의해 천황이 바뀔 경우 반드시 새로운 재궁을 복정해야 했고, 그 과정에는 고대의 파란만장한 정치적 굴곡이 개재했음을 확인할 수 있었다. 예를 들어 이노우에내친왕의 삶과 죽음을 통해서 덴지와 덴무 두 천황계가 복잡하게 결합과 대립을 반복하는 역사를 읽을 수 있었고, 헤이안시대 이후 복정된 재궁들의 행적을 통해 후지와라씨와 여타 귀족들, 또는 후지와라씨 내부의 권력투쟁이 혼재했었던 시대의 동향을 읽을 수 있었다.

또한 재궁은 일본 고대문학과도 불가분의 관계를 지니는데, 그들은 스스로 문학 창작의 주체가 되기고 하고 또 작품의 주제나 소재 한가운데 자리잡고 있었다고도 정리할 수 있다. 이러한 논의를 전개하기 위해, 우타모노가타리의 전승담을 비롯하여『겐지모노가타리』,『에이가모노가타리』 등의 본문에 등장하는 재궁 관련 기사와, 칙찬집, 사찬집(私撰集), 사가집(私家集) 등에 수록된 재궁 관련의 와카들을 분석, 검토해 보았다. 그러한 작업에 의해, 이세 재궁에 거주하는 재왕을 위로하기 위해 근친자와 궁중 귀족들이 멀리 찾아와서 측근 뇨보들도 함께 활발하게 와카의 증답을 즐긴 자취를 발견할 수 있었다.

노노미야나 재궁에서는 국가의 신앙을 담당하는 존재로서 청정한 결재생활이 요구되었다. 그러나 여러 사료나 문학 작품을 검토해 보면, 신도와 관련된 엄중한 공적 생활 속에서도 와카카이(和歌会)나 우타아와세 등의 행사를 주최함으로써 자연스럽게 문예적으로 고양되었다는 사실도 간과할 수 없다. 재왕이 젊은 미혼 여성으로서 겪었을 내적 갈등이나 고통을 상정해 본다면 위와 같은 문예적인 행사는 인간적인 배려에서 비롯된 것이겠으나, 결과적으로는 궁중의 후궁 못지않은 문화적 환경이 조성된 셈인 것이다. 예를 들어 사이구뇨고(斎宮女御) 기시의 와카 세계가 후대의『겐지모노가타리』와 같은 왕조문학에 적극적으로 도입되었고,『에이가모노가타리』에는 신성한 존재로서의 재궁과 아울러 귀족시대의 정취를 누리는 재궁의 모습도 나란히 묘사되어 있는 것이다.

제6장 가모재원(賀茂斎院) 문화권과 문예적 달성

1. 머리말

헤이안경(平安京)의 토지신을 모시는 가모(賀茂)신사에 봉사했던 재원(斎院)이 헤이안시대의 문학 창작과 향수에 깊이 관련되어 있었던 사실에 우리는 주목하게 된다. 그러한 재원의 문학적 업적이 진전된 궤적을 추적하는 것은 일본의 고대문학에 있어서 재원이 점하는 위상과 의의를 파악하기 위한 중요한 작업이라는 전제에서 본 연구는 출발한다.

헤이안시대에는 강력한 후지와라(藤原)씨 섭관정치 체제 발생에 의해 후궁을 정권 획득의 주요 수단으로 중시하게 되었고, 그 추세는 사적인 후궁문화권을 그 시대와 사회의 문화적 중심 공간으로 만들기에 이르렀다. 여기에 높은 수준의 문예적 재능을 인정받은 여성들이 모여 고유의 문화적 공간을 형성하게 된다. 후궁에서는 적극적으로 우아한 소재와 표현의 모노가타리

(物語), 일기문학, 와카(和歌) 등을 창작하고 향수하는 동시에, 사적 언어 표현인 히라가나의 보급이 자유로운 발상을 보다 진흥시켰다. 그 결과, 최고 귀족층 여성을 대상으로 하는 가정교육, 예술교육 등이 궁중의 후궁과 이세재궁(伊勢斎宮), 가모재원(賀茂斎院) 등의 여성 집단을 중심으로 발전하여 점차 헤이안 시대의 독자적인 여류문학을 꽃피우기에 이른다.

이미 사이구뇨고 기시(徽子) 등에 의해 와카 문학이 고양된 양상에 관한 논고[21]를 통해 국가종교에 봉사했었던 재궁과 고대일본문학의 관련성을 확인한 데 이어, 본고에서는 가모재원이 달성한 문예적 성과라는 명제를 설정하여 논의를 전개해 가고자 한다.

가모재원에 관한 선행연구를 살펴보면, 재원 어소의 소재지를 추정한 쓰노다분에이(角田文衛), 재원 교체제도의 원리를 밝힌 호리구치사토루(堀口悟), 10세기 후반에서 11세기 전반에 걸쳐 57년간 재원에 봉직했었던 센시(選子)내친왕의 생애를 분석한 오카자키토모코(岡崎知子), 『시모가모계도(下鴨系図)』에 보이는 이무코(斎祝子)와 재원 사이에 '미코'로서의 성격상의 차이점을 지적한 요시에아키코(義江明子)의 연구 등이 선구를 이룬다.[22] 특히 다마요리히메가 신령이 빙의(憑依)하는 신성한 몸으로 태어나기 위해 목욕재계를 했던 의례가 후대의 가모재원의 '미소기(御禊)'로 이어지고, 재왕(斎王)으로 계승되어 가는 고대 여성

21) 신선향 「伊勢斎宮과 일본의 고대문학」 (『日本研究』 제42호, 2009, 12)

22) 角田文衛 「紫野斎院の所在地」 (『古代文化』 1972, 8 제24권 제8호) 『角田文衛著作集』 四 (法蔵館, 1984), 堀口悟 「斎院交替制と平安朝後期文芸作品」 (『古代文化』 三一, 1979), 岡崎知子 「大斎院選子の研究」 (古代学協会編 『摂関時代史の研究』 吉川弘文館, 1965), 義江明子 「＜玉依ヒメ＞再考」 (『巫と女神』 平凡社, 1989)

제사자의 원형이라는 요시에의 견해는 고대신화와 역사를 접목시키면서 재원의 발생을 설득력 있게 풀이해 준다. 그리고 도코로쿄코(所京子)의 일련의 논구는 재원의 문예적 특성과 제작, 향수 과정 등을 조명하고 당시 귀족사회에서 독특한 존재로 남을 수 있었던 재원의 문학사적 의의를 부각시키고 있다.[23] 이 같은 가모재원에 관한 선행연구를 수용하면서 특히 재원과 와카와의 관련성이라는 분석방법에 의해, 고대 일본의 종교에 종사했던 재원이 어떻게 그 시대사회의 중심적 문예집단으로 상승해 갔는지 살펴보고자 한다.

역대 재원 가운데에는 와카에 뛰어난 사람이 많았고, 재원 어소에 설치한 재원사(斎院司)나 소속 뇨보(女房)들 가운데에도 가인의 이름이 다수 보인다. 이들이 남긴 작품은 총1181여 수에 이르고, 그 가운데 각 재원들의 자작은 107수로 밝혀졌다. 재원은 궁중의 여타 후궁과는 또다른 취향의 문화적 공간으로 성립하면서 궁중 귀족과도 때때마다 증답가를 통해 교류했다. 그리고 다양한 규모의 우타아와세(歌合)나 경합 등의 기회도 많았으며, 왕조적 정취나 남녀간의 애정을 묘사한 모노가타리(物語)도 제작하고 향수했다. 예를 들어 센시(選子) 재원의 문예적 살롱이 남긴 가집들, 바이시(禖子) 재원 주변에서 실시된 모노가타리 제작과 그 내용을 주제로 한 우타아와세, 또한『시고킨와카슈(新古今和歌集)』시대의 최고 여성 가인으로 평가되는 쇼쿠시(式子) 등, 일본의 고대 문화사나 문학사에 있어서 가모재원이 성취한 바는 결코 간과될 수 없는 것이다. 여기에서 특히 와카문학의

---

23) 所京子『斎王和歌文学の史的研究』(国書刊行会, 1989),『斎王の歴史と文学』(国書刊行会, 2000)

수준을 한층 고양시킨 대표적인 3명의 재원과 그를 둘러싼 뇨보들의 집단이 문예면에서 획득한 괄목할 만한 성과에 관해 고찰해 보기로 한다.

2. 가모재원(賀茂斎院) 제도의 성립

사가(嵯峨)천황은 810년의 구스코(薬子)의 사건 당시 헤이안쿄를 수호하는 가미가모(上賀茂)와 시모가모(下鴨)의 신사에서 대신의 도움을 얻고 무사히 난을 평정하게 되면 황녀를 재왕으로 바쳐 봉사시키겠다고 기원했다. 이에 따라 810년 4월에 황녀 우치코(有智子)를 가모재원으로 복정한 것이 제도의 기원이 된다. 이후 1204년 쓰치미카도(土御門)천황 시대에 재원에 복정된 고토바(後鳥羽)천황의 황녀 레이시(礼子)가 1212년에 퇴임하고 그 후임이 단절됨으로써, 약400년 간, 35대 35명의 황녀로 이어지던 가모재원의 역사는 막을 내린다. 이세 재궁은 천황이 새로 즉위할 때마다 반드시 새로이 복정되었으나, 재원은 그대로 2대 이상을 중임했었던 경우가 9명이나 있고, 대부분 16세 이하의 어린 황녀나 왕녀가 복정되었다.

벽지의 이세 지방으로 내려가는 재궁보다 헤이안경의 궁궐 인근 북쪽 교외라는 비교적 도읍과 지근거리에 위치했었던 재원이 더 좋은 조건 때문인지, 후지와라(藤原)씨 소생의 황녀가 재왕에 임명된 것은 대부분 재원에 해당한다. 그럼에도 불구하고 재원에 복정된 어버이의 심정은 기쁨에 앞서, 홀로 떨어져서 특별한 생활을 시작하게 될 어린 딸을 염려할 뿐이다. 예를 들어, 『에이가모노가타리(栄花物語)』는 1031년 센시 재원이 퇴임하고 고이치조(後一条)천황과 후지와라세이시(藤原威子) 사이에 태어난 게이시(馨子)가 겨우 세 살 나이에 재원에 복정되자 충격에 빠진 어버이의 모습이나, 어린 딸과 헤어지며 가능한 모든 것을 해주고 싶어하는 절절한 심정을 묘사하고 있다.[24)]

또 『겐지모노가타리(源氏物語)』에는 스자쿠(朱雀) 천황의 즉위에 따라, 고키덴뇨고(弘徽殿女御) 소생의 온나산노미야(女三宮)가 재원에 복정된 사실이 기술되어 있다. 여기에 보면, 천황과 뇨고는 각별히 아끼는 딸이 신직에 선정된 것이 가엾기만 해서 다른 사람을 대신 시키고 싶다고 생각할 정도이다.[25)] 이미 정해진 일이지만 가능하다면 피하게 하고 싶은 어버이의 비감을 통해, 일반사회와 격리된 성역에서 지내야 하는 재원이 기피대상이기도 했었던 사정을 짐작해 볼 수 있다.

일단 재원으로 복정되면, 참의 이상의 당상관을 칙사로 파견하여 가모 양사에 보고를 올리고 궁중 안에 설치된 초재원(初斎院)에서 3년간 기거한다. 다음으로 가모가와(賀茂川)에서 미소기를 거행하고 4월 상순 길일에 무라사키노(紫野)에 지어진 노노미야(野宮)에 입주하여 매월 초하루마다 제사를 올린다. 재원어소에는 행정사무 담당의 재원사나 구로도도코로(蔵人所)를

24) 「斎院につひに姫宮定まらせたまひぬれば、帝・后思し騒がせたまふことかぎりなし。この頃はことことなく二所の御中におはします。(中略)その日になりては、上の御局にて、二所御涙もとどめさせ給はず、ゆゆしくなん見えける。」(新編日本古典文学全集『栄花物語』2「殿上の花見」) p214. 이하 『栄花物語』 본문인용은 이에 따른다.
「御車に奉るほど、侍従の内侍に抱かれさせたまひて、「これは乗らむ」とて、おりさせ給はざりければ、いかがはせんとて、宮の、御香の御衣をぞ賜はせて、色聴させたまひて乗せさせたまふ。」(p215)

25) 「御門、后、いと殊に思ひ聞えたまへる宮なれば、すぢ異になりたまふを、いと苦しうおぼしたれど、こと宮たちのさるべきおはせず」(新編日本古典文学全集『源氏物語』二) p14

설치하여, 여기에 장관 이하 관인과 뇨보 등이 봉직하도록 했다.[26] 쓰노다에 따르면 재원의 노노미야는 현재의 교토 북구 오미야도오리(大宮通) 서쪽에 위치했고, 부지는 사방 약160미터였던 것 같다. 『겐지모노가타리(源氏物語)』에서 기리쓰보인(桐壷院)이 별세한 다음해 가을에 겐지가 우린인(雲林院)에 은둔해 있었을 때, '바람도 맞부딪칠 정도로 가까운 곳이어서, 재원께도 편지를 올리셨다(吹きかふ風も近きほどにて、斎院にも聞えたまひけり)'[27]라고 아사가오 재원에게 소식을 전하는 장면은 노노미야와 우린인이 인접한 위치였음을 말해준다.

재원의 공적 생활에서는 음력 4월 유일(酉日)에 거행하는 가모마쓰리(賀茂祭)를 주재하고 제의를 바치는 일이 최대 임무가 된다. 제사에 앞서서 미소기를 거행하고 제사 당일에는 칙사 이하 담당자들을 수행하여 시모가모신사와 가미가모신사에 올라가서 제의를 마친 후 임시 숙소인 신관(神館)에서 1박하고 다음날 노노미야로 돌아온다. 가모마쓰리는 6세기 후반 긴메이(欽明)천황 시대에 큰 폭풍우와 기근이 계속되자 우라베이키노와카히코(卜部伊吉若日子)에게 점을 치게 하니, 가모대신의 노여움 때문이라고 밝혀져서 제사를 올린 것이 그 기원이라고 한다.[28] 그것이 806년 4월의 유일을 복점하여 최초로 관제를 열고, 이를 궁중행사로 정하여 섭관정치 체제 확립기에 적합한 형태로 정비되어 간 것이다. 그러나 『속일본기(続日本記)』 698년 3월 辛巳条에 '미아레마쓰리(御阿礼祭)' 기사가 보이므로, 이것이 가

26) 『類聚国史』百七「職官」弘仁9(818)년 9월 정월 乙巳条 「始置二斎院司一」, 『新訂増補国史大系第4巻 日本三代実録』(吉川弘文館, 2007) 861년 10월 5일 기사

27) 日本古典文学全集『源氏物語』1 (賢木 2-90)

28) 日本古典文学大系『山城国風土記』(岩波書店, 1975) p415

모마쓰리의 전단계로서 가모신사의 전통적인 제사로서 이미 7세기말부터 시작되었을 것으로 추정해 볼 수 있다.[29)]

3. 역대 재원과 와카문학

1) 대재원 센시(大斎院選子)의 가집과 문예살롱

센시의 와카는 『홋신와카슈(発心和歌集)』의 55수를 비롯하여, 칙찬집과 사찬집의 수록가 및 『다이사이인사키노교슈(大斎院前の御集)』(이하 『사키노교슈』) 『다이사이인노교슈(大斎院の御集)』(이하 『교슈』)의 수록가 등, 약147수가 전해진다.

먼저 센시의 출생과 삶을 개관해 보면, 964년에 무라카미(村上)천황과 중궁 안시(安子) 사이의 열 번째 황녀로 태어났으나, 사흘 만에 모친이 별세한다. 그 후 부왕과도 4살 때에 사별해서 일찍부터 죽음이나 부모자식 간의 애정에 관해 실감하게 되었다. 인간의 죽음뿐 아니라, 동물의 죽음에도 측은함을 갖고 깊은 정을 표현한 노래를 많이 남긴 것도 조실부모한 성장과정과 관련이 있을 것이다. 센시의 문학적 재능은 물론 부왕에게서 이어받은 천부적인 것이기도 하겠으나, 외삼촌 후지와라카네미치(藤原兼通)의 호리카와인(堀河院)에서 보낸 소녀기 이후, 주변인물들과의 교류 가운데 더욱 발전한 것으로 생각된다. 예를 들어, 후에 엔유(円融)천황의 황후가 된 외사촌 고시(媓子), 무라카미

---

29) 三宅和朗「賀茂斎院の再検討」(『日本古代の祭祀と仏教』吉川弘文館, 1993)

천황의 뇨고(女御) 기시(徽子) 모녀와의 교류도 센시의 문학적 감성을 폭넓게 만들어 주었을 것이다.

센시는 975년 9월에 재원에 복정되어, 초재원에 들어가서 1년간 지낸 후 무라사키노의 재원 어소에 입주했다. 그 후, 엔유·가잔(花山)·이치조(一条)·산조(三条)·고산조(後三条) 5대의 천황에 걸쳐 신직에 머물 수 있었는데, 이 같은 이례적인 경우는 재원 본인의 의지와 후견인 등과 관련되는 문제라고 하겠다. 즉 센시는 엔유천황의 여동생이며, 후지와라가네미치의 섭관 시대에 복정되었고, 그 후 또 다른 외삼촌 가네이에(兼家)로부터 그 아들들(道隆, 道長, 頼通)로 이어져 간 섭관정권의 비호 아래 '대재원'이라는 명칭에 걸맞는 지위를 유지할 수 있었던 것이다.

『오카가미(大鏡)』가 전하는 다음의 일화는 센시의 또 다른 인간적 측면을 설명하는 데 자주 인용되고 있다. 1010년 4월 가모마쓰리에서 후지와라미치나가(藤原道長)가 장녀 쇼시(彰子) 소생의 아쓰히라 왕자와 아쓰나가 왕자 형제를 무릎에 앉히고 구경하고 있는 터에, 앞을 지나가는 대재원에게 '이 왕자님들을 보아 주십시오'라고 두 손주를 내밀었다. 그러자 센시는 자신의 가마에 드리운 비단자락 사이로 붉은 부채끝을 내밀어 그에 답했다. 이러한 응대에 미치나가가 '역시, 혜려 깊으신 재원이십니다(なほ、心ばせめでたくおはする院なりや)'라고 무척 감동하고, 주변사람들도 센시의 재빠른 두뇌 회전력을 칭송했다.[30] 이 역시 모든 사람 눈앞에서 사실상 미치나가의 권력을 인정하는 정치적 감각을 발휘한 에피소드의 하나로, 당대의 최고위자와 협조노선을 지속하면서 장기간에 걸쳐 재원의 자리를 지킬 수

30) 新編日本古典文学全集34『大鏡』(小学館, 1999) p160

있었던 이유를 설명해 준다.

대재원 센시의 문화권은 궁중과는 다른 분위기를 지닌 세계로 의식되기도 했는데[31], 그 재원의 집단적 가집 『사키노교슈』와 『교슈』에 관한 연구가 본격적으로 진행되기 시작한 1950년대 중반 이후 그 독자적인 성격이 밝혀지게 되었다. 두 가집은 각각 3년과 5년이라는 한정된 기간의 기록이긴 하지만, 재원 내부의 일상생활과 와카 증답에 의한 외부와의 교류활동의 실태를 보여 주는 귀중한 자료가 된다.

먼저, 『우마노나이시우타일기(馬内侍歌日記)』라는 이명으로도 불리는 『사키노교슈』(984~986)는 총 394수의 와카를 수록하고 있다. 일상적으로 경험하는 자연과 계절의 미를 소재로 한 증답가가 대부분이고, 3명 이상의 뇨보들이 지은 렌가(連歌) 15수, 외부인과의 증답 20조 등으로 구성되어 있다. 이를 작가별로 살펴보면, 센시의 와카 18수, 다른 뇨보들과 사네카타(実方)·다메마사(為理) 등의 궁중귀족들이 증답한 66수로 나타난다.

'むま'와 '進'이라는 두 뇨보의 증답가가 『사키노교슈』의 361번과 364번으로 수록되어 있는데, 이것이 「永観元年七月七日庚申選子内親王女郎花合」「永観元年九月斎院選子内親王菊合」라는 두 차례의 우타아와세를 1년 뒤에 회고하며 읊은 것으로 생각해 볼 수 있다. 이 밖에도 센시의 재원에서는 반딧불경합(蛍合) (『사키노교슈』282), 벌레경합(虫合)(『사키노교슈』388～392), 「前前斎院歌合」 (『御集』129번～130번) 등등, 궁중귀족들이나 다른 후궁의 뇨보와 같은 외부인이 참가하는 행사도 개최했던

31) 『紫式部日記』「斎院中将の君段」,『今昔物語集』巻十九「村上天皇御子大斎院出る語 第十七」

것으로 추정된다. 다른 궁중 후궁들과 달리, 재원은 전원 풍취가 넘치는 교외에 위치하고 궁중사회와 일정한 거리를 둔 공간인 만큼, 자연의 경물이나 계절의 정감을 최대한 수용한 와카의 세계를 펼칠 수 있었을 것이다.

가집에 보면, 재원 안에 우타쓰카사(歌司)와 모노가타리쓰카사(物語司)라는 부서도 설치되어 있어서 와카뿐만 아니라, 모노가타리도 향수하고 유통시키는 공간이었음을 알 수 있다. 즉 『무묘조시(無名草子)』 등이 전하는 『겐지모노가타리』 집필을 둘러싼 설화가 성립할 정도로, 센시 재원이 와카와 모노가타리 같은 대표적인 왕조문학을 배양한 문예적 집단이었다고 할 수 있는데, 그 중심에는 센시의 통솔과 감독이 있었음은 물론이다.

센시내친왕의 리더로서의 자세나 자질에 관해서는 『마쿠라노소시(枕草子)』 83단이 좋은 예를 제공해 준다. 센시가 정월 축하인사로 중궁 데이시(定子)에게 보낸 편지에 답장이 늦을세라 황급히 중궁에게 알렸다는 본문에는 센시재원에 대한 중궁과 작자 세이쇼나곤(清少納言)의 존경심이 드러나 있다.[32] 당시에 이미 불우한 처지에 놓인 중궁의 심정을 이해하고 위로하는 노래를 지어보낸 센시의 배려는 정쟁에서 패배한 중궁측에 대해서도 중립적으로 대할 수 있는 재원이라는 신분 때문에 가능했을 것이다. 또 세이쇼나곤은 신을 모시는 재원이 불교를 멀리하기 때문에 죄가 많은 것 같지만, 봉사하기 바람직한 곳으로 꼽기

32) 「御文あけさせたまへれば、五寸ばかりなる卯槌二つを、卯杖のさまに、頭など包みて、山橘・日影・山菅などうつくしげに飾りて、御文はなし。ただなるやうあらむやはとて御覧ずれば、卯杖の頭包みたる小さき紙に、
山とよむをのの響きをたづぬればいはひの杖の音にぞありける
御返し書かせたまふほどみいとめでたし」(新編日本古典文学全集11『枕草子』83段)

도 한다.[33] 이는 중궁을 잊지 않고 정을 나누어 주는 센시에 대한 세이쇼나곤의 개인적인 호감을 나타낸 것이라기보다 대재원에 대한 이 시대의 일반적인 평판을 그대로 반영한 의견으로 해석해도 좋을 것 같다.

그러나 센시의 재원이 처음부터 궁중사회와 접촉을 갖고 주목을 받을 만한 문화적 수준에 올라 있었던 것은 아니었다. 당초에는 재원 내부의 단조로운 생활을 위안하기 위해 구성원들만의 와카 활동을 조금씩 해간 것이 외부에 알려지면서 점차 호평을 얻게 된 것 같다. 『사키노교슈』 시대에는 사네카타, 시게미쓰, 아사미쓰, 미치쓰나 등과의 교섭이 약간 보일 뿐, 방문하는 사람도 드물고 무료함을 달래며 흘러가는 시간을 아쉬워하는 분위기가 25번의 노래 「봄은 아직 자욱한 안개에 싸여 있는 산골에 발길 내딛어 찾아오는 이 없네(はるはまたかすみにまかふやまさと たちよりてとふひとのなきかな)」(『後拾遺集』 40)에서도 확인된다. 「三日までまいる人ひとりなし」 라는 고토바가키(詞書)에 보이듯이, 정월에 사흘이 지나도 찾아오는 외부 사람이 전혀 없다는 사실에 놀라고 탄식하는 노래들이 적지 않은 점이 주의를 끄는 대목이다.

신에 봉사하는 청정 지대로서 속세에서 격리된 재원의 어소는 가모마쓰리 같은 중요한 신사 이외에는 세상과 교섭이 극히 적은 폐쇄적인 공간일 수밖에 없었다. 그러한 한계를 30년 세월에 걸쳐 극복하고 변화한 저간의 사정을 웅변해 주는 것이 『교슈』(1014~1018)이다. 여기에는 주로 증답 중심의 와카 122수와

---

33) 「宮仕へ所は内。后の宮。その御腹の一品の宮など申したる。斎院、罪深かなれど、をかし。まいて、余の所は。また、春宮の女御の御方。」(『枕草子』 一本24段)

25구의 렌가(連歌)로 구성된 135수가 수록되어 있고, 센시의 작품은 18수에 이른다.

수록된 와카를 통해 구체적으로 외부세계와의 교류 양상을 살펴보면, 사계절에 따른 자연의 변화와 재원 안의 생활을 센시와 뇨보들이 나눈 증답가와 렌가, 연작으로 표현한 노래들이 『교슈』의 5분의 3에 해당하고, 나머지가 재원과 외부와의 접촉 과정에서 지어진 노래들이다. 뇨보들과 방문객들과의 증답에서도 예를 들어 '摂政左大臣道長'의 아들들이 때때마다 다른 귀족들과 함께 센시의 재원을 방문했었던 사실을 알 수 있다.[34] 이러한 사정으로 미루어 당시의 궁중사회와 후궁을 포괄한 상류귀족들과의 교류 가운데 센시재원이 상당한 우위에 오르게 된 것으로 생각된다.

특히, 『교슈』에는 편찬작업에서 큰 역할을 담당한 추조노키미라는 뇨보의 증답가 4수가 보이는데, 이가 바로 『무라사키시키부일기(紫式部日記)』의 「斎院中将の君の段」을 쓰게 만든 화제의 인물이다. 무라사키시키부가 우연히 엿보게 된 추조노키미의 편지가 발단이 되어 이치조천황 시대에 정립했었던 세 후궁의 문화론이 펼쳐지는데, 요컨대 센시재원 뇨보들의 절대적인 자부심과 자신의 집단이 문예의 중심이라는 드높은 의식을 다시 한번 확인시켜 주는 셈이다. 이 때, 무라사키시키부는 화려한 가모마쓰리를 관장하면서 궁중사회와 긴밀하게 교류하고, 와카의 증답에 의해 우월한 문예살롱으로 인정받게 된 센시 후궁에 대한, 동시대의 라이벌 후궁으로서의 자기비판과 변명도

34) 센시 자신이 藤原行成를 비롯하여 미도케의 두 형제와 같은 외부 사람들과 나눈 증답이 10조나 된다.(1~4 衛門督教通, 7~10頼宗, 20~21一品宮の中君, 73~74侍従中納言行成, 87~88右馬頭)

잊지 않고 덧붙인다. 센시재원과 쇼시 후궁을 비교하는 이 언설에 무라사키시키부의 개인적인 감상이라고만 생각할 수 없는, 당시의 뇨보 집단을 둘러싼 미묘한 문화 의식이 드러나 있다.[35] 이렇게 보면, 센시가 이끄는 재원이 문예집단의 선구가 되기 위해서는, 다른 후궁집단의 존재는 필요불가결한 것이었는지도 모른다.

2) 바이시(禖子)와 궁중의 우타아와세 문화

바이시는 1039년에 고스자쿠(後朱雀)천황과 중궁 겐시(嫄子) 사이에서 출생하여, 1096년 9월 13일에 58세로 별세했다. 태어난 지 열흘 만에 모친과 사별하고 외조부 후지와라요리미치(藤原頼通)가 양육을 맡게 되는데, 이 사실이 바이시의 일생을 결정짓는 중요한 요소가 된다.

고레이제이(後冷泉)천황 시대는 궁중문학이 난숙했었던 시기로, 바이시의 재원도 그 중심 가운데 하나였다. 이 시대에는 바이시의 언니 유시(祐子), 엔시(延子), 게이시(馨子) 등이 다투어 우타아와세를 개최했으나, 역시 바이시의 우타아와세가 내용이나 외형면에서 뛰어나고 헤이안시대 문학 연구의 귀중한 자료들을 남기고 있다. 이하, 바이시의 재원시대를 중심으로 당시의 문예환경과 재원의 관계를 살펴보기로 한다.

1045년 1월 중병의 고스자쿠천황이 고레이제이천황에게 양위하고 이틀 뒤 별세함에 따라, 당시의 재원 겐시(娟子)가 퇴임하

---

35) 신선향 「一条朝 문예집단에 관한 小考-定子・彰子・選子 후궁을 중심으로」 (한국일본학회 『일본학보』 제53집, 2002)

고 이듬해 3월에 8세의 바이시가 재원에 복정된다. 그로부터 6년 후 1052년 4월 19일에 바이시는 가모마쓰리의 미소기를 거행하고 이어서 22일에는 신사에서 제의를 올리는 임무를 완수하지만, 곧 등에 종양이 생기고 내내 병에 시달리게 된다. 이후 측근인물들이 화려한 우타아와세나 모노가타리아와세를 개최해서 위로해 주기도 하지만, 결국 1058년 4월 3일에 지병을 이유로 재원에서 물러난다.

바이시는 항상 건강문제로 어려움을 겪는 가운데에서도 13년간의 재원 재임중에 15회의 우타아와세를 주최했다. 퇴임 후의 10회의 우타아와세를 포함하여 전생애에 25회의 우타아와세를 주재했고, 측근 뇨보들이나 근신 가운데에도 저명한 가인들을 다수 배출하는 등, 와카 문학사상에서 괄목할 만한 업적을 남겼다. 특히 1055년 5월 3일에 개최된 「天喜三年五月三日物語歌合」는 모노가타리 연구사에도 한 획을 긋는 단초를 제공해 준다. 여기에서는 바이시 재원의 뇨보 18명이 새로 모노가타리 18편을 지어서, 작중 인물의 노래와 작자가 모노가타리의 내용에 관해 읊은 노래를 합친 9조의 와카가 피로되었다. 주제에 오른 모노가타리들에 관해 알려지는 바가 없으나, 고시키부(小式部)라는 뇨보가 읊은 「님께서 만수무강하실 징표로 천길 넘는 창포뿌리를 뽑아왔습니다(君が代の長きためしにあやめ草千尋にあまる根をぞ引きつる)」라는 노래에 주목할 필요가 있다.

『쓰쓰미추나곤모노가타리(堤中納言物語)』의 제5화 「逢坂越えぬ権中納言」에 등장하는 위의 노래와, 나머지 5편의 모노가타리의 제명을 지닌 와카들이 헤이안 중기에서 가마쿠라 초기에 걸쳐 창작 모노가타리의 와카들을 발췌하여 편찬한 『후요와카슈

(風葉和歌集)』(1271) 에 39수가 수록되어 있다. 즉, 이 우타아와세가 개최되어 오늘날 전해지는 덕분에 작자나 성립연대 미상이었던 『쓰쓰미추나곤모노가타리』가 고시키부라는 여성이 1055년경에 지었다는 사실과, 산일되어 버린 다른 17편의 모노가타리 작품명과 작자, 성립시기 등이 알려지게 된 것이다. 이 행사에서 두 번째로 발표된 「玉藻に遊ぶ権納言」의 노래 「새벽달 기다리고 있는 집이 있다고 해서 무심코 정처 없이 나온 것이랍니다(ありあけの月まつさとはありやとてうきてもそらにいでにけるかな)」를 지은 센지(宣旨)라는 뇨보 역시 『사고로모모노가타리(狭衣物語)』의 작자로 추정된다.[36)]

위의 모노가타리우타아와세에 바이시 외에, 뇨보 28명, 궁중귀족 6명이 참가한 바와 같이, 바이시의 우타아와세에는 앞서 언급한 유시와 중궁 쇼시(章子), 황후 간시(寛子)의 뇨보들도 수시로 참가하는 등, 최고위의 후궁들과도 빈번한 왕래가 있었으며 최고위층의 남성 귀족들과도 지속적으로 접촉했다. 이처럼 활발하게 궁중사회와 교류한 것은 바이시를 측근에서 모셨었던 많은 가인들이 우타아와세를 마련하여 병약한 내친왕을 위로했고, 외조부 등의 후견인에 의한 후원이 컸었기 때문에 가능했을 것이다. 그러나 무엇보다도 모노가타리가 환영 받았던 시대풍조를 수용할 수 있는 바이시 본인의 취향과 자질, 그리고 대재원 센시 이후 배양된 재원문화의 기반이야말로 바이시 재원을 하나의 독자적인 문예집단으로 자립할 수 있게 지원해 주었을 것이다. 특히 10세에서 13세 사이에 무려 6회나 우타아와세가 진행되었는데, 여기에는 어린 바이시가 이미 선대의 업적에 의해

36) 日本古典文学大系74『歌合集』(岩波書店, 1974) 두주 참조

확립된 문화권으로서의 재원의 존재 양식을 인식하고 자신의 문예집단에 어울리는 주인으로 성장하도록 지도한 후원세력도 간과할 수 없을 것 같다. 그 결과, 바이시의 문예집단은 재원으로서의 직무를 수행하는 한편, 궁중사회와 적극적으로 접촉하여 헤이안시대의 미의식을 일상생활에 구현한 환경이 실현됨으로써 또 하나의 문예집단을 형성해 갔던 것이다.

바이시의 와카 가운데 현존하는 것은 15수로, 우타아와세에서 처음 피로한 노래는 1049년 12월의 「고신우타아와세(庚申歌合)」에서 읊은 「깊은 골짜기 보금자리에 사는 휘파람새도 나처럼 내내 봄이 오는 것을 조바심하며 기다리고 있는 것일까(谷ふかくすむ鶯もわがごとや心にかけて春を待つらむ)」로 알려져 있다. 봄을 기다리는 꾀꼬리에 자기 자신을 비유하여 자연스럽게 「春待つ」라는 제의(題意)와 어울리는 노래로 이끌어가는 솜씨와 평이하고도 깔끔한 가어 선택 감각 등, '어리시지만 와카를 솜씨 있게 읊으신다(幼くおはしませど、歌をめでたく詠ませたまふ' (『栄花物語』「けぶりの後」)라는 평가가 공감을 얻는 까닭이다. 재원 시절을 회고한 「신역의 담장에 이리 덩굴 뻗고 있을 것이라면, 나팔꽃도 무명줄을 결쳐놓는 저녁까지 내내 피어 있지 않을 것도 없으련만(神垣にかかるとならば朝顔もゆふかくるまで匂はざらめや)」(『詞花和歌集』114)는 유일하게 칙찬집에 수록된 대표작이다. 재원 어소의 담장에 뻗은 나팔꽃이 저녁('ゆふ')까지 시들지 않고 남아 있어 주기 바라는 마음을, 신성한 재원에 걸쳐진 무명 인줄('ゆふ')과 대비시켜 축의의 뜻을 담으면서 부드럽고 섬세한 노래로 완성시키고 있다.

3) 쇼쿠시(式子)의 시적 세계

본 절에서는 재원 쇼쿠시에 관한 여러 선행연구의 성과[37]를 참고로 해서 재원 시대를 중심으로 그의 문학세계와 삶을 검토해 보기로 한다.

쇼쿠시는 1153년에 고시라카와(後白河)천황과 다카쿠라세이시(高倉成子) 사이에서 출생하여, 전성기의 섭관제도를 대신하는 원정시대 말기부터 겐지와 헤이지(平氏)가 흥망을 거듭하는 일대전환기 가운데 파란만장한 생애를 보냈다.[38] 쇼쿠시가 다카쿠라노미야(高倉宮), 시조재원(四条斎院), 오오이미카도인(大炊御門院), 가야재원(萱斎院) 등의 여러 별호를 가졌었던 것은, 그만큼 생전에 거주지가 일정하지 않고 여기저기를 전전했었던 삶과 무관하지 않다. 쇼쿠시의 형제로는 니조천황, 모치히토왕(以仁王), 다카쿠라(高倉)천황이 있고, 료시(亮子=殷富門院), 고시(好子), 규시(休子)의 세 재궁이 동복의 자매이다.

고시라카와천황은 예능에 탐닉하는 청년기를 보내고 당시의 유행가 이마요(今様)에 열중했으나, 고노에(近衛)천황의 급서에 의해 즉위한다. 재위 중에 조정과 무사의 대립 속에서 호겐(保元), 헤이지(平治), 지쇼(治承), 주에이(寿永)의 동란을 거치고 결국 출가하지만, 이후에도 34년간에 걸친 원정을 실시하면서 숱한 우여곡절을 겪는다. 풍운아와 같은 정치적 행보 가운데에서

---

37) 石田吉貞『新古今和歌集全註解』(有精堂, 1960), 錦仁「式子内親王一歌の内的特質」(『解釈と鑑賞』1976, 11)『式子名親王全歌集』おうふう, 1982), 馬場あき子『式子内親王』(筑摩書房, 1992), 小田剛『式子内親王全歌注釈』(和泉書院, 1995) 등 참조.

38) 「後白河院之皇女。母従三位成子、季成之女。平治元年卜定。号二大炊御門斎院一。能倭歌。出家。法名承如法」(郡書類従「斎院記」,『山槐記』永暦二年4四月十六日条)

도 『료진히쇼(梁塵秘抄)』(1180)를 스스로 편찬하는 열정은 그 주변에 후지와라토시나리(藤原俊成), 사다이에(定家) 부자와 같은 일본문학사상 최고의 가인들이 모여 있었기 때문에 가능했을 것이다. 고시라카와천황의 문예적인 자질은 쇼쿠시에게도 이어지고, 수많은 가인들을 다수 배출한 모계의 혈통과 상승효과적으로 어우러져서 뛰어난 문재를 발휘할 수 있었던 것으로 생각된다.

쇼쿠시는 1159년 10월에 니조천황 시대의 재원으로 복정되어, 1169년 7월 24일에 지병으로 퇴임하기까지 니조, 로쿠조, 다카쿠라 천황 3대 10년간을 봉사했다. 그의 재원 시절과 연관된 와카로서는 먼저, 1161년 4월 15일에 최초로 가모마쓰리를 주재했던 당시의 일을 만년에 회상하고 있는 노래「어찌 잊을 손가, 접시꽃 풀베개로 엮어서 풋잠 잤던 밤 지나고 이슬 맺히던 그 새벽을(忘れめや葵を草に引きむすび仮寝の野べの露のあけぼの)」(『新古今集』182, 『式子内親王集』23)가 잘 알려져 있다. 가모마쓰리에는 쌍잎 접시꽃(賀茂葵)을 주물로 바치는데, 제사와 관련된 접시꽃 덩굴을 풀베개로 엮어 만들었었던 재원시절의 감회가 마지막 구의 '露'라는 가어에 응축되어 있는 것 같다.

쇼쿠시가 재원에 봉사했던 시기는, 고시라카와인의 세력과 니조천황 주변 세력 사이의 길항을 틈타 대두한 다이라노키요모리(平清盛)가 조정의 최고위직 태정대신으로 진출하고 율령관직을 독점하면서 전권을 구축한 변동기였다. 그러나 정치와 격리된 재원에서는 전시대의 화려한 행사나 소위 살롱적인 분위기와는 달랐지만 문예적 전통과 분위기는 유지하면서 궁중이나 후궁과 같은 외부세계와도 교류했었던 것 같다. 예를 들어,

쇼쿠시 주변에는 『신고킨와카슈』1487, 1488번의 노래에서 보이듯이 후지와라이에미치(藤原家通)와 증답가를 나누는 '斎院女房(詞書)'나, 『사네이에슈(実家集)』35, 36번에 보이는 뇨보들도 확인할 수 있다. 이러한 자료로 미루어, 당시의 쇼쿠시는 은둔자와 같은 생활 가운데에도 한편 개방적인 면도 동시에 갖추고 있었을 것으로 생각된다.

다시 재원시대와 관련된 와카 3수를 살펴보기로 하자.

「가미야마 기슭에서 친숙해진 접시꽃님이여, 우리 헤어진 후로 무척 세월이 흘러갔네요 (神山のふもとになれしあふひ草引わかれても年ぞへにける)」(『千載集』147)

「미타라시강이여, 강물 위에 비친 그림자도 사라지는 마음이 들어, (마지막 불제 올렸던) 시가 호수 물길에 옷소매가 젖어 버렸습니다 (みたらしや影絶えはつる心地して志賀の波路に袖ぞ濡れにし)」(『千載集』973)

「두견새야, 그 옛날 가미야마산의 신관에 하룻밤 머물렀을 때, 네가 아련하게 울어대던 그 하늘을 잊지 못하네 (時鳥そのかみ山の旅枕ほの語ひし空ぞ忘れぬ)」(『新古今和歌集』1486, 『式子内親王集』324)

먼저, 『센자이슈』147번의 노래는 『신고킨와카슈』182번 노래와 마찬가지로, 다시 만나게 된 접시꽃에서 잊을 수 없는 재원생활을 회상하며 읊은 것이다. 'あふひ草'에서 가모재원을 상징하고, 그 선상에서 '引きわかれ'를 끌어내는 전통적 수법이 잔잔한 감동을 던져주는 것 같다. 이어서 973번의 노래에서는 고토바인(鳥羽院)의 황녀 에이시(叡子)와 서로 박행한 처지를 위로하고 위로받는 마음의 교류를 느낄 수 있다. 고토바가키에 따르면 1169년 재원 퇴임 당시에 마지막 불제를 치르면서 읊은 노래이므로, 따라서 성립연대가 분명한 쇼쿠시의 가장 초기 작품이라고 할 수 있다. 마지막으로, 『신고킨와카슈』의 1486번 노래 역시 가모마쓰리에 봉사한 날 밤에 신관에서 하루 묵었었던 옛일을 환기시킨다. 잊을 수 없는, 그리고 잊고 싶지 않은 추억으로 재원 시대를 떠올리는 가의에는 자신의 불운하고 고독한 실생활의 상황을 언어에 담지 않으면 안 되는 비감이 표출되어 있다. 아울러 'ほととぎす'의 'ほ', 'そのかみ山'의 'そ', '旅枕'의 'た', 'ほのかたらひし'의 'ほ', '空ぞ忘れぬ'의 'そ'와 같이 'ほそたほそ'의 두운을 구사한 기법이 쇼쿠시의 뛰어난 리듬 감각을 드러내는 가작이라고 하겠다.

20대 초반 재원을 사임한 이후, 1171년에 여동생 규시, 1177년에 모친 세이시, 1192년에 부왕 고시라카와인과 차례로 사별하는 모진 운명 속에서, 쇼쿠시는 현세의 무상함을 통감하고 우수의 그늘 짙은 와카를 짓게 된다. 이미 40대에 들어선 이 무렵부터 와카에 대한 의욕과 열정이 커지고, 명작이라고 할 작품들은 대부분 이 시기 이후 지어진 것 같다. 예를 들어, 『신고킨와카슈』 380번의 「상념에 젖어 바라보는 것도 지쳤네, 가을 찾아오지 않는 어떤 곳이라도 있다면 좋으련만. 그래도 들과 산 어디에나 추억에 젖는 달은 비치겠지(ながめわびぬ秋よりほかの宿もがな野にも山にも月や澄むらん)」는 『時代不同歌合』[39]의 82, 83번에

39) 가키모토노히토마로(柿本人麿)에서 구나이쿄(宮内卿)까지, 시대를 달리하는 가인 100명을 좌우로 나누어, 각각 1수씩 짝지은 와카집. 1234년경 고토바인(後鳥羽院)이 유배지 이키(隠崎)에서 편찬.

서 사이구뇨고 기시의 노래「소매자락까지 가을 저녁의 구슬픔이 절로 밀려옵니다, 풀잎 이슬처럼 덧없이 가신 그 님을 그리워하는 눈물을 내내 뿌리면서(袖にさへ秋の夕はしられけりきえしあさぢがつゆをかけつつ)」와 한 쌍을 이루고 있다. 편찬자 고토바인이 헤이안 중기와 가마쿠라 초기를 각각 대표하는 두 여성 가인의 명작으로 수록한 의도를 짐작해 볼 수 있는 대목이다.

위와 같이 살펴본 쇼쿠시의 와카는 3종의 백수가(百首歌) 301수와 그에 곁들여진 73수의 374수가『쇼쿠시나이신노슈(式子内親王集)』에 전해지고『신고킨와카슈』에는 여성 가인 중에서 가장 많은 49수, 그 밖의 칙찬집 15집에 165수가 수록되어 있다. 여기에 사찬집, 사가집, 우타아와세 등의 수록 작품들을 포함하면 총416수를 남긴 셈인데, 재원 관련 와카는 42수로 알려진다. 이처럼 경이적인 활동을 지속한 결과, 후지와라요시쓰네(藤原良経)·지엔(慈円)과 같은 중세초기의 대표적 가인들과 비견되는 평가를 받게 된 것이다.40)

내용면에서 보면, 쇼쿠시의 와카는 무상감과 은둔을 관조하는 자세가 자연스럽게 애절하고도 유현한 정감을 자아낸다. 그것은 항상 내면에 끓어오르는 격정을 자제하는 고도의 지성과 깨달음의 경지에서 정온함을 유지하는 성격이 조화를 이룰 때 비로소 가능했던 것이다. 신의 영역을 경험한 자로서 내내 불교 신앙에 의한 구도를 단념하지 못했던 쇼쿠시의 인간적 갈구는, 1191년경 출가한 이후 보다 심화된 모습으로 시적 세계를 확장시켜 간다.

---

40)「近き世になりては、大炊御門前斎院・故中御門の摂政・吉水前大僧正、これら殊勝なり」「斎院は、殊にもみもみとあるやうに詠まれき」(『後鳥羽院御口伝』)

4. 맺는말

이상으로, 가모재원에 관한 선행연구를 수용하면서 고대 일본의 종교에 종사했던 재원이 어떠한 배경 아래 어떻게 그 시대 사회의 중심적 문예집단으로 상승해 갔는지 고찰해 보았다. 본고에서는 먼저 가모재원의 기원과 발생을 개관하고, 대표적인 재원의 문예적 측면을 고찰해 보았다. 이 경우 대표적이라 함은 당시의 문예 주축이 되었던 와카 활동을 의미하고, 센시, 바이시, 쇼쿠시 세 내친왕의 재원 재임기간으로 고찰의 범위를 한정시켰다. 논의를 구체적으로 전개하기 위해, 칙찬집과 사찬집, 사가집 등에서 재원 관련 와카를 추출하여, 재원 내의 구성원과 외부인과의 교류를 통해 이루어진 집단적인 가집에 나타난 그들의 작가 활동을 조사해 보았다.

먼저 역대 재원 중에서 가장 오랫동안 재임한 센시와 그 관계자들이 집성한 가집 『다이사이인사키노교슈』와 『다이사이인교슈』를 중심으로 살펴보았다. 57년간 가모재원의 지위를 누렸던 센시는 당대의 권력층과 혈연을 지닌 관계로 충분히 안정된 위치에서 대재원이라는 별칭에 걸맞는 기풍을 양성할 수 있었다. 위의 두 가집에서는 무료한 재원생활과 풍류가 조화된 세계에 궁중귀족들이나 관료들도 참여하여 문화적 욕구를 만족시킨 양상을 발견할 수 있었다. 10세기 말, 이치조천황 시대에 데이시황후와 세이쇼나곤의 후궁, 쇼시와 무라사키시키부의 후궁이 라이벌로 존재하는 한편에서 그들과는 별도로 대재원 센시를 중심으로 형성된 문예 집단의 활동은 특기할 만한 것이라고 하겠다. 다음으로, 자칫 폐쇄적이고 자기만족적인 데 머물 수 있는

재원을 왕조의 고아한 미의식 'みやび'를 구현하는 공간으로 고양시킨 바이시의 재원에 관해 살펴보았다. 기본적으로 신역(神域)의 재원은 결재생활을 해야만 했으나, 엄중한 공적 생활 이면의 사적 생활에서는 와카를 중심으로 집단적인 문예 활동을 하기도 했다. 즉, 바이시는 모노가타리 제작과 그 내용을 주제로 한 우타아와세나 왕조시대의 문화를 반영한 다양한 집단적 문화행사들을 빈번하게 개최함으로써 상상 이상으로 우아하고 여유 있는 생활을 한 것이다. 그 결과로 당연히 궁중 후궁에 뒤떨어지지 않는 와카와 모노가타리 등이 창작되고, 또 그러한 성과는 『겐지모노가타리』로 대표되는 헤이안시대 문학이 내용적으로나 형식면에서 진보함에 있어서 동기부여를 했다고 평가해도 좋을 것이다. 마지막으로, 쇼쿠시는 유년시대부터 소녀시대까지 10년간 가모재원에서 청정한 생활을 하며, 동란의 시기를 보냈다. 피를 나눈 근친들과 차례로 비극적인 사별을 겪어야 했던 고통스러운 삶은 그에게 무상감을 절감케 했겠으나, 그것을 넘어서서 개방적이고 열정적인 와카에 독특한 미적 세계를 표현했던 것이다. 시대와 개인적인 불우함을 넘어서서 질적으로나 양적으로 경이적인 와카문학으로 승화시킨 쇼쿠시가 『신고킨와카슈』시대의 최고 여성가인으로 평가되는 것은 극히 당연한 것이라고 하겠다. 위와 같이 세 내친왕들은 공식적으로는 재원이라는 특별한 신분이면서 그로 인해 한층 문학에 대한 열정을 키우고, 어떤 의미에서는 특수한 문예집단을 이끌어 갔던 것이다. 다시 말해, 왕조 문학의 방류적인 수준에 머물지 않고, 오히려 재원측이 때때마다 당대의 문학세계에 자극을 던지고, 독자성을 지닌 문화권을 형성한 의의는 강조되어도 좋을 것이다.

11세기말 경 원정기가 시작되고 섭관정치가 쇠퇴해 감에 따라 재원의 존재감도 희박해지고 결국은 제도로서는 사라지게 되었다. 그럼에도 불구하고 재원제도가 섭관정치 권력과 여타 후궁사회와 더불어 성장하는 과정에서 일본문학사에 크게 기여한 역사적 사실은 충분히 평가되어야 할 것이다.

第7장 조진아자리(成尋阿闍梨)의 입송(入宋)과 『조진아자리하하슈(成尋阿闍梨母集)』의 성립

1. 머리말

『국가대관(国歌大観)』에 사가집(私家集)으로 수록된 『조진아자리하하슈(成尋阿闍梨母集)』는 일명 『成尋阿闍梨母日記』라고도 불린다. 이 작품은 조진아자리의 어머니가 아들이 송나라로 떠나가게 되자 1071년 정월 30일에 이와쿠라(岩倉)의 다이운지(大雲寺)에서 교토(京都) 서북쪽의 닌나지(仁和寺)로 이주한 사건부터 시작하여 1073년 4월경까지 약 2년간의 사건들을 소재로 기록한 것이다.

헤이안(平安)시대의 여류일기문학으로 불리는 일군의 작품들은 작자가 체험한 복잡한 사상을 선별해 내거나 그것들을 어떤 한 시점에서 기술하고자 한다. 체험한 일 외의 허구 사항들을 다룰 경우에는 약간의 미화를 위한 작업도 보이지만, 그것은 자기를 표현하려는 의욕의 표출이라고 보아야 할 것이다. 따라서 작품 속의 여러 사건들이 정리되고 세련된 언어표현으로 후대의 향수자에게 전해질 수 있었던 것이다. 그 점이 한 개인의 일기가 작자 자신만의 기록에 그치지 않고 일기문학이라는 고유의 문학영역을 확보할 수 있었던 까닭이기도 한데, 『조진아자리하하슈』에는 그 같은 의도가 전혀 보이지 않는다. 여기에는 노령에 이르러 뜻하지 않게 아들과 생이별하지 않으면 안 되었던 노모의 비탄과 고독감이 회상풍으로 표출되어 있다. 자신의 있는 그대로의 감정을 한껏 드러내지 않으면 안 되었고 표출하지 않으면 안 되었던 작자의 비탄이 여과 없이 드러나는 점이 이 작품을 여타 일기문학과 차별화시키고 있는 것이다.

작자는 결혼 후 곧 남편과 사별하고 젊은 여인 혼자의 손으로 두 아들을 키워서 헤이안시대 말기의 정계와 불교계에서 덕망 높은 고위승려로 만들고, 말년에는 큰아들 조진(成尋) 곁에서 내세의 왕생을 기원하며 평온한 생활을 영위하고 있었다. 그러나 나이 팔십이 되어 전대미문의 일이 그녀에게 닥쳐오고 만년의 운명은 대전환을 맞는다. 즉 작자가 이 세상에서 가장 아끼는 조진이 돌연 노모를 일본에 남겨두고 바다 건너 구법(求法)의 순례길에 오른다는 것이었다. 이처럼 작자가 사랑하는 아들과의 이별을 '세상에 둘도 없는 일(世にたぐひなき事)'이라고 악연하고 비탄에 빠지는 사건이 가장 큰 모티브가 된 작품인 것이다.

작자가 조진과 헤어져서 닌나지로 이주하던 날을 기점으로, 자신의 유년시절 추억부터 시작하여 아들형제의 성장과정을 비롯해서, 어쩌면 조진이 돌아올지도 모른다는 기대와 영원한 이별이 될지도 모른다는 불안 속에서 기쁨과 슬픔이 교차하는 작자의 동요는 드디어 쓰는 행위로 이어진다. 언젠가 자신이 죽은 후에라도 돌아올지 모르는 아들에게 지금 겪고 있는 비통함을 알리고 싶다는 생각에 매일매일 읊은 노래들은 때로는 그 기재가 시간의 경과와 맞지 않는 등, 미처 정리하지 못한 채로 멀리 떠나간 아들에 대한 사모의 일기로 표현되어 있다.

본고에서는 먼저 『조진아자리하하슈』의 작자와 조진의 주변 인물들에 관해 검토해 보고, 작품의 성립과 구성, 내용 등을 살펴보기로 한다. 그리고 작품의 집필동기가 된 도송(渡宋) 사건 전후의 조진의 동향을 살펴보고, 이 작품에 대한 종래의 문학적 평가를 넘어서서 11세기 초기의 일본과 중국 양국간의 문화교류사에 있어서 이 작품이 지니는 의의를 부여해 보고자 한다.

2. 작자와 그 주변

헤이안시대의 많은 여류작자들과 마찬가지로 『조진아자리하하슈』의 작자명은 전해지지 않고, 아들의 이름 아래 '어머니'라고만 덧붙여 호칭되고 있다. 그런데 조진이 송나라에 건너간 사건에 즈음하여 읊어진 몇몇 와카에 관해서는 이 작품 발견 이전부터 이미 학계가 주목한 바 있었다. 신무라이즈루(新村出)는 1915년 2월에 일본 승려가 중국에 건너갔을 때의 와카를 수집해서 「西往求法歌集」라는 제명으로 『대일본불교전서(大日本仏教全書)』의 『遊方伝叢書三』에 발표했다. 여기에서 신무라가 조진은 몬쿄(文慶)의 친동생이 아니라 후지와라 사네카타(藤原実方)의 손자로, 부친의 이름은 알려지지 않은 점을 지적한 것은 주목

할 만한 탁견이었다. 그는 이어서 잡지 「心の花」1)의 1917년 1월호에서도 「成尋法師の入宋とその母」라는 제명으로 두 모자의 노래를 수집해서 그들의 깊은 사랑을 공개했다. 이후, 『조진아자리하하슈』에 대한 관심이 높아지면서 다시 조진아자리와 그 어머니가 주목을 받기 시작하고, 1936년에 사사키노부쓰나(佐々木信綱)가 최초로 『조진아자리하하슈』를 일본 국내에 소개하기에 이르렀다.2) 이를 계기로, 신무라이즈루 · 야마기시도쿠헤이(山岸徳平) · 다마이고스케(玉井幸助) 등, 당시 일본의 국문학계를 대표하는 학자들의 선행연구와 후학들의 작업을 통해 조진을 포함하여 그 부모들의 가계와 주변 인물들의 전모가 점차 밝혀지게 되었다.

이 가운데 다마이는 헤이안시대 일기문학 연구의 일환으로 『조진아자리하하슈』를 검토하면서, 작자 및 주변 인물들과 연관된 사항들을 밝히고 있다. 즉, 『속군서유종(続群書類従)』제7백 86권에 수록된 기사 「寛弘八年辛亥誕生。母堤大納言息女。実方中将孫。文慶法印嫡弟也。七才時。岩倉之法印入室。」를 '어머니는 쓰쓰미대납언의 딸, 아버지는 사네카타중장의 손자, 법문에서는 몬쿄법인의 제자'라고 해석한다. 또 '堤中納言'이라는 것은 '権大納言'의 오자일 것으로 보고, 조진 어머니의 출생연도로 추정되는 989년에 20세 이상에서 70세 이하의 대납언, 권대납언 직위에 올랐었던 10명을 개별적으로 조사한 결과, 권대납언을 역임하고 1027년에 68세로 사망한 미나모토토시가타(源俊賢)가 작자의 부친에 해당하는 인물이라고 단정했다.3)

---

1) 1898년, 佐佐木信綱에 의해 창간된 단가 월간지로, 현재까지 지속되고 있다.
2) 『国文学の文献学的研究』(岩波書店, 1936)

나가이기켄(永井義憲)은 작자의 남편에 관해서는 무쓰(陸奥) 지방 수령을 지낸 후지와라사네카타(藤原実方)의 아들 사다노부(貞叙)가 아닐까 추정하는데, 그는 1014년경에 젊은 나이로 사망한 것으로 생각된다. 그리고 종래에는 작품 속에 등장하는 '仁和寺の律師'가 조진의 형으로 추정되어 왔으나 실은 그보다 한 살 아래의 동생 조손(成尊)으로 보아야 한다고 부연 설명했다.[4] 본고는 기본적으로 위의 다마이와 나가이의 관점을 따르면서 『조진아자리하하슈』에 관한 여러 사항들을 고찰해 보고 필자의 분석을 더해 보고자 한다.

3. 작품의 성립

1) 집필 동기와 성립관계

닌나지로 옮겨가서 넋이 나가 슬픔에 젖어 남쪽 방에 앉아 있노라니, 뜰에는 매화가 아름답게 피고 휘파람새가 날아와 지저귀고 있어서

아무리 지저귀고 있어도 정감 넘치네, 매화 가지 사이로 날아다니며
울고 있는 휘파람새 소리는

그래도 역시 상신서를 조정에 올려 조진이 알현할 수 있도록 만들고 싶어서

궁중은 필시 평안하시옵겠지요, 긴긴 세월 내내 지존에 계시는
주상이시여

---

3) 『日記文学の研究』(塙書房, 1965)
4) 永井義憲「成尋阿闍梨母集の研究」大正大学研究紀要 第四十三輯, 影印本「成尋阿闍梨母集」(桜楓社, 1975) 해설 참조

仁和寺に渡りて思ひ乱るる南面に、梅の花いみじう咲きたるに、鶯の鳴きしかば、

なくなくもあはれなるかな枝々に木伝ふ春の鶯の声

なほ、申文にて内裏にも参らせまほしう

雲の上ぞのどけかるべきよろづ世に千世かさねますももしきの君(상-13)[5]

『조진아자리하하슈』가 처음 공개된 이후, 작품의 모두부와 그 다음에 이어지는 과거 회상의 문장이 부자연스럽게 연결된다는 점을 둘러싸고 여러 연구가 진행되어 왔다. 즉, 집필동기가 밝혀진 서문에 있어서, 1행의 '延久三年正月三十日'라고 날짜까지 명기한 점은 조금 당돌하게 두드러지는 느낌을 주는 것이다. 따라서 현재 모두부로 되어 있는 부분이 실은 다른 곳에 씌어 있는 것이었거나, 작품 앞으로 이동한 것이 아닐까 생각된다. 실제로 성립상의 착란은 인정하더라도 『조진아자리하하슈』의 모두부는 작품을 읽어갈 때 극히 중요한 사실들을 제시해 준다. 즉, 작자는 의식적으로 이 부분부터 쓰기 시작해서 작품이 지닌 전체적인 성격을 만들어 가려는 것으로 생각되는데, 여기에는 또한 작자로 하여금 자찬집(自撰集)을 집필하도록 만든 동기까지 포함되어 있다고 하겠다.

사건의 발단은 83세의 노모에게 뜻밖에도 조진이 구법을 위해 송나라로 건너갈 의사를 밝히는 데서 출발한다. 중국의 우타이산(五台山)이라는 곳에 위치한 문수보살의 성역을 참배하고 돌아온다는 것인데, 이같은 의지를 굳힌 조진아자리는 모친의 비탄을 염려하여 1071년 정월 30일에 어머니를 닌나지의 아우

---

5) 『成尋阿闍梨母集』 본문 인용은 宮崎荘平編 『成尋阿闍梨母集』(講談社, 1979)에 의하며, 괄호내에 권수와 쪽수를 표기한다.

조손 곁으로 보낸다. 바로 그 날이야말로 『조진아자리하하슈』에 있어서 작자의 비탄이 표출되는 기점이 된다.

작자 자신의 유년시절의 추억과 결혼해서 얻은 사랑스러운 두 아들이 훌륭하게 성장한 사실을 비롯하여, 때로는 기쁘고 때로는 슬픔에 빠지는 그녀의 심적 동요가 끝없는 요설로 이어진다. 언젠가 자신이 죽은 후에라도 일본에 돌아올지도 모를 조진에게 간절한 모정을 전하고 싶다는 일념만을 간직하고 매일매일 읊은 노래와 사연은 바다 건너 먼 중국땅으로 떠난 아들을 그리워하는 일기로 성립한 것이다. 따라서 조진의 준엄한 구도심으로 인해 아들과 실제로 이별하지 않으면 안 되었던 때의 비탄과 격정이야말로, 작자가 『조진아자리하하슈』라는 작품을 집필하도록 최대의 동기 부여를 했다고 할 수 있다.

2) 도송 직전의 조진의 동향

1011년에 태어난 조진은 부친의 사후, 모친 슬하에서 한 살 아래 동생과 함께 성장했다. 8세 때에 산조(三条)천황의 호지승(護持僧) 몬교의 문하생으로 들어갔다. 이후 그의 대표적인 제자로 인정받으며 후계자로서 다이운지를 맡고 1054년에 아도리(阿闍梨)[6]의 관부(官附)를 하사받았다. 이같이 당대의 고승으로서 덕망을 쌓고 있었지만, 그는 일찍부터 남몰래 실현하고자 하는 개인적인 소망을 간직하고 있었다. 즉, 자신은 어렸을 때부터 중국의 텐타이산(天台山)[7]과 우타이산(五台山)[8] 성지를 순례하

6) 중국 대승불교나 중세의 일본불교에서는 승려의 모범이 될 만한 고위승려를 가리킨다.
7) 중국 절강성 동부에 위치한 불교의 영산. 国清寺는 밀교의 발상지로 알려져 있다.

려는 의지를 갖고 있었으나 다이운지의 주지가 된 지 31년, 후지와라요리미치(藤原頼通)의 호지승으로서 20년을 보내느라고 원래부터 염원하던 바를 이룰 수 없었다, 나이 60을 넘긴 지금이라도 그 의지를 실현시키지 않으면 후회할지도 모른다, 그러므로 우선 두 곳 성지를 순례한 후에 텐다이산에서 불교의 비법을 수행하고 나아가서는 극락왕생을 기하고자 한다는 의지를 그의 중국체류기 『산텐다이고다이산기(参天台五台山記)』에도 밝히고 있다.

조진은 수십년 간 품고 있었던 염원을 실현하고자 62세 고령에 국가의 승인을 얻지 못한 채, 3년 후에는 반드시 귀국하겠노라는 약속을 어머니에게 남기고 1072년 히젠(肥前)[9]의 가베시마에서 배를 타고 중국 땅으로 건너갔다. 이후 그곳에서 불교 고승으로 이름을 떨치었으나 두 번 다시 고국 땅을 밟지 못하고 1081년에 송나라의 수도 가이펑(開封)에서 세상을 떴다고 전해진다. 그 전후의 모든 사정을 일기로 기록한 것이 바로 『산텐다이고다이산기』인데, 여기에서는 텐타이산과 우타이산 등 중국의 불교성지들을 연이어서 순례한 행적과 매일매일 각지에서 대접 받은 식사나 차, 숙박한 승방의 정경까지 상세히 기록해 두어서 11세기경 중국의 생활문화까지 전해주는 귀중한 사료가 되고 있다.[10]

앞서 보았듯이, 조진은 1071년 1월 30일에 모친을 닌나지의

8) 중국 산서성 북동부에 위치한 불교의 영산. 문수보살의 영지로 이름 높다.

9) 지금의 사가현(佐賀県)

10) 예를 들어 4월 29일자 기사에서는 항저우(杭州)의 知府에서 환대 받았다는 사실을, 南塀山興教寺에 조진 일행 승려 8명이 재식(斎食)에 초대되어 정중한 향응을 받았다고 기록하고 있다.

율사로 재직하고 있던 동생에게 보내고 2월 16일 출발할 예정이었으나, 급히 날짜를 앞당겨서 2월 3일에 교토(京都)를 떠났다. 이 날, 조진이 보낸 서간을 통해 모친은 사랑하는 아들이 아침에 야하타(八幡)에서 배를 타고 요도가와(淀川)를 내려갔다는 사실을 알게 되고 슬픔에 잠기게 된다. 노모는 혼미한 가운데에서도 아들과 함께 지냈던 과거의 추억으로부터 붓을 들기 시작하는데, 이미 중국으로 떠난 줄만 알았던 조진은 돌연 그 해 10월 13일에 귀경했다. 조정의 입송(入宋) 칙허를 재청하고 다이운지에 두고 간 책을 가지러 왔다고 하며 어머니를 찾은 것이다. 체념하고 있었던 아들의 얼굴을 다시 보게 되자 노모는 꿈결처럼 기뻐하며 다시 한번 길을 막아보지만, 조진은 다음날 서둘러 규슈(九州)지방으로 돌아가 버린다.

그 무렵의 정황을 상술하고 있는 『조진아자리하하슈』의 기사를 읽어보면, 조진이 규슈지방으로 내려가자마자 곧 중국에 건너간 것이 아니고 그곳에서 중국으로 도항하는 무역선 일정 등을 알아보기 위해 약 4개월간 체류했다는 것을 알 수 있다. 여기에서 당시의 일본과 중국 양국 간의 교통편이 예측하기 어려운 곤란함을 지녔었다는 사실을 짐작해 볼 수 있는 것이다.

4. 작품의 구성과 방법

1) 구성과 전개방법

『조진아자리하하슈』는 전체 66쪽[11] 상하 2권으로 되어 있으며, 총 175수의 와카가 각각 상권에 71수, 하권에 104수 수록되어 있다. 이처럼 방대한 노래들이 때로는 여러 수 연속하고, 또 법화경 등의 불경에 연유하는 노래가 연작되는 구성에 의해, 헤이안시대에 제작된 가집(家集)의 원형을 보여준다. 다음으로 작자가 읊은 와카와 작품 구성의 관련성을 살펴본다면, 전체적인 구성에 있어서 특히 장가 1수를 포함하는 등, 와카의 점유도가 커서 그 비중이 상당히 높다는 점에 주목하게 된다. 처음 일기를 기록하기 시작한 이후, 작자는 반복해서 이별의 슬픔을 상기하고 회상하고 있는데, 작품 속의 노래 한 수 한 수는 산문 서술로 모두 표현할 수 없는 그녀의 감정변화와 사고를 보완하면서 동시에 작품 주제 전개에 이바지하고 있는 것이다. 즉 수록된 모든 와카는 조진과 이별한 후 겪게 되는 비통함을 호소하면서 작품의 기조를 이루는 한편, 와카 전후의 산문은 노래를 읊은 상황설명의 범위를 넘어서서 와카가 전부 표출해 줄 수 없는 내적 정감을 세부까지 드러내 보인다.

위와 같은 구성에 의한 작품은 산문과 운문이 교차하면서 상호보완하는 식으로 조진의 결의를 들었을 때부터 도송 이후의 일들을 기록하고 있다. 다수의 와카를 포함하면서도 산문을 중심으로 사건의 추이를 서술해 가면서 사랑하는 아들 조진을 그리워한다는 작품의 기조를 부각시키고 그것을 연속적으로 형상해 간다. 다시 말해 시간이 흐르고 계절의 변화를 서술함으로써, 시간의 흐름 속에 기사가 배치되는 방법에 의해 시간적, 지속적인 주제의식이 더욱 유효성을 갖는다.

본문에 보면, 작자는 아들 조진이 태어난 이후의 고충을 술회하고, 일찍 남편과 사별하여 젊은 여인의 손으로 두 아들 모두

11) 宮内庁書陵部本을 기준으로 한 쪽수를 가리킨다.

당대의 존경받는 고승으로 길러낸 기쁨과 자부심을 숨기지 않는다. 그러나 무엇보다도 곧 죽음을 맞는 노년에 사랑하는 아들이 멀리 이국으로 떠나감으로써 초래된 충격과 슬픔이야말로 작품을 꾸준히 전개시키는 기제가 되고 있다. 여기에서 먼저 모두부의 지문과 와카의 의미를 살펴보도록 하자.

작품에 보면 단편적인 가을 무렵의 기사부터, 이듬해 봄의 기술에 이르기까지 시간을 훨씬 거슬러 올라가 남편과의 사별 후 불만족스럽던 자신의 생애를 뒤돌아보고, 오래 살아남은 결과 의지했던 아들과의 슬픈 이별이라는 불행을 겪게 된 처지를 절절한 마음으로 술회하고 한탄한다.

> 하릴없이 지나가 버린 세월 속에는 흥취 있는 일이나 관심 끄는 일이 셀 수 없을 정도이지만, 그 일들을 기록해 두어도 아무도 볼 리 없다고 생각해서(기록하지 않았지만), 80 나이가 되어 기가 막힌 비통한 일이 일어나서 그 슬픔을 혼자 속으로 마음 속에서 탄식했는데 잠시 그 일을 써보려고 생각해서(붓을 든 것입니다).
>
> はかなくて過ぎ侍りにける年月のことども、をかしうあやしきも、数知らずつもり侍りにけれど、それを記しおきて、人の見るべきことにも侍らめを、年八十になりて、世にたくびなきことの侍れば、心一つにみ侍るが、しばし書きつけてみ侍らまほしうて。(상-13)

위의 인용문에서 'それ'란 아들 조진이 송나라로 떠나간 사건을 가리키며, 기록시간은 작자가 다이운지에서 닌나지로 이주한 다음날 아침이다. 그 때까지는 조진이 주지로 있었던 다이운지에서 지내다가 조진이 송나라로 건너갈 날이 임박함에 따라 어쩔 수 없이 작은 아들 곁으로 옮겨오긴 했으나, 생이별이라는

청천벽력 같은 사태로 받은 충격 때문에 작자의 내면은 완전히 뒤흔들려 버린다. 이처럼 사랑하는 아들과 헤어진 후 처음 내다본 뜰의 정경은 작자가 감내하기 어려운 슬픔과 얽혀서 내내 잊혀지지 않는다. 여기에서 솟구치는 노모의 절망감과 탄식은 작품 속에서 지루할 만큼 반복되지만, 실은 바로 그것들이야말로 작품의 전개 방향을 결정짓는 최대요소라고 할 수 있다.

먼저 개략적인 내용 전개를 살펴보면, 상권에서는 모성의 의의와 유래, 조진의 양육에 관해 언급하고 이어서 아들에 대한 신뢰와 기대, 그것이 허망하게 무너진 현재의 처지를 장대한 산문서술로 전개해 간다. 이는 권말에 위치하는 와카들과 함께 1071년 6월 시점부터 시작해서 다시 수개월간 이어지는데, 이 무렵에 작자는 학질에 걸렸다가 8월에 겨우 낫기까지 병석에서 잠시 소강상태를 유지하고 있었다. 다음으로 하권에서는 상권 집필을 끝냈지만, 비탄이 가라앉기는커녕 오히려 더욱더 격렬해지는 심정적 고통에 다시 붓을 들게 된다. 마중하러 온 우차에 올라탔을 때 일은 기억해 내려고 해도 전혀 떠오르지 않을 정도로 정신이 혼미했었다고, 비탄의 기점으로 거슬러 올라가 기필하고 실질적인 기사는 4월 시점의 정황부터 쓰기 시작한다. 그리고 9월로 되면서 가을이 깊어가고 다시 10월로 접어드는 시간의 추이에 따라 비감을 토로한 후, 10월 13일 재상경한 조진이 뜻밖에도 저녁 무렵 자신을 찾아와준 사실을 기록하다가 이듬해로 넘어간다.

2) 산문서술과 와카 표현의 유기성

『조진아자리하하슈』 본문 가운데에는 어머니의 슬픔과 애절한 정이 'あさまし' 'いとほし' '憂き' '悲し' '苦し' '心憂し' 'たぐひなし' 'つらし' 'はかなし' '世にたぐひなし' 'わびし' 등등, 수많은 부정적인 심정어로 표현되고 있다. 실제로 본문을 읽으면서, 세상에 둘도 없는 내 아들과 두 번 다시 만날 수 없는 처지가 된 노모의 비통함을 상징적으로 나타내는 위의 단어들이 작품의 주조를 어떻게 형상하고 있으며 그 의미는 무엇인지 확인해 보기로 한다.

작자는 먼저 두 아들을 양육하면서 내내 지녔었던 자부심부터 쓰기 시작한다.

> 아들은 두 명이다. 율사와 아도리로, 마음씨를 비롯하여 모든 점이 훌륭해서 세상 사람들도 유례없는 인물처럼 생각해 주셨다.
>
> 子は二人ぞ、律師、阿闍梨にて、心はへよりはじめ、めでたくたぐひあらじと覚えて物し給ふ。(상-17)

위의 인용문에서 시작하여 5년여에 걸친 시간적 경과가 회상되어 있는데, 기사 속의 작자의 자부심과 충족감이란 현실로 닥친 상실감이 그만큼 크기 때문에 더욱 강조적으로 파악된 '과거'에 지나지 않을 것이다.

생래적으로 허약한 체질의 작자는 불우한 유년시절과 남편과의 사별로 일찍 끝난 결혼생활에서 받은 고독한 심로도 더해져서인지, 늘 죽음의 그림자에 떨고 생명의 불안감을 버리지 못했

다. 그것을 겨우 아들형제에게서 위안 받고, 그들이 성장하는 것만 기다리며 세월을 보냈다. 조진은 기도 효험으로 명망이 높아서 고레이제이(後冷泉)천황의 궁중내 기도행사와 당대의 최고권력자 후지와라요리미치(藤原頼通)의 집안까지 출입하는 등 고위 귀족들의 가지(加持) 불사를 담당해서 다망하게 지내는 신분이었고, 아우 율사도 궁중의 기도행사에 봉사하는 등, 형제 모두 조정에 중용된 고승이었다. 연로한 어머니는 늘 그런 사실에 자부심을 느끼면서 지내다가, 1068년 천황이 별세한 지 몇 달 뒤에 다이운지에 모셔져서 조진 옆에 거처를 정하고 서로 왕래하며 더 없이 행복한 날들을 '만족스럽게 생각하며 지냈다(思ふ様にて侍る)'라는 간결한 표현에 담고 있다. 그런 만큼, 조진의 입에서 나온 도송(渡宋) 이야기에 더욱더 심각한 충격을 받고는 말문이 막힌 채 단지 '기가 막히다(あさましう)'는 탄식만 내쉴 뿐이다. 조진의 출발을 보기 전에 차라리 죽어버리고 싶다며 오직 죽음에 가느다란 기대를 걸고 탄식의 하루하루를 보낸다. 그러나 어느새 시간이 흘러 출발이 현실의 일로 되고 사전준비를 한다고 모든 사람들이 소란스럽다.

꿈결 같은 느낌이 들어 '이게 도대체 무슨 일인가'라고 생각하노라니, (조진이 내 쪽으로)오셨다. '이전에 말씀 드린 대로 당나라에 건너가 길면 3년, 어쩌면 더 빨리 돌아오겠습니다. (그 때까지) 살아계시면 뵐 수 있겠지요, (만일)돌아가시면, 극락에서 반드시 뵙고 싶습니다 '로 말씀하시나, 나는 내세에 성불하는 것도, 평소의 극락왕생 염원도 모두 잊어버리고, 가슴이 조여드는 듯하고 눈물도 멈추지 않은 채 목메어 아무 말 못하고 있는데, (조진은 그대로) 일어나서 나가버리셨다.

夢の心地して、「こはいかに」と覚ゆるほどにおはしたり。「申ししや

うに、唐に渡りて、久さしき定三年、さらずは、それより近くもまで来なん。生き給ひたらば、見もし、失せ給ひなば極楽にかならずあひ見んとせん」とのたまふに、後の仏にならんも、極楽の心にかけたるも忘られて、胸せくやうに覚え、涙もとどまらずむせ返るに、ものも言はねば、立ち給ひぬ。(상-24)

조진은 만일 모친의 목숨이 다했을 때는 극락에서 해후할 수 있으니 오직 부처님만 의지하도록 타이르지만, 지금까지 깊었던 어머니의 신앙심도 이별의 슬픔 앞에서는 사라져 가는 것 같다. 이처럼 그저 눈물에 젖어 지내는 작자의 모습은 인간 본래의, 그리고 아들을 사랑하는 모정의 애절함과 연약함을 그대로 드러내 보인다.

당시로서는 바다 건너 다른 나라로 간다는 것은 보기드문 사건으로 받아들여졌을 것이다. 예를 들어, 작자가 15세 되던 무렵에 풍문으로 들었던, 부모를 버리고 중국으로 떠나갔다는 미카와뉴도(三河入道)의 이야기[12]가 70년 경과한 지금도 생생하게 기억된다.[13] 그 때는 남의 일로만 여겼던 것이 지금 바로 내 일이 되고 보니, 작자는 조진의 결연한 의지가 '비할 바 없는 결심(たぐひなき心)'으로 생각된다. 또 죽음을 앞둔 노년에 아들과 생이별하게 된 자신을 '또다시 없을 험한 일을 당하는(たぐひなき目をも見侍る)' '또다시 없을 내 신세(たぐひなかりける身の宿世)'라고 기술하듯이, 작품 본문에는 'たぐひなし'라는 형용

12) 일명 三河入道 寂照(속명 大江定基)가 1003년에 송나라로 건너가서 30여년 간 체류하다가 그곳에서 73세로 입적한 사실.

13) 昔、十五ばかりなりしほどに、三河の入道といふ人渡るとて、唐に率て奉る縫仏、集まりて人の見しに、「いかなる人ぞ」と人の言ひしに、「親を捨てて渡る、あはれ」など人言ひし、なにとも覚えざりし、今ぞ、「親いかに」とあはれに、これも人はさこそは言ふらめ。(2권 168-169)

사가 빈번하게 등장하는 것이 두드러진다. 여기에서 어머니는 머나먼 송나라로 건너갈 아들과 자신의 비통함을 석가모니의 아버지 정반왕(浄飯王)에 비유해 본다. 그가 마야 부인과 사별하고 석가를 혼자 손으로 키웠으나, 아들 석가가 세상을 혐오하고 출가했을 때에 아버지로서 겪었을 비통함에 공감되는 것이다. 그러나 경우가 비슷한 정반왕의 마음을 헤아리면서도 어머니는 자신의 사랑이 훨씬 크지 않을까 생각하고 절절한 모성애론를 펼치기 시작한다.

> 신분의 귀천을 불문하고, 어머니가 자식을 사랑하는 마음은 아버지와는 다른 것 같다. 뱃속에 아이를 가져서 몸이 괴로워지고 눕고 일어나는 일도 부자유스러워도 (아이를 먼저 생각해서) 스스로 편안하려 하지 않는다.
>
> 貴きも卑しきも母の子を思ふ心ざい志は父には異なるものなり。腹のうちにて、身の苦しう、起き伏しも安うせねど、わが身よくあらんと覚えず。
>
> (상-74)

조진을 임신했을 때에도 어머니 자신의 괴로움은 잊은 채, 오직 아들 생각만 했다. 그리고 산후의 허약한 상태에서도 막 태어난 아들을 울리지 않으려고 내내 안아주었고, 밤중에도 이불 위에 눕히면 울어서 생후 백일간은 자신은 등을 문에 기댄 채 앉아서 무릎 위에다 재우다가 걸어다닐 무렵이 되어서야 유모에게 맡겼다. 그러한 어머니의 정성과 고초는 '지금도 변함없다(その心ざし今まで怠らず)'고 강조한다. 이같이 출산부터 양육까지의 과정을 생생하게 회상하는 인용문 전후의 서술은 모성애의 극치를 보여주는 것이다.

다음해 조진이 분명히 중국에 도착했다고 듣자 그를 조금은 이해할 수 있는 평정심을 되찾으면서 만나보고 싶은 마음도 누그러드는 듯했으나, 현세에서의 재회에 대한 희망의 끈을 놓을 수 없었다. 본문에 보면, 끊임없이 이어지는 비탄을 표출하는 가운데에서 점차 그것을 거두고 아미타부처에게 기도드리면서 극락정토에 가기만을 희원하며 마음의 정화를 얻으려는 경지로 들어선다. 이 같은 애절한 심경이 그대로 작품의 종결로 이어져서, 집착을 불식하고 비탄을 거두겠다는 확고하고 명확한 의지를 나타내는 것이다.

극락에서 꼭 만나주세요라고 조진이 남기고 간 말이 떠올라서
　극락왕생을 기다리고 있는 동안에도 이슬처럼 덧없는 내 신세는 더 이상 견딜 수 없을 만큼 슬픔에 싸이네
　아침햇살 기다리다 사라져가는 이슬처럼 자신의 죄업이 깨끗이 사라져버리면 저녁달은 나를 극락으로 인도해 주지 않을 리 없다
라고 기대하고 있습니다
極楽に必ず参りあへ、とありし思ひ出でられて、
　極楽のはちすの上を待つほどに露のわが身ぞ置きどころなき
　朝日待つ露の罪なく消え果てば夕の月はさそはざらめや
とこそは頼み侍れ(하-230)

이제는 조진이 떠날 때, '살아계신다면 다시 뵙고 돌아가신다면 극락에서 반드시 함께 뵙겠다'고 들려주었던 말 그대로, 극락왕생을 기원하고 거기에서 조진과 재회하고 싶다는 마음뿐이다. 그러면서도 반드시 돌아올 테니, 그 때까지 살아계시라고 했었던 말도 잊기 어려워서 생전에 재회하고 싶다는 집착을 버리지 못하고 조진과의 재회에 마지막 기대를 거는 것밖에 달리

도리가 없었던 노모는 조용히 죽음을 기원하며 붓을 놓는다. 즉 아들에 대한 본능적인 에고이즘조차 죄업으로 인식되는 불교의 신앙심으로 승화하는 시점에서 작품이 끝나는 것이다.

『조진아자리하하슈』에서 마지막으로 확인되는 일자는 1073년 5월 5일이며, 이 시점에서 머지않아 중국에 건너간 아들을 그리워하다가 내세의 극락에서 함께 재회하기를 바라며 노모는 이 세상을 하직한 것으로 추정된다.[14)]

5.『산텐다이고다이산기』에 보이는 조진아자리의 사모곡

전술한 바와 같이,『조진아자리하하슈』는 작자의 아들 조진이 송나라로 건너가며 이별하게 된 슬픔에서 집필 동기를 찾을 수 있는데, 그렇다면 조진 측의 심정적 움직임은 어떠했는지 살펴보기로 한다.

송나라에 건너가겠다는 조진의 의지에 관해서는 중국체류기『산텐다이고다이산기』권2에 수록된 상주문 및『조야군재(朝野群載)』권20에 상세하고, 출발 전에 조정에 올린 관부소청장에도 기재되어 있다. 기록들에 따르면, 조진은 젊은 시절부터 중국의 텐타이산과 우타이산 불교성지를 순례하려는 뜻을 키워왔으나 30여년간 일본 불교계의 중심인물로서 활약하면서 그 뜻을 이룰 수 없었고, 이제 남은 여명에 그 뜻을 이루고 극락왕생하고자 굳게 결심했다고 한다.

---

14) 주4와 동일

말할 수 없이 슬픈 마음에 젖어 있노라니, 아도리가 다른 사람들에게는 좀체로 들려주지 않는 것으로 내 죄업을 깨끗이 구제해주실 존귀한 불경을 필사해서 가져와 몸소 불경공양을 올리고 울면서 (그것을)읽어 들려주신다.

言はんかたなきに、阿闍梨、なべての人も読まぬ経、いみじう罪も救ひ給ふ、書き出だして、みづからも供養じて、泣く泣く聞かせ給ふ。(상-29)

『조진아자리하하슈』에서 인용한 위의 글을 읽어보면, 조진은 자신의 고백을 듣고 충격과 슬픔에 휩싸인 모친의 심정을 누구보다도 잘 헤아렸기 때문에 몸소 필사한 불경을 눈물 젖은 목소리로 들려주며 위로했다. 그러나 어머니는 그것조차 별 도움이 되지 않는 듯, 비통함에서 벗어나지 못한다. 또한 어머니를 닌나지로 이주시키던 날에도 이제 단념할 수밖에 없다는 듯이 우차 속으로 들어가는 가냘픈 노모의 뒷모습을 지켜보는 조진아자리의 가슴도 예사롭지 않았을 것이다. 이하, 조진이 불문에 출가한 신분으로서도 노모에 대해 각별한 애정을 지녔었다는 사실을 도송 이후의 행적 가운데에서 살펴보기로 한다.

1072년 3월 15일에 드디어 조진은 頼縁供奉, 快宗供奉, 聖秀, 惟観, 心賢, 善久, 沙弥長明 등 7명의 승려와 함께 송나라 상인의 배를 타고 중국으로 건너갈 수 있었다. 일행은 일본을 떠난 지 약 한 달 후 4월 13일에 드디어 항저우 항구에 도착했다. 그로부터 약1년 후에 동행했던 승려들만 귀국하게 된 1073년 6월 12일까지의 동정은 하루도 빠짐없이 『산텐다이고다이산기』에 기록되어 있다. 이같이 조진은 3년간의 수행을 쌓고 61세에 숙원인 중국으로 건너가 이국에서의 다망한 시간을 보내는 가운데에서도 정확하고 상세한 일기를 기록함으로써 고대의 귀중한 자료를 남긴 셈인데, 그의 어머니가 86세의 고령에도 불구하고 바지런히 애절한 모정을 기록해서 두 권의 가집『조진아자리하하슈』로 완성한 사실을 참고한다면, 그 굳은 의지와 풍부한 필력의 원천은 어머니에게서 물려받은 것 같다.

조진은 상세하게 이국 풍경과 감회를 서술하고, 이동하는 도중에 목격한 중국의 특이한 민속관습이나 혹은 중국인과의 대화에 이르기까지 자세하게 기록했다. 그리고 고국의 어머니에 관해 직접 언급한 적이 없지만,『산텐다이고다이산기』를 읽어가면 분명히 노모를 그리워하는 마음이 여기저기에서 확인된다. 예를 들어, 6월 10일경에 조진은 모친에게 편지를 보내어 3월에 일본을 출발했다고 뒤늦게 전하는데, 중국 체재중의 기록 속에는 그가 모친을 염두에 두고 있음을 추측할 수 있는 기사도 보인다.[15)]

먼저, 4월 13일 처음 항저우에 도착한 후 4월 19일자 기사에 그 날 체류했었던 숙소의 방 벽에 아섬불(阿閃仏)[16)]의 진언이 걸려 있는 것을 보고 제자에게 모사하도록 했다. 그리고 '여자 몸을 바꾸는 인연을 일본에 전하기 위함이라(現に女身を転ずる因縁を日本に渡さんが為なり)'고 썼다. 불교에서는 여자는 오장(五障)이 있어서 왕생할 수 없다고 가르치고 남자로 전생하는 것이 왕생으로 가는 길이라고 한다. 이처럼 조진이 여자 몸을 바꾸는 인연을 일본에 전하려는 뜻을 밝힌 것은 자신의 노모에

15)『参天台五台山記』권1 4월 19일 기사, 5월10일 기사 등 참조

16) 불교의 신앙대상이 되는 여래의 하나로, 본디 범어(梵語) 아쇼쿠바야이지만 부동이나 무동 등으로도 번역된다.

대한 관심과 배려에서 비롯된 것이라고 생각해 볼 수도 있을 것이다.

조진 일행은 5월 4일에 텐다이산을 향해 떠나서 13일에 천태교의 총본산인 국청사에 도착하여 8월 6일까지 체재한다. 텐타이산에 오르는 도중 5월 10일에 그들은 장구랑(張九郎) 집에 유숙하게 되는데, 그곳에서 생필품과 융숭한 예우를 받은 일들을 기록한 마지막에 '집주인의 모친, 85세. 나와서 예를 하다(家主の母生年八十五。出で来りて礼拝す)'라고 주인집 노모의 연령을 특기하고 있다. 조진에게 절을 올리고 경의를 표하는 그 노모가 나이 85세가 된다는 사실에 자신의 노모를 떠올리며 감회에 젖었기 때문일 것이다.

조진 일행은 8월 6일에 텐타이산 순례를 모두 마치고 다시 항저우로 돌아온다. 그러나 곧 송 황제의 칙명에 따라 가이펑으로 이동하게 되는데, 이 무렵에 일본의 모친은 두 차례나 아들 조진의 꿈을 꾸며 그리워한다.[17] 11월 1 초하루에 조진 일행은 또다시 우타이산을 향해 출발해서 11월 27일에 목적지에 도착한 후 문수보살의 성역을 참배한 후, 12월 중순에 가이펑으로 돌아온다. 그리고 이듬해 3월 4일에는 송의 조정에 불려가서 기우제를 올리라는 칙명을 받고 비를 내리게 해서 황제로부터 '善恵大師'라는 호를 하사 받고 다수의 귀중한 경전을 입수할 수 있게 되는데, 『조진아자리하하슈』의 기술은 이 무렵에 끝나고 있다.

6월 12일, 조진은 귀국길에 오르는 5명의 승려에게 중국에서 수집해 온 다수의 귀중본, 불전 등과 함께 자신의 중국체류기 『산텐다이고다이산기』8권을 위탁하여 일본의 불교계에 전달하

---

17) 8월 11일, 8월 13일 기사 참조

도록 한다. 이 가운데에는 그 자신의 최근 화상도 포함되어 있었다고 전해지지만, 『조진아자리하하슈』의 마지막 기사에 비추어 본다면, 아들과의 재회를 절원했던 노모는 끝내 그것을 보지 못한 채 영면한 것으로 추정된다. 조진 역시 비록 머나먼 중국에서 불도를 수행하고 있으면서도 노모를 잊지 못하고 있었던 것으로 짐작해 볼 수 있지만, 결국 그는 두 번 다시 일본 땅을 밟지 못하고 이국에서 세상을 뜬 것으로 전해진다.

6. 맺는말

이상으로, 11세기말 조진아자리의 입송이라는 사건을 계기로 성립된 『조진아자리하하슈』의 문학적 방법과 의의, 관련 사항 등에 관해 고찰해 보았다. 이 작품은 산문 서술부분이나 와카에 대한 문학적 평가보다도, 상하 두 권을 통해 흘러넘치는 노모의 애정이라는 요소가 가집(歌集)으로서의 특징과 가치를 획득했다고 볼 수 있다. 작자는 86세 고령에 이르러 아들과 이별하게 된 비탄을 문장으로 표출하고 있다. 작품 속에서 기록 날짜가 마지막으로 확인되는 1073년 5월경의 기사에서 작자는 만일 비감을 이해하는 사람이라면 동정을 느낄 것이라고 자기존재를 주장도 하지만, 결코 처음부터 독자를 의식해서 기록된 작품은 아니라고 생각된다. 그러나 구상력이나 작품으로서의 결정도, 수록되어 있는 와카의 우열 등에서 문학적인 기교를 의도하기 이전에, 전권을 통해 면면히 이어지는 노모의 애정 표출이라는 특징에서 문학사적 가치를 찾을 수 있다. 작품 속에서 노모의 그리움이나 애상감은 독백과도 같은 반복표현이나 눈물 속에 매몰되어 버리는 일도 적지 않다. 그럼에도 불구하고 기록해 두겠다는 의지와 자세를 지지하고 있는 것은 단순한 모성애의 직접적 발로에서 한걸음 더 나아가 어떤 일정한 지향성을 지닌, 작자의 표현의욕이었다고 생각된다. 표출행위에 의해 자신의 내면을 응시하는, 다시 말해 현재의 괴로운 마음을 가라앉히고 카타르시스를 추구하는 지속적인 행위를 통해 자기 통일의 경지를 찾아내려 했었던 점에서 『조진아자리하하슈』가 일기문학으로서 달성한 지평을 인정하게 되는 것이다. 그리고 자식을 내어놓는 노모의 비통함과 순수한 사랑을 산문 서술과 와카 표현에 담아 토로할 수 있었던 점에서 다른 어떤 여류일기와도 비교할 수 없는 절절한 '모성애의 문학'으로서 일본문학사상 독자적인 성격을 지닌다.

또한 조진이 송나라로 건너간 사건이 작품성립의 주요한 동인이라는 사실은, 이 작품이 종래의 고대여성문학에서 볼 수 없었던 글로벌적 시야를 확보하고 11세기 일본의 대외교류의 일면을 소재화함으로써 일본문학사상 유례없는 작품으로 평가 받게 만든 것이다.

참고문헌

第1장
신화에서 문학으로

Ⅰ. 일본 고대 전승문학 속의 미코(巫女)

松前健『古代伝承と宮廷祭祀』(塙書房, 1974)
倉塚曄子『巫女の文化』(平凡社, 1979)
岡田精司『古代王権の祭祀と神話』(塙書房, 1979)
三谷栄一『古事記成立の研究ー後宮と神祇官の文学』(有精堂, 1980)
女性史綜合研究会編『日本女性史』一 (東京大学出版会, 1982)
山上伊豆母『巫女の歴史ー日本宗教の母胎』(雄山閣出版, 1984)
大隅和雄·西口順子編 シリーズ女性と仏教4 『巫と女神』(平凡社, 1989)
松前健『古代日本人の信仰と祭祀』(大和書房, 1997)
林英男『記紀神話伝承의 研究』(吉川弘文館, 2003)
保阪達雄『神と巫女の古代伝承論』(岩国書院, 2003)

Ⅱ. 우네메(采女)의 제도적 역할과 문학적 전승

折口信夫『折口信夫全集』第18巻 (中央公論社, 1975)
三谷栄一『古事記成立の研究ー後宮と神祇官の文学』(有精堂, 1980)
森浩一 編『日本の古代12　女性の力』(中央公論社, 1985)
須田春子『平安時代後宮及び女司の研究』(千代田書房, 1982)
門脇禎二『采女』(中公新書, 1965, 7)
井上光正『日本古代国家の研究』(岩波書店, 1985)
磯貝正義「采女制度の一研究」(『史学雑誌』67-6)
義江明子「古代祭祀と女性·覚書」(『日本史研究』381号, 1994)

제2장
고대 여성의 가인(歌人)의 계보

Ⅰ. 누카타노오키미(額田王)의 가인적 활동과 작품 세계

沢瀉久孝『万葉集注釈 巻第一』(中央公論社, 1957)
谷馨『額田王』(紀伊国屋書店, 1972)
土屋文明『万葉集私注一』(筑摩書房, 1978)
『池田弥三郎著作集』6巻 (角川書店, 1979)
窪田空穂『万葉集評釈 第一巻』(東京堂出版, 1984)
犬養孝編『万葉歌人論ーその問題をさぐる』(明治書院, 1987)
小島憲之 (『万葉集①』小学館新編日本古典文学全集)
伊藤博『万葉集釈注一』(集英社, 1995)
鈴木日出男『古代和歌史論』(東京大学出版会, 1996)

Ⅱ. '온나우타(女歌)'의 세계

『折口信夫全集』第一巻 (中央公論社, 1954)
佐伯梅友校注『古今和歌集』(東京, 岩波書店, 1957)
鈴木一雄『全講和泉式部日記』(至文堂, 1965)
『新編国歌大観』(東京, 角川書店, 1986)
『女流日記講座2 蜻蛉日記』(勉誠社, 1990)
樋口芳麻呂他『王朝の女流作家たち』(世界思想社, 1990)
丸谷才一『恋と女の日本文学』(講談社, 1996)

제3장
헤이안(平安)시대 후궁문예의 발전

Ⅰ. 헤이안시대 모노가타리(物語) 문학의 성립과 향수양상
今井源衛『王朝文学の世界』(角川書店, 1970)
三谷栄一『物語文学の世界』(有精堂, 1978)
山岸徳平他『源氏物語講座』第5巻(有精堂, 1982)
玉上琢弥『物語音読論』(岩波書店, 2003)
秋山虔他『源氏物語を読み解く』(小学館, 2003)

Ⅱ. 이치조(一条)천황 시대의 문예집단에 관한 고찰- 데이시(定子), 쇼시(彰子), 센시(選子) 후궁을 중심으로

塙保己一『群書類従』巻第四十四「斎院記」(国書刊行会, 1819)
橋本義彦·北山茂夫 岩波講座『日本歴史 古代4』(岩波書店, 1962)
黒板勝美『国史大系第58巻, 第59巻, 第60巻『尊卑分脈』(吉川弘文館, 1964)
萩谷朴·谷山茂校注『日本文学古典文学大系74 歌合集』(岩波書店, 1965)
池田亀鑑『平安時代の文学と生活』(至文堂, 1976)

『平安朝歌合大成』(同朋社, 1979)
『私家集大成』(明治書院, 1979)
新編国歌大観編集委員会編『国歌大観第1巻勅撰集』『国歌大観第2巻私家集』『国歌大観第2巻私撰集』(角川書店, 1985)

제4장

『겐지모노가타리(源氏物語)』의 여성들 - 그 삶의 방향을 중심으로

清水好子『源氏の女君』(塙書房, 1967)
今井源衛『源氏物語の研究』(未来社, 1891)
日向一雅『源氏物語の主題一家の遺志と宿世の物語の構造』(桜楓社, 1983)
阿部秋生『源氏物語論』(東京大学出版会, 1989)
原岡文子『源氏物語両義の糸一人物·表現をめぐって』(有精堂, 1991)
今井卓爾他編『源氏物語講座2 物語を織りなす人々』(勉誠社, 1991)
古代文学論叢第十三輯『源氏物語と源氏物語以前』(武蔵野書院, 1994)
小嶋菜温子『かぐや姫幻想』(森話社, 1995)

제5장

이세재궁(伊勢斎宮) 제도와 문학

中野幸一編『花鳥余情』(武蔵野書院, 1978)
玉上琢弥編『河海抄』(角川書店, 1978)
直木孝次郎『日本古代の氏族と天皇』(塙書房, 1964)
倉塚曄子『巫女の文化』(平凡社, 1979)
女性史綜合研究会『日本女性史』(東京大出版部, 1982)
黒板勝美編『続日本紀』(吉川弘文館, 1985)
山中智恵子『斎宮志』(大和書房, 1986)

岡田精司編『古代祭祀の歴史と文学』(塙書房, 1997)
松前健『古代日本人の信仰』(大和書房, 1997)
所京子『斎王の歴史と文学』(風間書院, 2003)
榎村寛之『伊勢斎宮と斎王』(塙書房, 2004)
森田悌編 『日本後紀 上中下』(講談社, 2007)

제6장
가모재원(賀茂斎院) 문화권과 문예적 달성

塙保己一編『群書類従 巻第四十四』「斎院記」(国書刊行会, 1921)
橋本不美男『王朝和歌史の研究』(笠間書院, 1972)
萩谷朴『平安朝歌合大成』(同朋社, 1979)
神宮司庁編『古事類苑 神祇部 六十四 』(吉川弘文館, 1995)
所京子『斎王の歴史と文学』(風間書院, 2003)
古代中世文学論考刊行会編『古代中世文学論考 第十三集』(新典社, 2005)

제7장
조진아자리(成尋阿闍梨)의 입송(入宋)과 『조진아자리하하슈(成尋阿闍梨母集)』의 성립

玉井幸助「成尋阿闍梨母集」(『日記文学の研究』, 塙書房, 1960)
黒板勝美編 国史大系 第58巻, 第59巻, 第60巻『尊卑分脈』(吉川弘文館, 1964)
萩谷朴·谷山茂校注『日本文学古典文学大系74 歌合集』(岩波書店, 1965)
永井義憲著『成尋阿闍梨母集』(桜楓社, 1975)
平林文雄『参天台山五台山記校本並びに研究』(風間書房, 1978)
宮崎荘平『成尋阿闍梨母集』(講談社, 1979)
石原昭平編『更級日記 · 讃岐典侍日記 · 成尋阿闍梨母集』(勉誠社, 1990)

伊井春樹『成尋の入宋とその生涯』(吉川弘文館, 1996)
黒板勝美編『新訂増補国史大系第4巻 日本三代実録』(吉川弘文館, 2007)

<부 기>

본서에 수록된 논고의 원제와 수록게재지 및 일자는 아래와 같다.

제1장

Ⅰ.「일본 고대 전승문학 속의 미코(巫女) 연구」
(한국외국어대학교 일본연구소 『일본연구』 제30호, 2006, 12)

Ⅱ.「우네메(采女)의 제도적 역할과 문학적 전승」
(한국외국어대학교 일본연구소 『일본연구』 제33호, 2007, 9)

제2장

Ⅰ.「누카타노오키미(額田王)의 가인적 활동과 작품 세계」
(한국외국어대학교 일본연구소 『일본연구』 제17호, 2001, 9)

Ⅱ.「'온나우타(女歌)'의 세계」
(한국외국어대학교 외국문학연구소 『외국문학연구』 제8호, 2001, 2)

제3장

Ⅰ.「헤이안(平安)시대 모노가타리(物語) 문학의 성립과 향수양상」
(울산대학교 『인문논총』 제5집, 1993, 3)

Ⅱ.「이치조(一条)천황 시대의 문예집단에 관한 고찰-데이시(定子), 쇼시(彰子) 센시(選子) 후궁을 중심으로」
(한국일본학회 『일본연구』 제53집, 2002, 12)

제4장「源氏物語の女君ーその生き方を中心として」
(한국일어일문학회 『일어일문학연구』 제54집2권, 2005, 8)

제5장 「이세재궁(伊勢斎宮)과 일본의 고대문학」
(한국외국어대학교 일본연구소 『일본연구』 제42호, 2009, 12)

제6장 「가모재원(賀茂斎院)과 와카(和歌)」
(한국외국어대학교 일본연구소 『일본연구』 제49호, 2011, 9)

제7장 「『成尋阿闍梨母集』と入宋僧成尋阿闍梨についての一考」
(東北アジア文化学会, 中国西安西北政法大学 주최 제24차 국제학술 대회 발표논문 2012, 6, 8)

찾아보기

(ㄱ)